LA DÉLIVRANCE
D'ÉMIN PACHA

D'APRÈS LES LETTRES DE

H.-M. STANLEY

PUBLIÉES AVEC L'AUTORISATION DE L'AUTEUR

PAR

J. SCOTT KELTIE

Bibliothécaire de la Société royale de géographie de Londres

Traduction autorisée et accompagnée d'une carte

PARIS
LIBRAIRIE HACHETTE ET Cie
79, BOULEVARD SAINT-GERMAIN, 79

1890

LITTÉRATURE POPULAIRE
ÉDITION A 1 FRANC 25 C. LE VOLUME, FORMAT IN-

Agassis (M. et Mme). *Voyage au Brésil.* 1 vol. avec une carte.
Aunet (Mme Léonie d'). *Voyage d'une femme au Spitsberg.* 1 vol.
Badin (Ad.). *Duguay-Trouin.* 1 vol.
— *Jean Bart.* 1 vol.
Baines (Th.), *Voyage dans le sud-ouest de l'Afrique.* 1 vol.
Baker (S.-W.). *Le lac Albert. Nouveau voyage aux sources du Nil.* 1 vol.
Baldwin. *Du Natal au Zambèse, 1851-1866. Récits de chasses.* 1 vol.
Barrau (Th.-H.) *Conseils aux ouvriers sur les moyens d'améliorer leur condition.* 1 v.
Bernard (Fréd.). *Vie d'Oberlin.* 1 vol.
Bonnechose (Em. de). *Bertrand du Guesclin.* 1 vol.
— *Lazare Hoche.* 1 vol.
Burton (le capitaine). *Voyages à la Mecque, aux grands lacs d'Afrique et chez les Mormons.* 1 vol. avec 3 cartes.
Calemard de la Fayette. *Peau-de-Bique ou la prime d'honneur.* 1 vol.
— *L'agriculture progressive.* 1 vol.
Carraud (Mme Z.). *Une servante d'autrefois.* 1 vol.
— *Les veillées de maître Patrigeon.* 1 vol.
Charton (Éd.) *Histoire de trois enfants pauvres.* 1 vol.
Corne (H.). *Le cardinal Mazarin.* 1 vol.
— *Le cardinal de Richelieu.* 1 vol.
Corneille (Pierre). *Chefs-d'œuvre.* 1 vol.
Deherrypon. (Martial). *La boutique de la marchande de poissons.* 1 vol.
— *La boutique du charbonnier.* 1 vol.
Duval (Jules). *Notre pays.* 1 vol.
Ernouf (baron). *Histoire de trois ouvriers.*
— *Deux inventeurs célèbres : Ph. de Girard et Jacquart.* 1 vol.
— *Denis Papin.* 1 vol.
— *Les inventeurs du gaz et de la photographie.* 1 vol.
— *Pierre Latour du Moulin.* 1 vol.
— *Histoire de quatre inventeurs français. (Sauvage, Heilmann, Thimonier, Oillard).*
Flammarion. *Petite astronomie descriptive.* 1 vol.
Fonvielle (W. de). *Le Glaçon du Polaris.* 1 vol.
— *Les drames de la science : la pose du premier câble.* 1 vol.
Franck (A.). *Morale pour tous.* 1 vol.
Franklin *Œuvres, traduites de l'anglais et annotées par Ed. Laboulaye.* 5 vol.
Gapp et Ducoudray. *Le patriotisme en France.* 1 vol.
Guillemin (Amédée). *La Lune.* 1 vol. avec 3 grandes planches et 40 figures.
— *Le Soleil.* 1 vol. avec 58 figures.
— *La lumière.* 1 vol. avec 71 figures.
— *Le son.* 1 vol. avec 70 figures.
— *Les étoiles.* 1 vol.
— *Les nébuleuses.* 1 vol.
Hauréau (B.). *Charlemagne et sa cour.* 1 v.
— *François Ier et sa cour.* 1 vol.
Hayes (Dr I.-I.). *La mer libre du pôle.* 1 v.
Homère. *Les beautés de l'Iliade et de l'Odyssée, traduction de M. Giguet.* 1 v.

Joinville (le sire de). *Histoire de saint Louis, texte rapproché du moderne, par Natalis de Wailly.*
Jouveaux (Émile). *Histoire des ouvriers anglais (Maudsley, W. Fairbairn, J. Nasmyth).*
— *Histoire de trois potiers célèbres.*
Jouault. *Abraham Lincoln, deux portraits.*
— *George Washington.* 1 vol.
Labouchère (Alf.). *Oberkampf.*
Lacombe (P.). *Petite histoire française.* 1 vol.
La Fontaine. *Fables.* 1 vol.
Lanoye (Fr. de). *Le Nil, ses sources.* 1 vol.
Le Loyal Serviteur. *Histoire du seigneur de Bayard.* 1 vol.
Livingstone (Charles et David). *tions dans l'Afrique centrale bassin du Zambèse, 1840-1864.*
Mage (E.). *Voyage dans le Soudan occidental.* 1 vol. avec une carte.
Meunier (Mme H.). *Le docteur. Entretiens familiers sur la botanique.*
— *Entretiens sur la botanique.* 1 vol.
Milton (le Vte) et le Dr W.-B. *Voyage de l'Atlantique au travers les montagnes Rocheuses.* avec 3 cartes.
Molière. *Chefs-d'œuvre.* 2 vol.
Mouhot. *Voyage à Siam, dans l'Indo-Chine et le Laos.* 1 vol.
Müller (Eug.). *La boutique du marchand de nouveautés.* 1 vol.
— *La machine à vapeur.* 1 vol.
Palgrave (W.-G.). *Une année dans l'Arabie centrale.* 1 vol. avec carte.
Passy. *Les machines et leur développement de l'Agriculture.*
Pfeiffer (Mme Ida) *Voyage autour du monde, édition abrégée par J. Belin de Launay.* 1 vol.
Piotrowski (R.). *Souvenirs d'un Sibérien.* 1 vol.
Poisson. *Guide manuel de l'Ouvrier.*
Racine (Jean). *Œuvres complètes. Chefs-d'œuvre.* 2 vol.
Rambaud *Histoire de la Révolution française.* 1 vol.
Reclus (E.). *Les phénomènes terrestres.* 2 vol. qui se vendent séparément.
  I. *Les continents.* 1 vol.
  II. *Les mers et les météores.*
Rendu (Victor). *Principes d'agriculture.* 2 vol.
— *Mœurs pittoresques des insectes.*
Schweinfurth (Dr). *Au cœur de l'Afrique.* 1 vol.
Shakspeare. *Chefs-d'œuvre.* 3 v.
Speke (Journal du capitaine J. H. Nino). *Découverte des sources du Nil.*
Stanley. *Comment j'ai retrouvé Livingstone.* 1 vol.
Vambéry (Arminius). *Voyage d'un faux derviche dans l'Asie centrale.*
Wallon (de l'Institut). *Jeanne d'Arc.*

LA DÉLIVRANCE
D'ÉMIN PACHA

OUVRAGES DE H.-M. STANLEY

PUBLIÉ PAR LA LIBRAIRIE HACHETTE ET Cⁱᵉ

Comment j'ai retrouvé Livingstone ; voyages, aventures et découvertes dans le centre de l'Afrique. Ouvrage traduit de l'anglais par Mᵐᵉ H. Loreau ; 3ᵉ édit. 1 vol. avec 60 gravures et 6 cartes.   10 fr.

A Travers le continent mystérieux, ou les Sources du Nil, les grands lacs de l'Afrique équatoriale, le fleuve Livingstone ou Congo jusqu'à l'Atlantique. Ouvrage traduit sous la direction de Mᵐᵉ H. Loreau. 2 vol., avec 150 gravures et 9 cartes.   20 fr.

Comment j'ai retrouvé Livingstone. Voyage abrégé, d'après la traduction de Mᵐᵉ Loreau, par J. Belin de Launay ; 6ᵉ édit., 1 vol. avec 4 gravures et 1 carte, broché.   1 fr. 25.

19890. — Imprimerie A. Lahure, 9, rue de Fleurus, à Paris

H.-M. STANLEY

LA DÉLIVRANCE
D'ÉMIN PACHA

D'APRÈS LES LETTRES DE

H.-M. STANLEY

PUBLIÉES AVEC L'AUTORISATION DE L'AUTEUR

PAR

J. SCOTT KELTIE

Bibliothécaire de la Société royale de géographie de Londres

Traduction autorisée et accompagnée d'une carte

PARIS

LIBRAIRIE HACHETTE ET Cie

79, BOULEVARD SAINT-GERMAIN, 79

1890

Droits de traduction et de reproduction réservés.

AVANT-PROPOS

En attendant que M. Stanley publie l'important ouvrage qu'il a promis de donner au plus tôt après son retour en Europe, il a témoigné le désir qu'on fît connaître les faits principaux de la grande expédition entreprise pour la délivrance d'Émin-Pacha. Le public se montrait d'ailleurs impatient de les apprendre.

Pour satisfaire sa curiosité, les éditeurs anglais s'adressèrent au conservateur de la Société Royale de Géographie, M. Keltie, qui a rédigé le présent volume en recueillant, entre autres pièces, les lettres de M. Stanley, qui se trouvaient éparses dans plusieurs journaux et revues, ou que les correspondants du grand voyageur ont bien voulu lui communiquer; dans ce nombre nous citerons particulièrement celles qui avaient été adressées à sir William Mac Kinnon, le président du Comité de secours à Émin-Pacha, et qui, jusqu'à ce jour, étaient restées inédites.

Les documents ci-après, dont nous donnons la traduction française, sont non seulement authentiques et de source officielle, ils sont encore assez complets pour mettre le lecteur attentif à même d'esquisser les principaux traits de cette étonnante expédition, qui restera certainement un des curieux événements du siècle.

INTRODUCTION

Quelques mots suffiront pour dire quelle était la situation de l'expédition de secours envoyée à la rencontre d'Émin-Pacha, à la date où l'on reçut la première des lettres de Stanley. — Avant la dernière moitié de 1886, Émin-Bey, — ainsi l'appelait-on alors, — était à peine connu en dehors des cercles scientifiques et géographiques; mais dans ces cercles mêmes il avait acquis le renom d'un grand naturaliste, d'un voyageur, d'un explorateur dont les travaux sur la région du Haut-Nil sont de la plus grande importance. Seuls, les mieux informés le savaient gouverneur de la province équatoriale du Soudan égyptien, où il avait suivi Gordon-Pacha, son chef et son ami. Né dans la Silésie prussienne, élevé à Breslau et à Berlin, où il fut reçu docteur en médecine en 1864, Édouard Schnitzer entra au service du Sultan, et ses nombreuses courses dans la Turquie d'Asie ne firent qu'activer sa passion pour les voyages et pour l'histoire naturelle. Il quitta la Turquie en 1876, et, après quelques mois passés en Allemagne, il se rendit en Égypte et fut envoyé à Khartoum, puis dans la province équatoriale; ce fut en qualité de médecin qu'il fit d'abord partie de l'état-major de Gordon.

Quand Gordon-Pacha fut nommé gouverneur général du Soudan, la province équatoriale avait été presque entièrement ruinée par les officiers du Khédive, Égyptiens incapables et corrompus, et lorsque, en 1878, Émin « Effendi » reçut le titre de gouverneur, il trouva le pays dans un état de complète désorganisation et redevenu un plantureux terrain de chasse pour les razzieurs d'esclaves. Quelques mois seulement, et il avait à peu près nettoyé les écuries d'Augias, mis en fuite les voleurs de chair humaine, congédié la soldatesque égyptienne, bientôt remplacée par des troupes indigènes mieux disciplinées, il avait encouragé l'agriculture et ramené partout la paix et l'abondance. Le déficit qui, avant son « règne », allait grossissant de plus en plus, diminuait rapidement, et, au bout d'un an ou deux, l'argent affluait dans les coffres. Mais les mauvais jours approchaient : c'est vers 1879 qu'on commençait à parler du mahdisme; Gordon n'était plus là pour l'écraser; les désastres se succédèrent pour l'armée du Khédive et, dans ces désastres, quelques officiers anglais ayant été enveloppés, le cabinet britannique se vit contraint d'appeler à la rescousse l'ancien gouverneur général. Le résultat, tous le connaissent : en janvier 1884, Gordon partait pour le Soudan; un an après, lui et Khartoum périssaient ensemble.

Il ne paraît pas qu'Émin ait été inquiété avant le commencement de 1884, où les Mahdistes envahirent la province du Bahr-el-Ghazal et s'emparèrent de son gouverneur, Lupton-Bey. En prévision d'une semblable attaque, Émin retira de Lado ses magasins et ses troupes, et se replia vers le sud, à Ouadelaï, sur le Bahr-el-Djebel, la branche du Nil qui sort de l'Albert Nyanza et à peu de distance de ce lac. Il continuait sa tâche et ses recherches géographiques. Mais le mécontentement, nous le savons aujourd'hui, se propageait parmi ses hommes; les approvisionnements diminuaient, les munitions disparaissaient rapidement ; de vagues rumeurs en vinrent jusqu'en Europe, bientôt confirmées par un explorateur éminent, le Dr Junker, ami d'Émin depuis longues années. On comprenait enfin quel homme était captif dans ce recoin de l'Afrique, bloqué au nord par les hordes du Mahdi, au sud par un jeune et intraitable potentat,

Mouanga, roi d'Ouganda, le fils de Mtésa, le vieil ami de Stanley. L'excitation publique grandissait toujours; l'héroïsme d'Émin, — car rien ne lui eût été plus facile que de s'évader seul, — sa position cruelle, émotionnèrent l'esprit public, en Angleterre surtout, car l'Angleterre n'avait-elle pas dans ces événements sa grande part de responsabilité?... D'après le sentiment général, l'Angleterre devait sauver Émin et ses compagnons, ses co-prisonniers plutôt.

Cela nous amène au commencement de 1886. Inutile d'introduire ici des questions politiques, de nous demander pourquoi le gouvernement de la Grande-Bretagne n'a pas pris hardiment position, pourquoi il n'a pas entrepris de délivrer lui-même Émin?... S'il n'a pas mis la main à la charrue, tout le monde sait qu'il a puissamment aidé les autres à le faire. — C'est alors que M. (aujourd'hui sir) William Mackinnon se déclara prêt à organiser une expédition de secours. Même avant la création de la zone anglaise de l'Est africain, il avait d'étroites relations avec Zanzibar et l'État libre du Congo. Grâce, sans doute, aux puissantes influences qu'il s'était assurées, l'entreprise fut très bien et très rapidement préparée. Sur une simple suggestion, le gouvernement khédival souscrivit 25 000 francs, car c'étaient des officiers et des sujets égyptiens qu'il s'agissait de sauver. Sir William versa lui-même une somme importante, et le reste des 500 000 francs nécessaires fut fourni presque en entier par ses amis. La Société royale de Géographie donna 25 000 francs, le conseil désirant encourager l'étude d'une région encore presque inconnue, quoique présentant le plus haut intérêt. Les grands journaux voulurent contribuer à leur tour, sous la condition qu'il leur fût permis de publier les lettres de Stanley.

Le comité de secours, formé à la fin de décembre 1886, était composé comme suit : sir William Mackinnon, président, l'honorable Guy Dawney, mort depuis, H. M. Stanley, sir Lewis Pelly, A. F. Kinnaird, colonel Grant, révérend H. Waller, colonel sir F. de Winton, secrétaire. Le nom du grand voyageur avait été mis en avant dès le mois de septembre 1886, où le consul Holmwood, de Zanzibar, faisait connaître à lord Iddesleigh le résultat de ses efforts pour communiquer avec Émin et de ses recherches sur les meilleurs moyens de lui porter secours, dans un poste toujours plus dangereux. Dès le 15 novembre, en offrant au *Foreign Office* ses services pour organiser l'entreprise, sir W. Mackinnon parlait déjà de la confier à Stanley. Celui-ci était alors à la veille de repartir pour l'Amérique, où il devait faire une série de conférences qui, avec d'autres travaux de ce genre, lui auraient, dans l'année, valu 25 000 francs. Et cependant, comme sir William le constatait dans sa lettre, Stanley consentait volontiers à abandonner ses engagements; il ne réclamait aucune récompense pour se replonger au cœur même du Continent Noir et courir à la rescousse d'Émin. — Il était prêt à partir tout de suite; déjà il avait examiné la question des routes à suivre et en considérait quatre comme possibles. Pourtant on le laissa s'éloigner, et ce fut seulement le 11 décembre que sir William Mackinnon put lui adresser ce télégramme : « Vos plans et offres acceptés. — Ministère « approuve. — Fonds réunis. — Affaire urgente. — Revenez « vite. — Répondez. » Et la réponse, datée de New-York, 15 décembre, fut celle-ci : « Câblegramme de lundi vient « de m'arriver. — Mille remerciments. — Tout va bien. — « Partirai par l'*Eider* mercredi matin, 8 heures. Sauf mau« vais temps ou accidents, serai Southampton 22 novembre. « — Après tout, un mois de retard seulement. Que le Minis« tère prépare Holmwood Zanzibar et Seyyid Barghash[1]. — « Mes meilleurs compliments. »

L'œuvre était en bon train. A peine de retour en Angleterre, Stanley dut faire une visite au roi des Belges qui le gardait encore à son service. Après mûre délibération, la route par le Congo avait été reconnue comme la moins impra-

---

1. Le sultan de Zanzibar. *Trad.*

ticable. Celle par la côte Est et par l'Ouganda aurait mis en péril la vie des missionnaires restés au pouvoir du roi Mouanga. Léopold II plaçait à la disposition du voyageur tous les moyens de transport entre les mains de ses officiers au Congo. La troisième semaine de janvier, tous les préparatifs étaient terminés, et Stanley quittait Londres, se dirigeant sur Zanzibar. Le travail ne lui avait pas manqué : rassembler des approvisionnements de toutes sortes, et, chose autrement difficile, faire un choix parmi les centaines de volontaires qui, de toutes parts, le pressaient de les enrôler : il ne paraît pas, en somme, qu'il ait eu trop à décompter sur ce qu'il attendait de ses collaborateurs. Les noms du major Barttelot, de M. Jameson, — ces deux sont tombés dans la lutte, — ceux du capitaine Nelson, lieutenant Stairs, D' Parke, D' Bonny, M. Jephson, M. Ward, M. Rose Troup resteront plus ou moins associés au souvenir de cette entreprise hardie.

Le 27 janvier 1887, M. Stanley débarquait à Alexandrie et se rendait au Caire, où il vit plusieurs fois le Khédive et le docteur Junker; celui-ci retournait dans son pays après nombre d'années de séjour au Soudan et put lui donner d'utiles indications. Le 21 février, Stanley arrivait à Zanzibar, et ses mesures étaient si bien prises que, le 25, il envoyait à Londres le télégramme suivant : « Journée passée à embarquer expédition à bord du *Madura* : 9 officiers européens, 61 Soudanais, 13 Somalis, 3 interprètes, 620 Zanzibaris, le fameux Tippou-Tib et 407 des siens. — Courriers partis par terre pour Ouganda; d'autres pour Stanley Falls. » Émin savait depuis longtemps qu'on s'occupait de lui.

Et, puisque nous venons d'écrire le nom de Tippou-Tib, n'oublions pas de rappeler que le consul Holmwood avait jugé prudent d'amener, entre ce cauteleux « Arabe » et le roi des Belges, un arrangement par lequel, et contre certains avantages, Tippou-Tib devait occuper la station abandonnée de Stanley Falls, et entrer au service de l'État libre du Congo. Il était absolument nécessaire de s'assurer le bon vouloir de cet homme, Stanley ayant besoin de 600 porteurs supplémentaires pour l'accompagner des Chutes à l'Albert-Nyanza ou à Ouadelaï. Intentionnel ou non, le manque de parole de Tippou devait être funeste à l'expédition.

Après avoir touché au Cap, d'où il repartit le 10 mars, le navire *Madura* longea les côtes ouest jusqu'à l'embouchure du Congo; le 18, il touchait à la pointe aux Bananes. Stanley loua plusieurs petits vapeurs pour transporter la mission jusqu'à Matadi, limite de la navigation sur le bas fleuve; au delà, cataractes et rapides s'échelonnent sur une étendue de 360 kilomètres qu'on ne peut franchir que par terre. Mais ce n'est ici ni le lieu, ni le moment de raconter cette partie du voyage, avec ses épreuves, ses retards forcés. Vers le commencement de juin, Stanley arrivait, avec son premier contingent, au confluent de l'Arahouimi : un campement retranché fut établi à Yamboumba, à quelque distance du fleuve, puis l'avant-garde s'achemina vers Ouadelaï, le 28 juin 1887. Le major Barttelot, le docteur Bonny, M. Jameson, M. Rose Tro o et M. Ward restaient pour commander l'arrière-garde. Les lettres diront la suite. Mais avant que la première fût parvenue en Europe (1ᵉʳ avril 1889), rumeurs après rumeurs propagées dans les ténèbres du Continent Noir donnaient tout à craindre pour le sort de l'expédition. Ceux qui connaissent Stanley savaient bien qu'il n'est pas homme à tomber avant sa tâche accomplie; pourtant ses premières dépêches apportèrent un immense soulagement.

Aux lettres de M. Stanley, et pour les éclaircir et les compléter, nous en avons ajouté quelques-unes de ses compagnons : puis nous attendrons tous, avec une vive impatience, l'histoire détaillée de cette expédition, la plus remarquable, sous certains rapports, de celles qui aient jamais exploré l'Afrique.

K.

LA DÉLIVRANCE D'ÉMIN-PACHA

I

En route

(Extraits de lettres de Stanley, datées du vapeur *Serpa Pinto*, fleuve Congo, 20 mars, et Matadi 21 mars 1887.)

« Partis de la baie de la Table le soir du 10 mars, nous arrivions le 18 à la pointe aux Bananes après un voyage heureux et agréable. Le jour même, je frétais les vapeurs portugais *Serpa Pinto*, le *R. A. Nieman*, de la maison hollandaise, l'*Albuquerque* de la Compagnie britannique du Congo. Ils contiennent à eux trois 645 hommes, 20 ânes, 30 chèvres, 150 tonneaux de matériel varié; le tout embarqué dans la matinée du 19. Le *Héron*, vapeur de l'État, emportera le reste demain matin.

Nous espérons être réunis au campement de Matadi le soir du 22. Le 27, je compte être en chemin, comme je l'avais arrangé à Londres.

Trois morts seulement, sur ma troupe de 800 hommes ; je laisserai ici une douzaine de malades tout au plus. Pas d'épidémie à bord. Je ne sache pas d'expédition de Zanzibar au Congo ayant eu semblable immunité, 10 pour 100 est le taux ordinaire de réduction pour des individus valides au départ : le nôtre est à peine de 1,5. Tous les Européens sont en parfaite condition. Quelques-uns d'entre eux sont de merveilleux travailleurs ; et tous, par leur promptitude, leur entrain à la besogne, m'épargnent une masse énorme de soucis et de fatigues.

— Nous avons eu du tapage après le départ de Zanzibar. Les 620 Zanzibaris et les 90 hommes, de Tippou-Tib ont entassé les Soudanais dans l'entrepont, très chaud ; ils y suffoquaient. Étrangers à tout ce qui les entourait, et personne ne comprenant leur arabe guttural, les pauvres gens, devenus furieux, injurient tout le monde à tort et à travers. Des injures aux coups il n'y a pas loin. Bâtons, massues, bois à brûler, volaient dans toutes les directions : l'affaire devenait sérieuse. Nous nous élançons au milieu d'eux et, brandissant nos cannes avec énergie, nous réussissons à mettre en fuite la canaille zanzibarie. Les Soudanais sont dirigés d'un autre côté du navire ; on place des sentinelles entre les deux factions ennemies. Depuis, la paix et le contentement règnent parmi nos gens de couleur. — Les Somalis sont d'excellents travailleurs, intelligents et pleins de bonne volonté.

A Boma, le comité chargé d'administrer l'État libre du Congo est monté à bord, et son président, le lieutenant Valcke, m'a dit que la famine sévit jusqu'à Stanley Pool, et que le vapeur *Stanley* a été tiré à sec pour cause de réparations. — Vous voyez que j'aurai fort à faire pour arriver à Émin-Pacha : marcher à travers un pays dévoré par la faim, il faut pourtant trouver à manger; chercher des transports, rapetasser ceux qui seront rapetassables : il faut aussi trouver des navires. Le refus de la mission baptiste de me prêter son vapeur *La Paix* m'a été un amer désappointement; belle récompense pour les services que je leur rendis autrefois!

Inutile de vous le dire : à toutes mes minutes de loisir, mes pensées se concentrent sur cette grave question, et je ne connaîtrai pas de repos que mes pieds ne se posent *terra ferma* sur le Haut-Congo. »

II

Dans la forêt. — Lettres de M. Stanley au major Bartlelot.

Campement sur la rive sud de l'Arahouimi, vis-à-vis des établissements arabes, 18 septembre 1887.

Mon cher major, vous serez, je n'en doute pas, aussi content d'avoir des nouvelles claires et définies de notre marche que je le suis de trouver enfin une occasion de vous les faire parvenir. Elles vous seront en grand réconfort ainsi qu'à vos collaborateurs et à vos hommes, mais je ne vous donnerai que les détails nécessaires. —

Nous avons fait 550 kilomètres pour avancer de 555 seulement sur la route de l'Est. — Et cela en 83 jours, soit une moyenne quotidienne de 7 kilomètres. Il nous faut encore faire 240 milles géographiques, c'est-à-dire serpenter sur 370 kilomètres pour le moins, ce qui, à la même rapidité, nous prendrait 55 jours. Au départ de Yamboumba, nous étions 389, blancs et noirs: nous sommes maintenant 333, dont 56 si malades qu'il nous faut les laisser chez Ougarrouroua, au campement arabe que nous occupons aujourd'hui. — Des manquants à l'appel depuis que nous avons quitté Yamboumba, 30 sont morts : 4 de flèches empoisonnées; 6 perdus dans la brousse ou tués par les javelots des naturels; 20 ont déserté en route, croyant à la possibilité de rejoindre une caravane de Manyouéma, que nous avons rencontrée descendant le long de la rivière; mais ladite caravane, au lieu de continuer son chemin, est revenue ici, et nos fuyards, trompés par ses traces, reprendront probablement notre ancienne route jusqu'à ce qu'ils vous rencontrent ou qu'ils soient exterminés par les indigènes. Ne vous laissez pas prendre à un seul des renseignements qu'ils pourraient vous donner. Si je vous envoie de mes hommes, ce ne sera jamais sans leur donner une lettre, mais jamais, au grand jamais je ne confierais un message, verbal ou autre, à quelques mauvais sujets du camp. — S'ils vous tombent entre les mains, faites-les étroitement garder.

Le jour où nous vous avons quittés, l'étape, d'ailleurs assez bonne, s'est terminée par un combat. Ces stupides indigènes incendièrent leur propre village avant de prendre la fuite. Depuis lors, nous avons eu au moins trente escarmouches. Notre seule vue les met en humeur batailleuse. Jusqu'aux chutes du Panga je n'ai pas perdu un homme ni rencontré de sérieux obstacles à la navigation. Panga est une grosse cataracte à chute assez prononcée. Nous avons dû la contourner par la rive sud et faire le portage des canots.

J'avais espéré découvrir quelque sente usitée par les naturels, qui nous eût conduits droit au but sans nous forcer à suivre les perpétuels méandres de la rivière. Pendant dix jours je l'ai cherchée; puis nous avons enfilé une passée d'éléphants qui nous a introduits dans une interminable forêt partout inhabitée. De crainte de nous égarer, nous nous sommes ouvert un chemin vers la rivière, que depuis nous longeons toujours. Du point où nous l'avons retrouvée jusqu'au pays de Mugouye, — quatre journées de marche au-dessous de Panga, — tout allait à merveille. Vivres abondants, longues étapes, aucune halte. Mais de Mugouye à Engouddeh s'étend un vaste désert, qu'on met onze journées à traverser : les villages sont loin dans les terres, et pour la plupart dénués de tout; à partir de ce moment, nos forces ont rapidement décliné. Plusieurs de nos gens s'égaraient dans la brousse en allant à la quête des vivres, ou étaient massacrés par les indigènes Dysenterie, ulcères, maladies graves suivies de faiblesse extrême, s'abattaient sur notre troupe. D'où cette perte énorme de 56 hommes depuis Panga; d'où ces 56 autres tellement éreintés que, sans un long repos, ils seraient infailliblement perdus. Un des Somalis (Achmet) est mort; les cinq autres resteront au camp jusqu'à notre retour du lac. Un des Soudanais a succombé; j'en laisserai trois ici. Tous les blancs sont en parfaite santé; un peu maigriots, mais toujours pleins d'ardeur.

Sauf 4, plus profondément atteints, 50 des blessés de nos divers combats se sont tirés d'affaire. Stairs a été assez gravement frappé d'une flèche qui a pénétré d'un pouce et demi sous le mamelon gauche, un peu au-dessous du cœur. Il est parfaitement remis.

Un homme a été tué d'un coup de feu dans le camp même, par quelque individu qui ne s'en est pas vanté; un autre a été blessé au pied et il a fallu l'amputer; il va bien, mais nous ne pouvons l'emmener. Le nombre de nos heures de marche eût dû suffire pour nous ramener près de vous; mais, jour par jour, il fallait tailler un chemin à travers forêt ou jungle, pour suivre d'un peu loin la rivière dont les bords mêmes sont très peuplés. Je ne sache pas que les terres boisées renferment un seul village. L'embarcation nous a puissamment aidés. S'il me fallait reprendre cette route, je rassemblerais des canots aussi grands que possible, je me procurerais des rameurs en nombre suffisant, et malades et vivres voyageraient par eau. Entre Yamboumba et Mugouye, les embarcations abondent et ne sont pas trop petites; par malheur les Zanzibaris sont de tristes mariniers. — A peine si j'en ai une cinquantaine qui sachent manier gaffe ou aviron, mais ces mauvais rameurs ont encore épargné un labeur énorme et sauvé plusieurs vies.

Nous ramons généralement d'un rapide à un autre; en arrivant aux tourbillons ou aux maigres, on décharge les canots, on les pousse à la gaffe ou on les hale à travers les rapides au moyen de longs rotins ou d'autres lianes; on les recharge, et ainsi de suite jusqu'à nouvel obstacle. Le manque d'une nourriture régulière et suffisante use très vite les forces; et, pour porter les fardeaux, nos gens n'ont plus la vigueur que je leur ai vue dans d'autres parties de l'Afrique. Aussi dois-je m'efforcer de diminuer le plus possible les fatigues de ma caravane.

Si vous n'avez pas encore rencontré les hommes de Tippou-Tib, c'est que vous n'êtes pas bien loin de Yamboumba. Vous iriez par eau deux fois plus vite que par terre. Lente et pénible a été la besogne de se couper une voie à travers le broussis, et de remonter la rivière, mais je la redescendrai comme un éclair. Elle sera notre alliée alors, car le courant nous fera avancer d'une trentaines de kilomètres par jour, et je ramasserai en route autant de canots que possible pour remonter les eaux à notre second voyage. Suivez fidèlement la rivière et ne perdez pas de vue notre trace. Quand la caravane qui vous tiendra ce paquet passera à votre portée, attention à vos hommes, ou ils vous quitteront en masse, emportant avec eux vos plus coûteuses marchandises.

Mes meilleurs salaams, mes affectueux souvenirs à tous vos camarades. Un peu d'entrain, voyons! tant de kilomètres par étape vous amèneront ici en tant de jours! C'est par votre vouloir, c'est par votre audace que vous nous arriverez nombreux et forts au lieu d'être tristement réduits.

Inutile d'ajouter que je vous désire santé, chance,

bonne fortune ; vous êtes une part de moi-même. Adieu donc !

> Votre bien sincère,
> HENRY M. STANLEY.

(Et, écrit au crayon sur un coin de la lettre ci-dessus) :
Cher major, je vous envoie la présente : notre première tentative avait manqué. — W. E. STAIRS.

> Fort Bodo, district d'Iboulri, 14 février 1889.

Mon cher major, après avoir longuement consulté avec mes officiers sur l'opportunité de cette mesure, je vous envoie 20 courriers, porteurs de cette lettre, qui, je le sais, sera aussi bien accueillie par vous et les camarades, que nous le ferions du billet le plus court, d'un seul mot même.

Le fort de Bodo est à 200 kilomètres de Kavalli, sur l'Albert-Nyanza, ou 77 heures de marche de caravane (ouest), et presque sous la même latitude. Il est à 840 kilomètres, ou 352 heures de marche de caravane, à peu près directement vers l'est de Yamboumba. Vous en trouverez aisément la position en tirant une ligne droite de cette station à Kavalli et en la partageant ensuite en cinq parties égales : les quatre cinquièmes seraient la distance de Yamboumba ici ; le reste, celle qui nous sépare de notre port sur le Nyanza.

Je vous envoie un petit tracé suffisamment exact de notre route ; j'y ai marqué les six meilleurs endroits où l'on se puisse procurer des vivres entre Yamboumba et le Nyanza :

1° Les villages de Mugouye, sur le bord septentrional de la rivière : 300 kilomètres, 124 heures de marche de caravane depuis Yamboumba. Les villages sont au nombre de cinq; à l'arrière-plan, vastes cultures de manioc, de bananes, de maïs;

2° Les cinq villages d'Aveysheba : 100 kilomètres, 36 heures de marche. Rive sud, près d'un affluent paresseux, large d'une trentaine de mètres. Abondance de très belles bananes. A 15 ou 16 kilomètres plus haut et sur la rive nord, on voit, tout près de l'eau, au bas d'un rapide, une grosse agglomération de cases que nous n'avons pas visitée. Il serait plus facile d'y arriver en traversant la rivière par Aveysheba.

3° Confluent du Nepoko et de l'Arahouimi. Les villages occupent la rive sud, vis-à-vis la grande cataracte de Nepoko, qui se précipite dans l'Arahouimi en pleine vue de l'atterrage. Le Nepoko est presque aussi large que l'Arahouimi; impossible de le manquer. Les villages sont nombreux et éparpillés. Nous y avons trouvé des vivres en quantité. Ils sont à 64 kilomètres au-dessus d'Aveysheba, 26 heures de marche;

4° La station sur la rive nord qu'habite présentement Ougarrouroua. On vous donnera le couvert, mais le vivre est hors de prix : ils ne veulent que des étoffes : 150 kilomètres en amont du n° 3; 62 heures de marche;

5° Fort Bodo, construit par nous dans l'Ibouiri après notre retour de l'Albert Nyanza. Les vivres y abondent à l'intérieur des retranchements nous possédons quatre vaches et un veau, dix chèvres dont quatre laitières, six tonnes de maïs. A l'extérieur, nous avons semé quatre acres de maïs, un demi de fèves. On trouve des bananes à 5 kilomètres à l'ouest et à

800 mètres du fort. — Nos habitations sont confortables, blanchies au dedans comme au dehors; nos hommes gras et luisants. Nous en avons 11 à Ipoto, 56 chez Ougarrououa, 184 ici : total 251. Stairs, Nelson, Parke et Williams sont avec moi, Jephson fourrage le pays en quête de bétail vivant; j'espère le revoir demain.

Par la nouvelle route, Fort-Bodo doit être à 260 kilomètres du campement d'Ougarrououa, à 108 heures de marche de la caravane.

6° Les pentes du plateau dominant l'Albert Nyanza ; rien de ce qui est nécessaire ne nous y a manqué.

Le but de cette lettre est non seulement de vous donner entrain et courage par la connaissance définie et exacte du pays environnant et des terres que vous aurez à parcourir, mais surtout de vous bien garer du terrible désert où tous nous avons failli laisser notre peau. — Je vous ai écrit de chez Ougarrouroua une lettre assez détaillée pour vous mettre au courant de ce que furent nos expériences entre Yamboumba et cette station : je reprends donc à partir de ce point : nous marchons vers l'est, vers le Nyanza.

Le 19 septembre, au départ du camp d'Ougarrouroua, notre troupe comptait 285 personnes; nous laissions derrière nous 56 malades. Jusqu'au 6 octobre, nous avions traversé une contrée dépeuplée, dévastée par les Arabes; la faim nous assiégeait; aussi, en seize jours eûmes-nous 8 morts et 52 malades! Je me vis forcé d'élever des retranchements près de la rivière et d'y établir le capitaine Nelson, dont les jambes étaient couvertes d'ulcères, et avec lui tous nos éclopés, tandis que nous irions de l'avant, en quête de vivres, et lui enverrions du secours.

Au 18 octobre, nous n'avions encore rien trouvé, mais la fin de l'étape nous conduisit à un établissement de Manyouéma : pendant ces douze jours nous avions parcouru une forêt inhabitée, sans autre nourriture que des champignons et des fruits sauvages; 22 de nos hommes étaient morts ou avaient déserté, mais rien de plus affreux que la condition des survivants ! Tous amaigris, tous hagards, presque tous réduits à l'état de squelettes !

Le 20, on arrivait à la rescousse de Nelson; des 52 patients laissés sous sa garde, il n'en restait plus que 5. Plusieurs étaient morts, plusieurs avaient pris la fuite; une vingtaine fourrageait dans les environs; il n'en rentra que 10.

Le 28 octobre, nous quittions le Manyouéma pour notre campement actuel d'Ibouiri; nous y passâmes près d'un mois à nous refaire de nos fatigues, au milieu de l'abondance de vivres : le 24 novembre, au départ, voici quel était l'effectif de notre colonne : malades à la station arabe d'Ougarrououa, 56; malades à Manyouéma, 38; présents à Ibouiri, 174 : total 268. Des 341 du 19 septembre, nous étions descendus à 268 : morts ou manquants, 73.

Au delà d'Ibouiri, ni Arabe, ni Manyouéma n'a encore pénétré; aussi la disette y est-elle inconnue, et dans notre marche vers le lac Albert, où nous arrivâmes le 13 décembre, nous n'avions perdu qu'un seul homme : il n'avait pu se remettre des misères du désert; le 7 janvier, nous rentrions du Nyanza, laissant en route quatre cadavres : deux morts, comme le précédent, par suite des souffrances du voyage ; Klamis Kaurourou, un de nos chefs, d'une inflammation des poumons, et Ramaguebin Kourou, le quatrième, d'une fièvre intermittente contractée près du lac.

C'est le 31 août que nous arrivions chez les Manyouéma ; et le 6 janvier nous leur faisons nos adieux. Pendant l'intervalle, nous avons perdu 118 hommes par la mort ou la désertion. Notre séjour dans leurs campements nous a été aussi funeste que la traversée du désert ; leurs extorsions nous ont laissés à peu près nus. Ils amadouaient nos Zanzibaris, qui leur vendaient carabines et munitions, les couvertures de nos officiers, pour être payés en vivres si chichement mesurés, qu'ils perdaient le bénéfice du larcin. Et non contents d'affamer mes hommes, de les pousser à ruiner l'expédition, ces Manyouéma les perçaient à coups de lances ; les fustigeaient, les garrottaient jusqu'à ce que, parfois, la mort vînt mettre un terme aux souffrances des malheureux.

Jamais il n'y eut esclaves plus abjects que l'étaient devenus nos engagés sous l'influence de ces Manyouéma. Ils avaient fini par préférer la mort sous le fouet, la mort par la faim ou par le javelot de ces tyrans, à la fatigue de charger leurs fardeaux et de marcher vers des régions plus heureuses. Des 38 malades laissés à leur campement, 11 sont morts, 16 nous sont revenus, 16 sur 58 ! Tout commentaire serait inutile.

Le 28 octobre, quand nous quittâmes le camp, il nous fut impossible d'emporter le bateau et 70 charges que Parke et Nelson eurent mission de surveiller. Nous comptions trouver un arbre dont le tronc pourrait faire une embarcation, ou, mieux encore nous pensions en prendre une toute faite. Mais, arrivés au Nyanza, nos espérances s'évanouirent, et il nous fallut regagner Ibouiri en toute hâte, pour envoyer des hommes récupérer nos appartenances laissées chez les Manyouéma. Avant-hier, Stairs et son équipe de cent hommes ont rapporté le bateau et 37 colis.

Vous comprenez sans nul doute que, n'ayant pu encore ni retrouver ni secourir Émin-Pacha, il est grand temps de nous vouer entièrement à cette tâche, si pressante déjà, quand, le 28 juin 1877, nous quittions Yamboumba. Et vous comprenez certainement aussi l'anxiété, où nous sommes tous à votre sujet. Nous redoutons votre inexpérience, votre manque d'influence sur les engagés. Si à moi, qu'ils connaissent depuis vingt ans, ils préfèrent ces canailles de Manyouéma, que sera-ce de vous, étranger à leurs mœurs et à leur langage! Mon inquiétude est extrême. — D'un côté, je suis tiré vers l'est, dans la direction d'Émin-Pacha, de l'autre, je suis tendu de nouveau vers l'ouest, vers vous, vers vos camarades, vos gens et bagages.

Près de huit mois ont passé et peut-être n'avez-vous pas reçu un mot de nous, quoique je vous aie longuement écrit de chez Ougarouroua. Nous pensions être de retour en décembre; nous voici en février et qui saurait où vous chercher maintenant? Le *Stanley* est-il arrivé au jour dit? N'est-il pas arrivé du tout? Tippou-Tib vous a-t-il rejoints? Êtes-vous seul avec les vôtres? Si Tippou-Tib était avec vous, comment marcheriez-vous si lentement que nous ne puissions avoir de nouvelles? Si vous êtes seul, elle doit être bien grande, la distance qui nous sépare! Autant de questions que nous agitons tous les jours!

C'est pourquoi nous avons convenu que, tout en transportant le bateau à l'Albert Nyanza pour en finir avec Émin-Pacha, nous essayerons, en même temps, de communiquer avec vous. Aussi ai-je demandé des volontaires, leur promettant 250 francs par tête, pour vous porter cette lettre jusqu'à Yamboumba, s'il le faut, — qui sait! peut-être ne l'avez-vous pas quitté! — et me rapporter des nouvelles. Pour nous, qui avons fait le trajet, il nous semble que Yamboumba n'est pas à plus d'un mois de marche. Stairs escorte nos vingt hommes jusqu'au camp d'Ougarrouroua, d'où il me ramènera nos 56 malades, tous rétablis, assure-t-on. A son retour, il me retrouvera à environ cinq journées du lac, vers lequel nous nous dirigerons à grand'hâte, dès qu'il nous aura rejoints.

D'après mes calculs, nous devrions être au Nyanza le 10 avril. Tout ce qui regarde Émin-Pacha devrait être réglé vers le 25; le 13 mai, je pourrais être de retour ici, et le 29 nous serons chez Ougarrouroua; si nous ne nous sommes pas encore rencontrés, je compte que vos messagers nous reviendront avant; je vous conseille d'en garder deux, Rouga et Rougou, en qualité de guides; ils marcheront en tête, mais libres de fardeaux. Les 18 autres, renvoyez-les-moi aussitôt que possible avec une couple de vos hommes. Plus tôt nous aurons de vos nouvelles, plus tôt nous pourrons vous rejoindre; — une fois l'affaire Émin-Pacha terminée, je n'aurai plus qu'un désir : vous ramener ici sain et sauf.

Si les hommes de Tippou-Tib vous escortent, les deux guides en question vous conduiront promptement vers nous, et nous nous rencontrerions ici ou chez Ougarrououa; si le *Stanley* est arrivé en temps utile, il a dû vous transporter quelque part, à 22 ou 24 journées peut-être de nos précédents voyages de Yamboumba; au-dessous de Mugouye, peut-être. De là, et pour que vous n'entriez pas dans le rayon de l'influence arabe où, si vous êtes seul, votre colonne se débanderait sûrement, je vous donne l'ordre de vous rendre, soit à Mugouye, soit à Aveysheba, soit au confluent du Nepoko, dans celui de ces lieux dont vous êtes le plus rapproché, d'y construire un solide retranchement et de nous y attendre; mais, quoi que vous décidiez, faites-le-moi savoir. Si vous approchez seulement du camp d'Ougarrououa, vous perdrez hommes, carabines, poudre, tout ce qui a quelque valeur : vos propres serviteurs vous trahiront : on leur vendra les vivres si cher que la faim les portera à vous dépouiller de tout.

A n'importe laquelle des trois stations précitées vous trouverez abondance et sécurité jusqu'à ce que je vous relève. Tant que vous y resterez, nulle désertion à craindre — mais les misères quotidiennes de la marche, ajoutées à l'insuffisance permanente des vivres, mineraient la fidélité de vos meilleurs engagés. Ces directions, je ne vous les donne que dans le cas où vous seriez seul, sans secours des Arabes. Si les hommes de Tippou-Tib sont avec vous, je vous suppose avançant à petites journées vers nous.

Avec les meilleurs vœux de tous et de chacun, je vous répète mon ardente prière à Dieu, que, en dépit de toutes nos malsaines et mauvaises conjectures, vous soyez justement où vous devez être, et que cette lettre vous trouve à temps pour vous sauver des misères de la forêt et de cette affreuse canaille de Manyouéma. A chacun de vos officiers aussi, je vous prie de transmettre les bons souhaits

de votre sincèrement dévoué
Henry M. Stanley.

Major Barttelot, commandant l'arrière-garde de l'expédition de secours.

III

Du major Barttelot.

(La lettre suivante, adressée à M. William Mackinnon, président du Comité de l'expédition de secours, est arrivée à Londres le 19 septembre 1888.)

Au camp de Yamboumba, 4 juin 1888.

Monsieur, j'ai l'honneur de vous informer que nous sommes au moment de nous mettre en route, et avec beaucoup moins d'hommes que je n'eusse désiré. Tippou-Tib à la fin, mais de très mauvaise grâce, m'en a donné 400 ; Mouni-Somaï, un autre Arabe, me fournit aussi 30 porteurs : je ne compte pas partir avant le 9 juin. Voici le relevé de ma troupe : Soudanais armés de carabines, 22 ; Zanzibaris, id. 110, portant 90 ballots; Manyouéma, 430, avec 300 mousquets et 380 ballots. Officiers : major Barttelot, commandant; M. J. S. Jameson, commandant en second; M. W. Bonny; le cheikh Mouni-Somaï, un Arabe de Kibouyeh qui s'est offert à accompagner l'expédition et prend, sous mes ordres, la tête du contingent indigène.

Le 8 mai, le vapeur belge *A. I. A.* avec M. Van Kerkhoven, le chef de Bangala, est arrivé ici ayant à bord l'escorte de M. Ward : 30 Zanzibaris et nos 4 Soudanais : le cinquième est mort à Bangala.

11 mai. — Ils partent pour Stanley-Falls.

14 mai. — Je vais à Stanley-Falls, rejoignant le vapeur à Gallasoula sur le Congo; je continue avec les Belges jusqu'aux Chutes, où nous arrivons le 22.

M. Jameson, avec Tippou-Tib et 400 hommes, rentre de Kasengo.

Pendant son séjour à Kasengo, il vous a rendu compte de ses négociations. Tippou-Tib, m'a-t-il dit, lui avait promis 800 hommes, mais se refusait à tout engagement écrit.

23 mai. — Un long palabre avec Tippou-Tib : il m'a conté comment il ne peut me fournir que 400 hommes, dont 300 porteront 18 kilogrammes, et 100, 9 seulement. Ces engagés étaient sur les lieux, prêts à partir dès que les ballots seraient ficelés. Quand j'ai voulu rappeler ses promesses à M. Jameson, il a prétendu n'avoir jamais parlé de 800 hommes : il en manquait à Kasengo et à Nyanjoue; il avait tant de guerres sur les bras qu'il ne savait plus où prendre les porteurs : il en avait drainé le pays. Je dus me soumettre, dans l'espoir qu'il pourrait m'en réunir une centaine de plus

à Yamboumba ou aux alentours. — Aurais-je besoin d'un capitaine ? Et il me rappelait que, dans le premier contrat, M. Stanley avait dit que, s'il en fallait un, il le payerait. — Sur ma réponse : « Certainement, je ne « puis m'en passer », il me présenta l'Arabe Mouni-Somaï; celui-ci s'est engagé à venir, et je vous envoie les clauses stipulées par nous deux.

Le 20 mai je regagnai le camp de Yamboumba. Le 4 juin arrivèrent les vapeurs *Stanley* et *A. I. A.*, le premier portant des officiers belges en route pour la station des Chutes; le second, Tippou-Tib lui-même. Le 5 juin, nouveau palabre : Où sont les 250 hommes qu'il assurait m'avoir envoyés ? — Dispersés, me dit-il ; il avait bien essayé de les rassembler encore, mais ils refusaient de venir, les déserteurs ayant répandu de mauvais bruits. Ses gens étaient des sujets, pas des esclaves; impossible de les contraindre; aussi nous amenait-il de Kasengo 400 porteurs. Il termina en m'offrant en outre les 30 hommes de Mouni-Somaï. Très contrarié du nombre beaucoup trop restreint de mes engagés, je me suis empressé de les accepter.

Quant à Mouni-Somaï, il paraît animé de la meilleure volonté et désireux de prendre sa part de nos travaux. C'est lui qui a désiré me suivre. J'espère que vous ne trouverez pas excessive la paye que je lui donne; le souci qu'il nous enlève au sujet de ses hommes et de nos ballots est fort à considérer : il se déclare responsable des porteurs et des marchandises, et épargnera ainsi aux blancs des travaux et des soins beaucoup mieux employés ailleurs.

Les ballots que nous ne saurions prendre doivent

être expédiés à Bangala ; on les chargera, le 8 juin, à bord de *A. I. A.* ou du *Stanley*, et voici le reçu de M. Van Kerkhoven, sous l'étiquette B, ainsi que ma lettre d'instruction à lui et à M. Ward. Vous voudrez bien, j'espère, envoyer l'ordre concernant les ballots et les deux canots achetés en mars, de même que pour le matériel laissé en arrière et appartenant à l'expédition : il est à peu près certain que je ne repasserai point ici, et par conséquent n'en trouverais pas l'emploi. M. Troup, très faible et fort souffrant d'une maladie interne, désire s'en retourner en Angleterre. Voici son certificat de décharge signé Bonny et sa demande marquée E ; des lettres à M. Fontaine, au sujet de ce voyage, marquées F. Je lui ai assuré une place sur le navire, aux frais de l'expédition, et je suis certain de n'avoir fait que devancer les désirs du Comité.

Mon intention, en quittant Yamboumba, est d'avancer de mon mieux sur la même route que M. Stanley ; s'il ne m'arrive de lui aucune nouvelle, j'irai jusqu'à Kavalli ; si, là, je n'apprends rien encore, je continuerai jusqu'à Kibero. Mais si, soit à Kavalli, soit à Kibero, je parviens à savoir dans quelle région il se trouve, lointaine ou rapprochée, je tâcherai de le rejoindre, et, s'il est en péril, de faire mon possible pour lui porter secours. Si, enfin, on n'en a entendu parler ni à Kavalli, ni à Kibero, je pousserai jusqu'à Ouadelaï, où Émin-Pacha, s'il y est encore, me donnera peut-être des nouvelles de Stanley et me dira si lui-même veut quitter la province ou rester à son poste. Je voudrais lui persuader de partir avec moi ; puis, si la chose est nécessaire, de me seconder dans mes recherches au sujet de

Stanley. Si, pour diverses raisons, il devient inutile de s'en occuper davantage, je me mettrai avec ma troupe à la disposition d'Émin-Pacha pour l'escorter par la route qui lui semblera le moins impraticable, sauf par l'Ouganda toutefois, car les Manyouéma déserteraient. J'ai promis à Tippou-Tib que, ma mission une fois terminée, j'éviterais l'Ouganda et ramènerais ses hommes chez eux ou les confierais à un blanc qui s'engagerait à les conduire par la route la plus courte. Tout ceci dans la supposition qu'Émin est encore à Ouadelaï et disposé à quitter le Soudan. Peut-être n'attend-il que des munitions pour s'ouvrir lui-même un passage ; il me serait, je crois, facile de lui en fournir ; je lui céderais les trois quarts de mes Zanzibaris et deux officiers, pendant qu'avec les autres je ramènerais les Manyouéma à Tippou-Tib. Je me rendrais ensuite vers la côte par le chemin le moins long, le Mwouta Nzigé, le Tanganyika, Oudjidji, la route, du reste, que je prendrais dans tous les cas.

Je n'ai pas besoin de dire combien grands seront mes efforts pour que le succès récompense mes recherches ; j'espère que ma conduite obtiendra le suffrage du Comité et que le jugement sur elle restera en suspens, pour le présent, le passé, l'avenir, jusqu'à mon retour en Angleterre ou à celui de M. Jameson.

Les rumeurs sont toujours des plus incertaines au sujet de M. Stanley. De vraies nouvelles je ne réussis pas à en obtenir, malgré les tentatives les plus sérieuses. Je ne puis croire qu'il soit mort ; les Arabes d'ici ou de Kasengo ne le croient pas non plus. J'ai été obligé d'ouvrir ses malles, car il m'est impossible d'emporter tous ses colis, et je ne pouvais savoir autrement ce qu'elles contenaient. Sur ses deux caisses de vin de Madère, j'en renvoie une; la moitié de l'autre a été donnée à M. Troup; nous gardons le reste comme médicament. De Tippou-Tib je n'ai rien à dire, sinon qu'il nous a manqué de parole, et je ne puis que faire des suppositions, au sujet des véritables causes de son retard à nous fournir des hommes et du petit nombre qu'il nous en a procuré.

Je regarde comme mon devoir strict de poursuivre l'entreprise; M. Jameson et M. Bonny partagent entièrement mes vues. Attendre plus longtemps serait inutile, même coupable; Tippou-Tib ne nous aidera pas plus demain qu'aujourd'hui; rester serait pusillanime, et, j'en suis persuadé, absolument contraire à vos désirs et à ceux du Comité.

D'après mes supputations, il me faudra de trois à quatre mois pour arriver aux lacs, et de sept à neuf mois pour gagner la côte.

Je suis très heureux de constater que, de tous les officiers de l'État dont j'ai dû solliciter le concours, j'ai reçu l'accueil le plus bienveillant et le plus empressé : je voudrais surtout remercier le capitaine Van Kerkhoven, chef de Bangala, et le lieutenant Liebrechts, chef de Stanley Pool; j'espère qu'ils seront un jour récompensés suivant leur mérite.

6 juin. — Ce matin Tippou-Tib m'a fait demander; il veut savoir si l'on va tout de suite le payer pour ses hommes; je n'ai pu lui en donner l'assurance; il a donc exigé ma garantie et celle de M. Jameson. Tous les reçus, tous les contrats passés entre les Arabes et moi

et dûment signés par eux, je les envoie à M. Holmwood : vous en recevrez copie.

8 juin. — Préparé les ballots pour les hommes de Tippou-Tib et ceux de Mouni-Somaï ; Tippou-Tib lui-même est venu assister au travail, il a prétendu que les charges étaient trop lourdes — la plus pesante n'est que de 20 kilogrammes : — ses gens ne pourraient les porter; pourtant, avant-hier, il nous avait déjà vus à l'œuvre et donnait son approbation à des emballages exactement pareils à ceux qu'il refuse aujourd'hui. Il avait, pourtant, la difficulté d'arranger tout notre matériel autrement qu'en ballots et d'assigner à ceux-ci un poids absolument exact : ses hommes, quand ils travaillent pour lui, portent bien près de 30 kilogrammes. Nous devions partir demain : ce ne sera plus maintenant que le 11 ou 12 juin, car il faut refaire tous les paquets et les amener ou les ramener aux 18 kilogrammes en question. C'est un peu de ma faute, j'aurais dû peser avec plus de soin, et quoique certains paquets ne montent qu'à 17 kilogrammes, la moyenne, je pense, doit atteindre 19. Au fond, cela lui est bien égal : la vraie cause de son hostilité, c'est qu'il trouve la chose bien au-dessous de lui. Il a été presque forcé à ce contrat par les lettres de M. Holmwood; lui, encore moins que ses Arabes, ne voulait de cette besogne, qu'il dédaigne profondément : de bien autres aspirations, des ambitions plus hautes occupent ses pensées; la grande amitié qu'il professe pour Stanley ne peut lui faire surmonter son dégoût, je l'ai bien vu ce matin. Mais, s'il ne remplit pas ses engagements, j'espère bien qu'on en prendra note pour le règlement des comptes.

Il nous tient maintenant, il ne nous tiendra pas toujours.

Plusieurs stations d'Arabes sont échelonnées sur la route à suivre, jusqu'à moins d'un mois de marche de l'Albert Nyanza; la distance entre plusieurs est fort grande et les indigènes y sont peu commodes, dit-on. Mais, quand je le pourrai, je louerai des porteurs supplémentaires, ne fût-ce que d'un établissement à l'autre; il me faudra compter avec la mort, la maladie, les désertions; pourtant je dois arriver au but, nos charges restant en aussi bon état que possible.

C'est pour cela que Mouni-Somaï nous sera très utile. Nous payons gros pour ses services, mais aussi c'est un gros personnage et de grande influence; il saura tenir nos Manyouéma, empêcher les vols, les désertions, etc. Un moindre monsieur aurait coûté moins cher, mais personne ne lui aurait obéi, et peu à peu nous eussions vu les ballots diminuer ou disparaître — et les ballots, c'est pour nous la santé, la vie, le succès. Donc, sous ces charges légères, nos premières marches ne seront pas trop pénibles; dans le pays découvert, l'Ouganda, par exemple, nous presserons le pas.

Nous avons fini de tout repeser en présence d'un des capitaines de Tippou-Tib; il a laissé passer des ballots condamnés par son maître quelques heures auparavant; celui-ci, évidemment, ne songe qu'à retarder notre départ... pourquoi? je n'en sais rien. »

9 juin. — Tout sera prêt pour le 11. — Notre perte en munitions par l'allègement forcé des ballots de cartouches est vraiment énorme; ce sont ceux-là, surtout, dont on surveillait le poids.

Le *A. I. A* et le *Stanley* sont repartis ce matin pour

Stanley-Falls, mais Tippou-Tib et son secrétaire belge sont restés, et quatre charpentiers de navire que le capitaine Vangèle et M. Van Kerkhoven ont laissés pour nous aider. Les Belges nous ont montré la plus grande bienveillance et leur concours nous a été très précieux.

Je ne veux pas terminer cette lettre sans vous dire de quel prix m'ont été, me sont et me seront les services de M. J. S. Jameson. Jamais je ne l'ai entendu se plaindre. Actif, capable, son amour du travail est sans bornes, sa bonté, son entrain, le font chérir de tous. — Ward a reçu mes ordres dans le cas où vous m'adresseriez quelque télégramme; Tippou-Tib promet aussi, le cas échéant, de m'envoyer un messager, mais seulement dans le mois qui suivra mon départ. — Il attend ici de me voir prendre le large.

Un télégramme vous apprendra notre mise en chemin, et, autant que possible, j'enverrai des nouvelles par le service de l'État; mais je ne serais pas surpris que la route du Congo ne fût bientôt barrée.

Je ne vous adresse pas copie de la lettre Holmwood : elle n'était pas officielle; je crois vous avoir écrit tout ce qui se pouvait écrire : j'eusse désiré vous en dire beaucoup plus, je vous le dirai sans doute, s'il m'est permis de revoir l'Angleterre.

— Voici ce que nous emportons en fait de munitions : Carabines Rémington, 128; cartouches, 35 580.

10 juin. — Les ballots, dûment pesés, ont été livrés aux porteurs; on a distribué à nos Manyouéma de la poudre et des capsules; nous partirons demain matin. Je répète que Tippou-Tib nous a manqué de foi, et n'a pas rempli ses engagements. Mouni-Somaï, je l'espère,

se met de cœur à la besogne, aussi tout ira bien pour nous.

J'ai l'honneur, etc.

EDMOND M. BARTTELOT,
major.

IV

M. Stanley et Tippou-Tib. — Premières nouvelles du succès.

(Cette lettre de M. Stanley à Tippou-Tib, apportée par un messager à Stanley-Falls, arriva à Bruxelles le 15 janvier 1889.)

Boma de Banalya (Ourénia), 17 août.
Au cheikh Hamed Ben Mahomed[1], son bon ami Henry Stanley.

Plusieurs salaams à vous! J'espère que vous êtes en bonne santé, comme je le suis, et qu'en bonne santé vous êtes resté depuis mon départ du Congo. J'aurais beaucoup de choses à vous dire, mais je compte vous voir face à face avant qu'il soit longtemps. Je suis arrivé ici ce matin avec 130 Ouangouana, 3 soldats et 66 indigènes appartenant à Émin-Pacha. Voici le trente-deuxième jour que nous avons quitté Émin-Pacha au

1. Connu en Europe sous le nom de Tippou-Tib.

Nyanza, et nous n'avons perdu que trois hommes en route : deux se sont noyés ; l'autre s'est enfui.

J'ai trouvé les blancs que je cherchais. Émin-Pacha se portait fort bien, ainsi que l'autre blanc, Casati. Émin a de l'ivoire en abondance, du bétail par milliers de têtes, brebis, chèvres, poules, vivres de toutes sortes. Il est très bon et très brave. Il a donné nombre de choses à tous nos blancs, à tous nos noirs ; rien ne peut surpasser sa libéralité. Ses soldats ont béni nos nègres pour leur bonté d'être venus si loin leur montrer la route ; beaucoup étaient prêts à me suivre sur-le-champ et à quitter le pays. Mais je leur ai demandé de se tenir tranquilles quelques mois encore, pour retourner à Yamboumba, et reprendre les hommes et les bagages que j'y ai laissés, et ils ont prié Dieu de me donner sa force pour mener l'œuvre à bonne fin. Puisse leur prière être exaucée!

Et maintenant, mon ami, qu'allez-vous faire? Deux fois nous avons parcouru cette route. Nous savons où elle est bonne et où elle est mauvaise, où il y a abondance de vivres et où il n'y en a pas ; où sont tous les campements ; où l'on peut dormir et se reposer. J'attends vos paroles. Si vous m'accompagnez, tout sera bien. Je vous laisse la décision. Je resterai dix jours ici, puis je continuerai lentement. J'irai d'abord à une grande île, à deux heures de marche ; au delà, il y a beaucoup de maisons, beaucoup de vivres pour mes hommes. Quelque chose que vous ayez à me dire, mes oreilles vous seront ouvertes, et de bon cœur, comme toujours pour vous. C'est pourquoi, si vous venez, que ce soit promptement, car je me mettrai en route le onzième matin après aujourd'hui. Tous mes hommes blancs se portent bien, mais je les ai laissés derrière moi, sauf mon domestique William.

STANLEY.

(Le reste des dépêches confiées au même homme, resta aux Chutes Stanley et ne parvint en Europe qu'à la fin de mars.)

V

Lettre de Stanley reçue à Londres à la fin de mars 1889. — De Yamboumba à l'Albert Nyanza. — Les forêts de l'Itouri ; Émin-Pacha.

Ile Bounganeta, rivière d'Itouri, ou Arahouimi, 28 août 1888.

Au président de l'expédition de secours.

Monsieur, — Le 17 courant, moins de trois heures après notre réunion avec l'arrière-garde de l'expédition, je vous ai adressé, par des courriers de Stanley-Falls, en même temps que des lettres à Tippou-Tib, le gouverneur arabe du district, une courte dépêche annonçant que le premier convoi de ravitaillement était parvenu à Émin-Pacha, sur l'Albert Nyanza. Je me propose aujourd'hui de vous raconter nos faits et gestes depuis le 28 juin 1887.

J'avais établi un campement, palissadé et retranché à Yamboumba, sur le bas Arahouimi, juste au-dessous des premiers rapides. Le major Edmond Barttelot, le plus ancien des officiers qui m'accompagnent, en fut nommé commandant; un de nos volontaires. M. J. S. Jameson, devait le seconder. A l'arrivée de tous nos hommes et de tous nos bagages de Bolobo et de Stanley-Pool, les officiers en fonctions, MM. Troup, Ward et Bonny, avaient à présenter leurs rapports au major Barttelot; conformément à la lettre d'instructions laissée au major avant mon départ, aucune décision importante ne devait être prise par lui avant d'en avoir conféré avec MM. Jameson, Troup et Ward. — La colonne sous les ordres du major Barttelot comptait 257 hommes.

Comme j'avais prié le major de vous adresser la copie des instructions laissées à chacun des officiers, vous savez, sans doute, que M. Barttelot devait à Yamboumba attendre l'arrivée du vapeur de Stanley-Pool avec les officiers, les hommes, les ballots restés en arrière; si, de son côté, le contingent de porteurs promis par Tippou-Tib était prêt à partir, le major devait s'acheminer avec sa colonne et suivre nos traces, reconnaissables dans la région des forêts, par les arbres brûlés, par nos campements et zéribas, etc. Si les engagés de Tippou-Tib n'arrivant pas, le major voulait nous rejoindre plutôt que de rester à Yamboumba, il avait à laisser les colis mentionnés dans ma lettre d'instructions, et à faire double ou triple convoi par courtes étapes, jusqu'à ce que je pusse le relever à mon retour du Nyanza. Ces instructions étaient explicites et — les officiers en convenaient — intelligibles aussi.

Notre colonne de marche — 389 officiers et porteurs — quitta Yamboumba le 28 juin 1887. Le premier jour nous longions la rivière, et après un trajet de 19 kilomètres nous entrions dans le vaste district de Yar-kondé. A notre approche, les naturels incendièrent leurs cases et, sous le couvert de la fumée, attaquèrent nos pionniers, occupés à enlever les nombreux obstacles placés devant le premier village. L'escarmouche dura un quart d'heure. Le second jour, nous enfilons un sentier s'éloignant de la rivière, mais orienté vers l'est : pendant cinq étapes nous traversons un pays très peuplé : les naturels mettent en œuvre tous les moyens à eux connus pour molester, arrêter, attaquer l'ennemi; nous passons sans perdre un homme; mais, voyant que la route diverge trop du but, la troupe se dirige vers le nord-est, et le 5 juillet nous regagnons la rivière. Depuis lors jusqu'au 18 octobre, nous n'avons pas quitté la gauche de l'Arahouimi.

Après dix-sept jours de marche continuelle, nous fîmes halte pour nous reposer un peu. Le vingt-quatrième jour après notre départ, deux de nos hommes prirent la fuite. Pendant tout le mois de juillet nous n'arrêtons que quatre fois. Le 1er août, nous enregistrions notre premier décès, un cas de dysenterie : pendant trente-quatre jours le voyage avait été singulièrement heureux, mais nous entrions maintenant dans une région déserte; il nous fallut neuf jours pour la traverser; les souffrances se multiplièrent; nous eûmes plusieurs morts. La rivière nous fut alors très utile; les charges que les malades eussent dû porter s'empilaient sur le bateau et les canots; moins brillante que pendant le premier mois, la marche, était encore assez rapide.

Le 13 août, nous arrivions à Air-Sibba. Les indigènes eurent l'audace de s'opposer à notre passage, et nous perdîmes 5 hommes, tués par les flèches empoisonnées; à notre grand chagrin, le lieutenant Stairs fut blessé, juste au-dessous du cœur; mais, après avoir beaucoup souffert pendant un mois, il guérit parfaitement. Le 15, M. Jephson, commandant l'une des escouades, conduisit ses hommes trop loin dans les terres, et ne sut pas retrouver la bonne route; il ne nous rejoignit que le 21.

Le 25, nous entrons dans le district d'Airjeli, et campons en face le confluent du Nepoko.

Le 31 août, pour la première fois, nous nous croisons avec un parti de Manyouèma appartenant à la caravane d'Ougarrououa, *alias* Ouledi Balyouz, qui s'est trouvé être un ancien « garçon de tente » qu'avait eu Speke. Nos infortunes remontent à ce jour : j'avais pris la route du Congo pour éviter que les Arabes pussent détourner et influencer nos gens par leurs présents : dans les trois jours qui suivirent cette malheureuse rencontre, vingt-six hommes avaient déserté.

Le 16 septembre, nous arrivâmes à un campement vis-à-vis la station qu'occupait alors Ougarrououa. Grâce aux dévastations par lui commises au près et au loin, les vivres étaient très rares, et je ne pus m'arrêter plus d'un jour. Après des arrangements aussi amicaux qu'il me fut possible de les faire avec pareil individu, je lui laissai 56 de nos porteurs. Mes Somalis en avaient assez, de ces marches; à tout prix, il leur fallait du repos; cinq Soudanais étaient fourbus. Les emmener eût été les traîner à la mort; peut-être se referaient-ils avec Ou-

DÉSASTRES.

garrououa ; je lui promis 25 francs par mois et par tête pour la nourriture de ces malheureux.

Nous repartons le 18 septembre ; le 18 octobre nous entrions dans la station habitée par Kilonga-Longa, un esclave zanzibari appartenant à Abed-bin-Salim, ce vieil Arabe dont les sanglants exploits sont rapportés dans le livre intitulé : *Le Congo et la fondation de son État libre*. Ce mois nous avait été terrible ; blancs et noirs, personne de l'expédition ne l'oubliera jamais. — En quittant Ougarrouroua 122 hommes manquaient déjà à l'appel : 66 morts ou déserteurs entre Yamboumba et le présent campement, et les 56 que nous laissions sous la garde de l'ancien garçon de tente : nous étions encore 273. — En arrivant chez Kilonga-Longa, notre troupe avait fondu de 55 hommes, victimes de la faim ou ayant pris la fuite ; à peine mangions-nous autre chose que des fruits sauvages, des champignons, et une noix grande et plate, ressemblant à une fève. Sauf l'hostilité ouverte, les esclaves d'Abed-bin-Salim ont fait contre nous leur possible : vêtements, carabines, cartouches, ils achetaient tout ; nos hommes étaient absolument dépouillés quand il fallut quitter la station. La force physique de notre troupe avait tellement baissé qu'il devenait impossible de faire le portage du bateau et de 70 ballots d'effets. Le tout resta chez Kilonga-Longa sous la garde du chirurgien Parke et du capitaine Nelson, incapable de marcher plus longtemps.

Au bout de douze jours, nous arrivions au campement indigène d'Ibouiri. La condition ne s'était guère améliorée en route. Les Arabes avaient porté leurs ravages jusqu'à quelques kilomètres de la station ; il n'existait plus une case entre Ibouiri et le campement d'Ougarouroua; ce que n'avaient pas détruit ses esclaves ou ceux d'Abed-bin-Salim, les éléphants l'avaient foulé aux pieds; la région tout entière n'était plus qu'un horrible désert. Mais à Ibouiri nous avions franchi les abords de la région maudite, nous entrions sur un sol vierge, dans une contrée populeuse, abondant en vivres. Le 12 novembre, quand se termina cette faim et cette longue misère — elle durait depuis le 31 août — nous étions réduits à l'état de squelettes. Des 389 inscrits au départ de Yamboumba, 174 seulement pouvaient répondre à l'appel, encore plusieurs semblaient prêts à rendre l'âme. Un repos assez prolongé nous était indispensable.

Jusqu'à Ibouiri les souffrances des hommes avaient été si terribles, les calamités si nombreuses, la forêt s'étendait si vaste autour de nous, qu'ils se refusaient à croire nos discours sur les plaines où paissent vaches et brebis, sur le Nyanza et l'homme blanc, Émin-Pacha. J'avais comme la sensation de les traîner après moi, avec une longue chaîne passée autour de mon cou: « Allons enfants! du courage! Nous arrivons à un pays que n'ont pas encore ravagé ces brigands; vous y mangerez à souhait, vous y oublierez vos misères! allons! montrez-vous hommes! pressez un peu le pas! » Mais, vaincus par la faim et les souffrances, ils vendaient leurs carabines pour quelques épis de maïs, on désertaient avec les munitions.... Ils étaient complètement démoralisés. Voyant que prières, supplications, menaces, punitions même devenaient inutiles, il me fallut en venir aux mesures extrêmes : deux des plus insoumis furent pendus en présence de tous.

Les treize jours à Ibouiri passèrent en bombance; poules, chèvres, bananes, maïs, patates douces, ignames, fèves, etc., les vivres étaient inépuisables et nos hommes s'en donnaient à satiété. Un seul d'entre eux mourut à la station, tué par une flèche; les 173 autres étaient presque tous en excellente condition, lorsque le 24 novembre, nous nous acheminâmes vers l'Albert-Nyanza, dont 200 kilomètres nous séparaient encore; mais sûrs de trouver des vivres, cette distance ne nous effrayait guère.

Le 1er décembre, du sommet d'un éperon de la montagne que j'ai nommée Pisgah[1], nos regards s'étendent au loin sur une contrée déboisée, riante, fertile. Le 5, nous émergions sur la plaine, quittant la forêt obscure, la forêt mortelle. Après cent soixante jours de ténèbres permanentes, la grande lumière du ciel faisait resplendir le paysage, elle en éclairait les moindres détails. Jamais nous n'avions vu herbe si verdoyante, pays si doux à l'œil! Les hommes poussaient les cris de joie, sautant, jouant à la course malgré leurs fardeaux. Soudain renaissait le souffle, faute duquel nos précédentes expéditions avaient échoué.

Malheur maintenant aux brigands qui viendraient nous assaillir! nos hommes se jetteraient sur eux comme le loup sur la brebis, sans en compter le nombre. C'est la sombreur de la forêt éternelle qui en avait fait ces créatures abjectes, qui s'étaient laissé piller si brutalement par les esclaves arabes de Kilonga-Longa.

Le 9, nous entrons sur les domaines du puissant

---

1. En souvenir de celle d'où Moïse, avant de mourir, contempla la Terre promise. — *Trad.*

chef Mozamboni. Les villages sont maintenant si nombreux qu'on ne marche qu'entre les cases ou sur les champs. Les naturels nous avaient signalés de très loin et se préparaient à nous recevoir. Arrivés à quatre heures du soir au centre d'une agglomération de huttes, nous nous postons sur une petite colline, et l'occupons à grand'hâte, construisant une zériba à mesure que nos gens abattaient le broussis. Les cris de guerre étaient terribles, tonnant d'une colline à l'autre et répétés par les vallées; les naturels, par centaines se rassemblaient sur divers points; cornes et tambours appelaient les guerriers au combat. — Mais quelques efforts suffirent pour repousser les plus hardis, et une légère escarmouche nous procura une vache, le premier pot-au-feu auquel j'eusse goûté depuis mon débarquement. La nuit fut paisible, chacun prenait ses mesures pour le lendemain. Dès le point du jour nous ouvrîmes les négociations. Les indigènes voulaient savoir d'où venaient les intrus; nous étions non moins désireux d'apprendre quelque chose de ce pays qui se levait, pour ainsi dire, tout entier contre nous. Des heures se passèrent en palabres, les deux partis restant à distance respectueuse. Les naturels nous dirent dépendre de l'Ouganda; Kabbé-Rigé était leur véritable roi, Mozamboni gouvernait le district en son nom. Finalement ils acceptèrent des étoffes et des baguettes de cuivre pour Mozamboni et s'engagèrent à nous transmettre sa réponse le lendemain. Jusque-là les hostilités devaient être suspendues.

Le 11, à huit heures du matin, nous sommes tout surpris d'entendre un homme proclamer que la volonté de Mazamboni est qu'on nous chasse de la contrée. De tous les points de la vallée s'élèvent des cris assourdissants. Le mot *kanouanna* signifie paix; *kourouanna* veut dire guerre. Nous voulions encore croire avoir mal compris. Un de nos interprètes s'avance vers eux pour demander si c'est *kanouanna* ou *kourouanna*. — *Kourouanna! kourouanna!* et pour mieux accentuer leur réponse, ils lui lancent une couple de flèches : tous nos doutes sont dissipés. — Notre colline se dressait entre un chaînon de hauteurs assez élevées et une autre rangée moins haute. D'un côté, nous plongions sur un ravin de 200 mètres tout au plus; de l'autre sur une vallée large de 5 kilomètres environ; à l'est et à l'ouest, elle s'épanouissait en une vaste plaine; des centaines de guerriers descendaient en courant le contrefort supérieur; d'autres centaines se groupaient dans la vallée : pas une minute à perdre. 40 de nos hommes, sous le commandement du lieutenant Stairs, vont attaquer la grande vallée; M. Jephson, avec 30 autres, marche vers le côté est; nos meilleurs tireurs vont tâter ceux qui descendent les pentes. Stairs et les siens, en face de guerriers par centaines, traversent un torrent étroit et profond, attaquent le premier village et s'en emparent; les tirailleurs font merveille; bientôt les montagnards tournent tête sur queue et regravissent les talus; la panique devient générale. Jephson, pendant ce temps, a gagné l'autre bout de la vallée, chassant les naturels devant lui et traversant leurs villages. A trois heures de l'après-midi, on ne voyait plus un seul indigène, sauf sur une petite hauteur, à deux kilomètres à l'ouest.

Le lendemain matin, nous reprîmes notre marche,

sans autre aventure que quatre petits combats. Le 13, nous nous dirigeons droit sur l'est, attaqués toutes les heures jusqu'à midi, où nous fîmes halte.

Nous repartons à une heure : quinze minutes plus tard, je m'écrie : « Attention! vous allez voir le Nyanza! » Les hommes murmurent entre eux : « Pourquoi le maître nous dit-il toujours la même chose! Le Nyanza! Ne sommes-nous pas dans une plaine, et là-bas, au moins à quatre journées de marche à l'avant, ne voyons-nous pas des montagnes! » Mais, un quart d'heure après, le lac se déroulait à leurs pieds! A mon tour maintenant de rire des incrédules, mais comme je me retournais pour leur demander s'ils le voyaient enfin, la plupart me baisaient déjà les mains et me demandaient pardon! J'avais ma récompense. Ces montagnes, dirent-ils, étaient les montagnes d'Ounyoro, ou plutôt les majestueux remparts du plateau. Kavalli, notre objectif, était à 10 kilomètres seulement, à vol de corbeau!

Nous nous trouvions par 1 degré 20 minutes Greenwich de latitude Nord, à 5 200 pieds au-dessus de la mer ; l'Albert Nyanza à 700 mètres au-dessous de nous; sa partie méridionale s'étalait largement à 10 kilomètres environ au sud de notre position. Sur la rive orientale, on distinguait chaque indentation de sa rive basse et plate, et comme une couleuvre d'argent sur un fond sombre, brillait la Semliki, venant du sud-ouest et mêlant ses eaux à celles du lac.

Après une courte halte passée à jouir du spectacle, nous commençons à descendre les pentes abruptes et pierreuses. L'arrière-garde n'avait pas fait cent pas, que les naturels du plateau que nous venions de traverser se précipitaient après elle. Si, dans leurs villages, ils eussent montré le courage et la persévérance qu'ils y mettaient maintenant, notre marche aurait pu être sérieusement retardée; la seconde colonne eut fort à faire pour gagner la plaine du Nyanza. Nous campâmes au pied de la grande muraille, le baromètre anéroïde indiquant 2 500 pieds au-dessus du niveau de la mer. La nuit, les indigènes eurent quelque espoir de nous surprendre, mais nos sentinelles suffirent à les mettre en fuite.

Le 14, à 9 heures du matin, nous approchons de Kakongo, à la pointe sud-ouest du lac Albert. Je passai bien trois heures à des tentatives de conciliation. Échec sur toute la ligne. Impossible de nous permettre de gagner la rive du lac — leur bétail prendrait peur. Impossible d' « échanger les sangs » avec nous — Jamais on n'avait ouï dire qu'il pût venir quelque chose de bon du Nyanza occidental. Impossible d'accepter nos présents — on ne savait qui nous étions! Impossible de nous donner de l'eau pour boire. Impossible de nous indiquer la route pour Nyamsassié. Du moins ces singulières gens nous apprirent-ils qu'on leur avait parlé d'un homme blanc habitant Ounyaro; mais ils ignoraient s'il en existait sur la rive ouest: jamais ils n'avaient vu de grands navires sur le lac; quant aux canots, inutile de leur en demander, ils avaient besoin de tous les leurs, etc., etc.

Nul motif plausible d'engager une querelle : ces gens parlaient avec civilité, seulement ils ne désiraient point nous voir à proximité. Ils nous indiquèrent une route que nous suivîmes quelques milles, puis nous établîmes le camp à 800 mètres du lac. Il ne nous restait qu'à étudier notre position, à la lumière que venait de jeter notre causerie avec les naturels de Kakongo. — Mes courriers n'étaient point arrivés de Zanzibar : Émin-Pacha, prévenu, aurait pu, avec ses deux vapeurs, visiter la partie sud-ouest du lac et préparer les indigènes à notre venue. Mon bateau était resté chez Kilonga-Longa — distance, 300 kilomètres. « Impossible » d'acheter ou d'emprunter un canot ; m'en emparer sans l'excuse d'une querelle, ma conscience ne le permettait point. — Nul arbre assez grand pour y tailler une pirogue. Et Ouadelaï était bien loin pour une troupe réduite comme la nôtre ! Nos cinq jours d'escarmouches dans la plaine avaient coûté cinq caisses de cartouches. Encore un mois de luttes semblables et la provision serait épuisée. Aucun des plans proposés ne semblait exécutable, sauf celui de regagner Ibouiri : nous y construirions un fort ; un détachement irait chez Kilonga-Longa reprendre l'embarcation, on emmagasinerait dans le fort tous les colis non indispensables ; on y laisserait une garnison chargée de cultiver du maïs, pendant que nous retournerions au lac Albert où, en possession de notre bateau, nous irions à la recherche d'Émin-Pacha. — Tel est le projet auquel je me suis arrêté.

Le 15, nous nous dirigeons par la rive occidentale sur Kavalli, ou, pour mieux dire, sur le lieu où exista Kavalli, détruite depuis longues années. Les naturels de Kakongo, qui nous avaient suivis de loin, vinrent, à 4 heures, lancer quelques flèches dans notre bivouac et se sauver aussitôt. Le 16, à 10 heures du matin, après une marche de nuit, nous nous retrouvions sur la crête du plateau. Les indigènes de la veille avaient reparu sur les escarpements de la montée : ils nous tuèrent un homme, un autre fut blessé.

Le 7 janvier nous étions de retour à Ibouiri, et après quelques jours de repos, le lieutenant Stairs, avec 100 hommes, partit pour la station de Kilonga-Longa afin de ramener le chirurgien Parke et le capitaine Nelson, le bateau et les colis. — Des 38 malades restés là-bas, il n'en est revenu que 11 ; les autres sont morts ou ont pris la fuite. Stairs est ensuite reparti pour la station d'Ougarrouaroua, où il va chercher les convalescents qu'on y avait laissés. Je lui donne 39 jours pour remplir son mandat. — Pendant son absence, je fus pris de gastrite, j'eus un abcès au bras. Mais un mois de soins du Dr Parke me rendit la santé, et 47 jours s'étant écoulés, je me remis le 2 avril en route pour l'Albert-Nyanza, accompagné de MM. Jéphson et Parke. Nous laissions au Fort Bodo le capitaine Nelson, guéri maintenant, avec une garnison de 43 hommes.

Le 26 avril, nous remettions les pieds sur le territoire de Mozamboni, mais cette fois, sur mes instances, il se décida à faire « l'échange des sangs ». — J'avais 50 carabines de moins à cette seconde visite, pourtant l'exemple du grand chef entraîna tous les autres, et désormais la marche se fit sans obstacles. Partout on nous portait des vivres dont on ne voulait pas accepter le payement : vaches, chèvres, moutons, volailles affluaient en telle abondance que nos gens festoyaient sans cesse ni trêve.

A une journée de marche du Nyanza, des indigènes

de Kavalli vinrent nous dire qu'un blanc, nommé « Maledja », avait donné à leur chef un petit paquet noir pour le remettre à moi, son fils. Voudrais-je les accompagner? — « Oui, certes, répondis-je, nous partirons demain, et si vous avez dit vrai, je vous ferai très riches. »

Ils passèrent la nuit avec nous, contant des choses merveilleuses sur ces « gros navires aussi grands que des îles et tous remplis d'hommes ». Plus de doute, ce blanc était bien celui que nous venions chercher! L'étape du lendemain nous conduisit près du chef de Kavalli, qui, au bout de quelques minutes, me tendit un billet d'Émin-Pacha, recouvert d'un lambeau de toile cirée noire. Ce billet portait en substance que, la rumeur s'étant répandue du passage d'un blanc à la partie méridionale du lac, il était parti dans son steamer pour prendre des informations, mais sans résultat précis, car les naturels ont si grande frayeur de Kabbé-Rigé, roi d'Ounyoro, qu'ils confondent tous les étrangers avec lui. Cependant la femme d'un chef Nyamsassié avait dit à un ami d'Émin, un naturel nommé Mogo, nous avoir vus dans le Mrousouma (le pays de Mozamboni). Donc il me priait de ne pas aller plus loin jusqu'à ce qu'il pût entrer en communication avec moi. Le billet, signé « Dr Émin », portait la date du 26 mars.

Le lendemain, 23 avril, M. Jephson fut dépêché avec une forte escouade pour transporter le bateau jusqu'au Nyanza; le 26, son équipage arrivait au large de la station de Msaoua, la plus méridionale de celles qu'a fondées Émin; M. Jephson y fut très bien reçu par la garnison égyptienne. Les mariniers nous racontèrent que,

ENTREVUE AVEC ÉMIN.

chacun à leur tour, on les avait embrassés, que jamais personne ne les avait accueillis de cette façon, comme de véritables frères.

Le 29 avril, nous traversâmes le bivouac du 16 décembre; et, dans l'après-midi, à cinq heures, on signala le vapeur *Khédive*, à une distance de 11 kilomètres et arrivant à toute vitesse. A sept heures, Émin-Pacha, signor Casati et M. Jephson entraient dans notre camp, où ils furent reçus avec la plus grande joie.

Le lendemain, nous choisîmes, à 5 kilomètres au-dessus de Nyamsassié, un meilleur site pour notre séjour temporaire; Émin-Pacha s'installa tout près; et je ne repartis qu'au 25 mai, lui laissant M. Jephson, trois Soudanais et deux Zanzibaris; par contre, il augmenta mon escorte de trois de ses irréguliers et de cent deux porteurs Madi.

Nous rentrâmes à Fort-Bodo au bout de quatorze jours: j'y trouvai le capitaine Nelson et le lieutenant Stairs. Le 2 avril, ce dernier était revenu de chez Ougarrouaroua, vingt-deux jours après mon départ pour le lac, ne ramenant, hélas! que 16 hommes sur les 56 restés là-bas. Tous les autres étaient morts. Les 20 courriers expédiés avec mes lettres au major Barttelot étaient partis le 16 mars pour Yamboumba.

Fort-Bodo prospérait. Nos gens avaient mis en culture près de cinq hectares de terrain; la première récolte de maïs était déjà dans les greniers: on venait de semer la seconde.

Le 16 juin, je quittai Fort-Bodo avec 111 Zanzibaris et 101 des porteurs prêtés par Émin; j'y laissais le lieutenant Stairs en qualité de commandant, Nelson en qualité de second ; Parke fut chargé des soins médicaux. La garnison comptait 59 carabines. Si je me privais ainsi de tous mes officiers, c'est que je voulais le moins possible de bagages, provisions, caisses de médicaments, toutes choses dont ne savent se passer des Européens en voyage ; or, chaque porteur me serait nécessaire pour charger tout ce que j'avais confié au major Barttelot. Le 24 juin, je gagnais la station de Kilonga-Longa, et le 19 juillet, celle d'Ougarrouaroua, déserte depuis trois mois. Le maître s'était rembarqué après avoir ramassé tout l'ivoire qu'il avait pu se procurer dans le district. A Fort-Bodo, chacun de mes porteurs avait chargé sur ses épaules vingt-sept kilogrammes de maïs, et la traversée du désert se fit sans mésaventure.

Nous suivions, d'un pas alerte, le cours de la rivière, nous attendant chaque jour à rencontrer les courriers que devait stimuler la promesse de 250 francs par tête, ou le major lui-même, avec son armée de porteurs, et nous sentant d'autant plus dispos que nous approchions du but.

Le 10 août, nous tombons inopinément sur Ougarrouaroua et son énorme flottille de cinquante-sept canots, et à notre grande surprise, sur nos courriers, réduits maintenant à dix-sept. Ils nous font un terrible récit de scènes tragiques, de périls auxquels ils n'ont échappé que de l'épaisseur d'un cheveu.... Trois ont été massacrés, deux sont encore affaiblis par leurs blessures, tous, excepté cinq, portent sur les corps des cicatrices provenant de flèches.

Une semaine plus tard, le 17 août, nous rencontrâmes enfin notre arrière-garde dans un endroit qu'on nomme Bounalya, dont les Arabes ont fait Ounarya. Debout contre la porte de l'estacade, je distinguai un blanc que je pris d'abord pour M. Jameson; m'approchant davantage, je reconnus M. Bonny, le jeune chirurgien qui avait quitté le service de l'armée pour nous accompagner.

« Eh bien, mon cher Bonny, où est donc le major?

— Mort, monsieur; tué par les Manyouéma, il y a près d'un mois.

— Grand Dieu! et M. Jameson?

— A Stanley-Falls, chez Tippou-Tib, pour essayer d'en obtenir d'autres porteurs.

— Et M. Troup?

— M. Troup est reparti pour l'Angleterre, malade.

— Hem! et où est Ward?

— M. Ward est à Bangoula, monsieur!

— Par le Dieu vivant! vous êtes donc seul ici?

— Oui, monsieur. »

« Notre arrière-garde n'était plus qu'une misérable épave! De ses 257 membres il n'en restait que 71! Et sur ces 71, quand j'en passai la revue, 52 tout au plus paraissaient capables de rendre quelques services; encore avaient-ils l'air d'épouvantails aux moineaux! Notre troupe, en dépit de l'opposition des naturels, avait fait en seize jours la route de Yamboumba à Bounalya; la seconde colonne en mit quarante-trois. Le récit de M. Bonny sur ce qui s'était passé pendant les treize mois et vingt jours de notre absence, ne fut qu'une longue suite de désastres, de désertions, de morts. Je n'ai pas le courage de m'appesantir sur ces détails dont plusieurs sembleraient incroyables; d'ailleurs je n'en ai pas le temps, car, sauf M. Bonny, personne ne saurait m'aider à réorganiser la mission. Il y a encore beaucoup plus de ballots que je n'en puis emporter; par contre, nombre d'articles nécessaires manquent à l'appel. Ainsi, par exemple, je partis de Yamboumba en fort petite tenue de campagne, laissant ma réserve d'habits et d'effets personnels aux soins des officiers. En décembre, quelques déserteurs de notre avant-garde semèrent à Yamboumba le faux bruit de ma mort. Ils n'avaient point de lettres à montrer et cependant mes collaborateurs semblent avoir accepté ces rumeurs comme une vérité. En janvier, au mess des officiers, M. Ward aurait proposé que mes instructions fussent abrogées. Seul, M. Bonny protesta. En conséquence, mes effets particuliers, nippes, médicaments, savon, bougies, provisions ont été expédiés au Bas-Congo comme « superfluités ». Et après cet immense sacrifice de moi-même pour secourir et encourager mes camarades, je me trouve dépouillé de tout, privé des choses nécessaires à la vie, même dans cette terre d'Afrique. Chose singulière, ils m'ont gardé deux chapeaux, quatre paires de bottines, une jaquette de laine, et il me faut retourner vers Émin-Pacha, et à travers le continent, sous cette défroque éminemment africaine. Le pauvre Livingstone était tout pièces et morceaux quand je l'ai retrouvé; cette fois, pièces et morceaux seront l'uniforme du « retrouveur » lui-même. Par bonheur, aucun de mes officiers ne pourra être jaloux : leurs malles sont intactes — il n'y avait de mort que moi !

Je vous prie de remarquer que nous n'avons mis que quatre-vingt-deux jours du lac Albert à Banalya, et soixante et un seulement depuis Fort-Bodo. — La distance n'est pas énorme, mais qu'il est difficile de faire fond sur les hommes! En allant au Nyanza, il nous semblait vraiment les traîner après nous : au retour, chacun connaissait la route, chacun marchait sans qu'on le poussât. Entre le Nyanza et Yamboumba, nous n'avons perdu que trois hommes, dont un déserteur. J'ai ramené ici 131 Zanzibaris; j'en ai laissé 59 à Fort-Bodo; total, 190 sur les 389 du départ : perte 50 pour 100. A Yamboumba j'en avais laissé 257; j'en retrouve seulement 71 sur lesquels 10 ne pourront aller plus loin : déficit, plus de 270 pour 100. Certes les souffrances de la marche vers l'est furent nombreuses, et cependant la mortalité avait été bien moindre ici qu'au campement. Ceux qui ont survécu aux misères de la route sont tous robustes; ceux qui restent de notre arrière-garde ont l'air de moribonds.

Telle est la rapide esquisse de notre histoire depuis le 28 juin 1887. Impossible de trouver le loisir de vous donner de plus longs détails. Je vous écris au milieu de la presse et des tracas du départ, au milieu de constantes interruptions. Ma lettre, cependant, aura pu vous donner quelque idée du pays que je viens de parcourir. Nous avons passé cent soixante jours dans la forêt — forêt continue, ininterrompue, compacte : nous n'avons mis que huit jours à traverser la zone des herbes. Les limites de la forêt, le long de la lisière de cette région verdoyante sont bien marquées. Nous l'avons vue s'étendre vers le nord-est avec ses courbes, ses baies, ses caps, si semblables aux rives d'une mer. Vers le sud-ouest, elle présente les mêmes caractères. Au nord et au sud, elle s'étend de Nyangoué aux frontières méridionales des Monbouttou; de l'est à l'ouest, elle embrasse toute la contrée depuis le Congo, à son confluent avec l'Arahouimi, jusqu'à 29° 40′ de longitude est. Sa limite vers l'ouest, au delà du Congo, impossible de la fixer : la superficie de terrain qu'elle couvre est de 63 714 000 kilomètres carrés. Au nord du fleuve, entre Oupoto et l'Arahouimi, elle embrasse encore 5 180 000 kilomètres.

Entre Yambouya et le Nyanza nous avons constaté cinq langages distincts; le dernier que nous entendîmes près du lac, parlé par les Ouanyaro, les Ouanyankori, les Ouanya-Rouanda, les Ouahha, les gens de Karangoué et d'Oukéréoué.

De la crête du plateau qui domine l'Albert Nyanza, le terrain s'incline doucement jusqu'au fleuve Congo et descend de 1 650 mètres à 420 au-dessus du niveau de la mer. Au nord et au sud de notre sentier dans les herbes, le relief du pays s'accidente de cônes en groupes, de monts isolés, de ressauts. Au nord, nous n'avons pas vu de terres dépassant l'altitude de 1 800 mètres au-dessus du niveau de la mer; mais, dans la direction du 215ᵉ degré de la boussole, à la distance d'environ 80 kilomètres de notre campement sur le Nyanza, se dresse un mont majestueux à la cime couverte de neige et dont l'altitude nous a paru être de 5 200 à 5 500 mètres. On le nomme Rouévenzori; ce sera probablement un rival du Kilima Ndjaro. Je ne suis point parfaitement sûr qu'on ne l'identifie un jour avec le mont Gordon Bennett du Gambaragara. Mais deux raisons m'en font encore douter : 1° il est un peu trop à l'ouest pour le gisement assigné par moi à ce dernier en 1876 ; 2° nous n'avions pas vu de neige sur le Gordon. Peut-être même y en a-t-il une troisième : le Gordon Bennett nous a paru être un cône parfait ; le Rouévenzori est une montagne oblongue au sommet presque plan, d'où partent deux arêtes orientées vers le nord-est et le sud-ouest.

Je n'ai rencontré que trois naturels qui aient vu un lac s'étendant vers le sud. Tous les trois le disaient grand, mais pas si grand que l'Albert Nyanza.

L'Arahouimi porte le nom de Souhali, environ 160 kilomètres au-dessus de Yamboumba ; quand il s'approche du Nepoko, on l'appelle le Nevoa ; au delà de son confluent vec le Nepoko, il devient le No-Ouello ; à 490 kilomètres du grand fleuve, c'est l'Itouri, et Itouri il reste jusqu'à sa source. C'est à dix minutes des eaux de l'Itouri que nous vîmes le Nyanza, brillant comme un miroir au fond de l'immense abîme.

Avant de fermer ma lettre, voici encore quelques détails sur celui que je suis venu chercher si loin, sur Émin-Pacha.

Il commande deux bataillons de réguliers : le premier, fort de 750 carabines, occupe Doufité, Honyou, Laboré, Mouggi, Kirri, Bedden, Redjaf ; le second, qui comprend 640 hommes, garde les stations de Ouadelaï-Fatiko, Mahagi et Msoua, ligne de communication qui, le long du Nyanza et du Nil, mesure environ 540 kilomètres. A l'ouest du Nil, vers l'intérieur, il possède environ trois ou quatre petits établissements, quatorze centres en tout. En dehors de ces deux bataillons, il pourrait presque monter un régiment d'irréguliers, mariniers, artisans, commis, domestiques. — « En somme, m'a-t-il dit, si je consens à m'en aller d'ici, il y en aura bien huit mille qui voudront me suivre!

— Si j'étais à votre place, je n'hésiterais pas un instant ; je n'aurais pas une seconde de doute sur la décision à prendre.

— Vous avez raison! mais il y a tant de femmes et d'enfants! mettons que le tout monterait à dix mille! Comment emmener d'ici tout ce monde? Et où trouver assez de porteurs?

— Des porteurs? Et pourquoi?

— Pour les femmes et les enfants. Sûrement, vous ne voudriez pas les abandonner !

— Les femmes marcheront, cela leur fera plus de bien que de mal ; quant aux petits enfants, on les chargera sur des ânes. Vous en avez 200, m'a-t-on dit. — Le premier mois, vos gens ne feront guère de chemin, mais peu à peu ils apprendront à marcher. Nos Zanzibaris ont traversé l'Afrique avec ma seconde expédition. Pourquoi vos négresses n'en feraient-elles pas autant? N'ayez crainte, elles s'en tireront mieux que les hommes !

— Il faudrait tant de provisions pour la route !

— Oui, mais n'avez-vous pas des milliers de têtes de bétail : de la viande sur pied ! Les pays où nous passerons fourniront grains et légumes.

— Bien, bien! en voilà assez pour aujourd'hui! »

1ᵉʳ *mai* 1888. — Au camp de Nsabé. — Le Pacha est

descendu aujourd'hui, à une heure, du vapeur le *Khédive*, et peu après nous reprenions notre causerie. —
Les mêmes arguments se reproduisent, puis mon interlocuteur ajoute :

« Vos paroles d'hier m'ont conduit à penser que peut-être vaudrait-il mieux nous en aller. Les Égyptiens ne demandent qu'à partir. J'en ai ici une centaine, et en plus, leurs femmes et leurs enfants. Pour ceux-là, pas de doute ; même dans le cas où je resterais, je ne serais pas fâché d'en être débarrassé ; ils minent mon autorité et ont fait manquer toutes mes tentatives de départ. Quand je leur ai appris la chute de Khartoum et la mort de Gordon-Pacha, ils disaient sans cesse aux Nubiens que c'était un conte inventé de toutes pièces, qu'au premier jour on verrait les vapeurs remonter le fleuve pour nous porter secours. Mais quant aux réguliers qui composent le 1er et le 2e bataillons, ceux-là, je suis loin d'en être aussi sûr ; ils mènent ici une existence heureuse et libre ; ils ne s'empresseront pas de quitter un pays où ils jouissent d'un bien-être qu'ils n'auraient plus en Égypte. Les soldats sont mariés ; quelques-uns ont des harems. Plusieurs des irréguliers demanderaient certainement à me suivre. Si, par contre, les réguliers veulent rester, voyez combien ma position deviendrait difficile. Serait-il convenable de les abandonner à leur sort ? N'aurais-je pas aussi causé leur ruine ? Il me faudrait, en partant, leur donner armes et munitions : moi disparu, toute espèce de discipline disparaîtrait aussi. Partout des disputes, partout des factions rivales. Les plus ambitieux voudraient s'emparer du commandement ; ces luttes engendreraient des haines, puis des massacres, jusqu'à ce qu'il n'en restât plus un de vivant.

— Mais si vous ne partez pas, que deviendront vos Égyptiens?

— Oh! ceux-là, je vous prierai d'être assez bon pour les emmener.

— Maintenant, voulez-vous bien, Pacha, me rendre le service de demander au capitaine Casati si nous aurons le plaisir de sa société jusqu'à la mer? Car nos instructions nous prescrivent de l'assister aussi, si nous le rencontrons. »

Le capitaine Casati répondit, par l'intermédiaire du Pacha :

« La décision du gouverneur Émin réglera ma conduite : si le gouverneur reste, je reste; si le gouverneur part, je pars.

— Bien! vous le voyez, Pacha, si vous restez ici, vous aurez sur les épaules une lourde responsabilité. »

On rit. La phrase est traduite pour Casati; le brave capitaine répond :

« Pardonnez-moi, mais j'absous le Pacha de toute responsabilité à mon sujet; dans cette circonstance, je n'obéis qu'à ma propre volonté. »

Jour après jour, je transcrivais fidèlement mes conversations avec Émin-Pacha, mais ces extraits en montrent assez pour que vous compreniez la position. J'ai laissé à M. Jephson treize de mes Soudanais et un message qu'on lira aux troupes, comme le Pacha me l'avait demandé. Tout restera dans l'état jusqu'à mon retour au lac avec notre expédition tout entière.

Le Pacha se proposait de visiter Fort-Bodo avant

deux mois avec M. Jephson. J'ai laissé l'ordre aux officiers de détruire la station, puis d'accompagner Émin au Nyanza. J'espère les y retrouver tous, et compte m'y rendre en coupant au plus court par une nouvelle route.

Respectueusement,
Henry M. Stanley.

VI

Nouveaux détails sur la marche. — La forêt africaine.

M. Stanley à M. A. L. Bruce, Édimbourg.

Afrique centrale, S. Moupé, Rivière Itouri, 4 septembre 1888.

Cher Monsieur Bruce, — Je vous écris aujourd'hui, non que j'aie quelque moyen de vous faire parvenir sûrement cette lettre, mais je vous en dois un bon nombre. Aiguillonné par le souvenir de votre bienveillance, je veux préparer ces quelques lignes et les garder par-devers moi jusqu'au moment propice. J'ai écrit hier à notre ami commun Mackinnon, pour la Société royale de Géographie de Londres, et aussi pour votre enfant gâtée, la Société écossaise. Mais le courrier est parti, ou, pour mieux dire, je m'éloigne de lui.

Pendant que j'étais en Angleterre, étudiant les

meilleures routes ouvertes vers l'Albert-Nyanza, je me croyais très généreux en m'accordant deux semaines de marche pour traverser la forêt qui s'étend entre le Congo et la région des herbes, mais comment imaginer nos sensations quand mois après mois nous marchions, rampions, patouillions, plongions et glissions au travers de la même et sempiternelle forêt…. Cent soixante jours ont passé avant que nous ayons pu dire : Grâce à Dieu, nous sortons enfin de ces ténèbres! — Une fois, noirs et blancs, tous nous nous sommes trouvés presque fourbus. Septembre, octobre, la moitié de novembre 1887, pourrons-nous les oublier jamais! Octobre, surtout, est gravé dans notre mémoire par toutes les souffrances que nous avons endurées. Nos officiers en étaient las à mourir, de cette forêt, mais les braves noirs, une troupe de 130 hommes, ont consenti à la retraverser avec moi, à me suivre encore dans ces sombres profondeurs que ne sillonne aucun sentier, à s'exposer à des ennuis sans nombre, pour assister leurs camarades de l'arrière-garde. Essayez de vous figurer un peu cette forêt : Prenez un épais taillis d'Écosse, tout dégouttant de pluie… non, imaginez plutôt des arbres arrêtés dans leur croissance par l'ombre impénétrable de vieux géants élevant leurs têtes entre 40 et 60 mètres de haut : ronces et épines abondent dans le sous-bois, de paresseux cours d'eau serpentent à travers les ténèbres de la jongle, et parfois aussi quelque profond affluent de la grande rivière. Figurez-vous cette forêt, ces jongles, à toutes les périodes de croissance ou de vétusté; vieux arbres pourris, déracinés, inclinés d'une façon menaçante, puis tombant enfin; fourmis, insectes de toutes

sortes, de toutes tailles, de toutes couleurs, murmurant
ou bourdonnant à vos oreilles; singes et chimpanzés au-
dessus de vos têtes, bruits étranges d'oiseaux ou de
bêtes, craquements dans le fourré sous la lourde et
impétueuse ruée d'une troupe d'éléphants; nains, armés de flèches empoisonnées, blottis derrière quelque
nœud de racine ou dans quelque coin obscur; indigènes à peau brune, forts, solides, portant des javelots
à pointe terriblement aiguë, debout, lance en arrêt,
immobiles comme des troncs d'arbre. Et la pluie tombant à grosses gouttes, au moins de deux jours l'un, d'un
bout à l'autre de l'année; une atmosphère impure et ses
redoutés accompagnateurs : fièvre et dysenterie; tout le
jour une pénombre livide, et, la nuit, une obscurité
presque palpable; dites-vous bien que cette forêt cou-
vrirait tout l'espace entre Plymouth et Peterhead, et
vous aurez une faible idée de ce que nous avons souffert du 28 juin au 5 décembre 1887 et du 1er juin
1887 à la date présente, et de tout ce que nous souffri-
rons de la date présente au 10 décembre 1888, où j'espère faire mes derniers adieux à la forêt du Congo.
Maintenant que je l'ai traversée et retraversée, je suis
vraiment surpris de ne pas avoir su donner par avance
à mes idées plus d'ampleur dans l'appréciation de son
étendue; nous aurions pu l'induire de la connaissance
des grands réservoirs d'humidité nécessaires pour assurer à la forêt sa sève et sa vitalité. Pensez à l'immense surface du Sud Atlantique, dont les vapeurs, neuf
mois de l'année, sont poussées dans cette direction.
Pensez à ce puissant Congo dont la largeur varie entre
2 et 16 kilomètres et qui, pendant les 2250 kilomètres

de sa course, verse à l'atmosphère ses trésors incommensurables d'humidité qui, distillée en pluie, en brouillard, en rosée, abreuve l'insatiable forêt... vous cesserez d'être surpris de l'étendue des terres qu'elle cache sous son manteau et des 150 jours de pluie qu'on signale dans l'année.

Avant de sortir de cette forêt, pour poser nos pieds sur la savane, à quelque quatre-vingts kilomètres de l'Albert-Nyanza, nous n'avons rien vu qui appelât un sourire, une pensée bienveillante, un sentiment élevé. Les aborigènes y sont sauvages, cruels, incorrigiblement vindicatifs. Les nains, les Ouamboutti, sont pires encore. La vie animale est si timide et farouche qu'il n'y a pas de chasse possible. La forêt ne perd jamais sa tristesse : la surface de la rivière où viennent se refléter les masses ombreuses de la végétation reste partout noire et sombre. Pendant une moitié du jour, le ciel nous rappelait l'hiver de l'Angleterre : la nature et la vie n'y ont ni joie ni douceur. Si parfois le soleil refoule les nuages noirs qui l'enveloppent, si le vent chasse les masses de vapeurs rassemblées à l'horizon, si la vive lumière des tropiques vient nous montrer un instant cette brillante et merveilleuse verdure, le voile retombe tout aussitôt.

Mais une fois sur la plaine, quelle ivresse ! Comme un captif auquel on a enlevé ses chaînes et qu'on a rendu à la liberté, nous plongeons nos regards dans l'azur du ciel, nous nous baignons dans les chauds rayons du soleil : souffrances du corps, sombres pensées, idées malsaines ont pris la fuite en même temps. On vous aura dit comment, après des mois voués aux affaires, dans l'atmosphère saturée de gaz de la grande cité, un habitant de Londres se pâme d'admiration à la vue des champs verts et des haies, des prairies et des arbres.... J'ai assisté un jour au Derby; il me semblait être au milieu d'insensés; ces gentlemen bien mis, à grande barbe, à chevelure blanche, se conduisaient de la façon la plus extravagante.... Eh bien, le 6 décembre, nous fûmes subitement frappés de la même folie. Vous nous eussiez crus privés de sens; le diable « Légion » avait élu domicile chez nous. Encore chargés de leurs fardeaux, nos hommes se défiaient à la course sur la vaste savane au gazon aussi doux au pied que celui d'un parc anglais, des hordes de buffles, d'élans, d'antilopes, restaient immobiles à regarder cette troupe compacte, qui poussait des hurlements de joie en émergeant des sombres profondeurs de la forêt.

Sur la lisière de celle-ci, près d'un village riche en cannes à sucre, bananes mûres, tabac, maïs et autres productions de l'agriculture locale, une femme dormait couchée en travers du sentier, quelque lépreuse sans doute, expulsée de sa case, en tous cas, laide, grincheuse, obstinée comme une vieille qu'elle était. Je mis en œuvre toutes mes séductions pour l'amener à faire autre chose que marmonner entre ses lèvres d'un air de mauvaise humeur : mes avances n'eurent aucun succès. Une centaine de nos gens, poussés par la curiosité, se groupaient à l'entour : elle arrête ses yeux sur un de nos porteurs — joli garçon à face imberbe, et sourit. Je le priai de s'asseoir près d'elle et elle se mit incontinent à parler avec volubilité : la « bête » se laissait apprivoiser par la beauté et la jeunesse. Ses discours nous apprirent qu'au nord-est de notre camp, une tribu puissante, celle des Bazanza, avait un très grand roi dont nous pourrions bien avoir peur, car ses hommes étaient aussi nombreux que les herbes de la prairie. Dix jours plus tôt, en effet, cette nouvelle m'eût fort agité; elle amenait maintenant un dédaigneux sourire sur les lèvres de mes engagés: chacun d'eux, depuis son entrée dans la savane, depuis que de ses yeux il voyait une telle abondance de biens, se sentait transformé en héros.

Cette liesse un peu calmée, notre troupe finit par se ranger en colonne. Nous marchions à travers les villages, — dont les habitants étaient sans doute occupés ailleurs, — nous régalant de melons, de bananes à chair parfumée; buvant aux pots emplis de vin. Les volailles erraient çà et là sans comprendre qu'elles avaient tout à craindre de cette tourbe affamée; quelques minutes à peine, et elles étaient, sans cérémonie, abattues d'un coup de trique, plumées, cuites, mangées; des chèvres broutant la prairie ou digérant en paix, furent décapitées en un tour de main et la délicieuse odeur de viande rôtie vint nous réjouir. Les villages étaient bondés de provisions, voire même de friandises presque oubliées depuis si longtemps! Bientôt nos hommes reprirent leur première vigueur, les maladies se dissipèrent comme par magie, les faibles redevinrent forts: de « poules mouillées » de « *goui-goui* », il n'en existait plus parmi nous. Seuls, les Babousesse, près du haut Itouri, firent grise mine à nos braves.

Mais, à partir de ce cours d'eau jusqu'au Nyanza, les luttes furent vives et presque continuelles. Cette région est habitée par quelques restes de tribus qui, d'Ounyoro, d'Itoro, au sud-est et au sud, et un peu aussi du côté du nord, sont venues, de gré ou de force, s'établir parmi les bergers et bouviers Ouahouma. Les plus nombreux sont les Baregga ou Balega, qui occupent un massif compact de collines au sud-est du lac Albert et dont le territoire descend jusqu'à ses eaux. Ils s'opposaient obstinément à notre passage et, pendant trois jours, se précipitèrent de leurs hauteurs sur notre flanc et sur nos derrières. Nul autre moyen de les contenter que de s'en aller au plus vite; donc nous pressions le pas, faisant front de temps à autre pour les menacer de nos revolvers fumants. Nous n'eûmes le loisir de respirer que sur les rives désertes du Nyanza.

« Mais là, aucune nouvelle d'Émin : nos courriers, pour sûr, ne devaient pas être arrivés de Zanzibar. Le lieu était inhospitalier — nulle part d'arbre assez grand pour en retirer un canot; les naturels reprenaient leur audace : une marche de nuit nous fit regagner la crête du plateau, mais ils grimpèrent après nous, et il fallut en découdre sérieusement. Nous les dispersons de nouveau; nous refranchissons les vallées de Mazamboni, et, en dépit de tous les naturels, nous retraversons l'Itouri pour rentrer dans la région des forêts : à Ibouri (onze journées de marche du lac), nous construisons un fort : nous creusons un fossé, l'entourons d'une estacade avec de hautes plates-formes pour nos meilleurs tireurs : le tout défendu par un fouillis de pieux, de perches, de barrières. Ce retour en arrière était motivé par la nécessité de rentrer en possession de notre bateau et des colis restés chez Kilonga-Longa. Le lieutenant Stairs et cent porteurs furent chargés de cette mission, ils devaient aussi ramener deux officiers, le capitaine Nelson et le Dr Parke, qui nous attendaient à huit journées de marche au sud d'Ibouiri. Pendant ce temps nous cultivions le sol; nous semions maïs, fèves, tabac; puis, ayant laissé une garnison suffisante dans le fort que je nommai Bodo (la paix), je repartis pour le lac Albert, le 2 avril 1889.

Les naturels de la savane n'avaient pas oublié la façon sévère dont je les avais traités lors de ma première visite : aussi s'empressèrent-ils de faire la paix les uns après les autres, nous payant même des indemnités sous forme d'approvisionnements divers. Ils coupaient le bois, portaient l'eau pour le camp, chargeaient le matériel et les munitions, nous fournissaient des guides et nous escortaient par centaines. Exprimer un désir était le voir satisfait aussitôt. A une petite distance du lac, un chef, nommé Kavalli, me remit un billet de la part d'Émin-Pacha : celui-ci me priait de rester où nous étions jusqu'à ce qu'il pût communiquer avec nous. Ne voulant point perdre de temps, je dépêchai M. Jephson avec le bateau et son équipe de cinquante hommes : car maintenant nous n'avions plus à craindre, et, de la forêt jusqu'au lac, les chefs demandaient mon amitié.

Trois jours après, M. Jephson arrivait à la première des stations d'Émin, où bientôt vinrent le rejoindre le gouverneur égyptien et son état-major; le surlendemain nous recevions le Pacha, le capitaine Casati et M. Jephson, à notre campement de Kavalli sur le Nyanza. Tout allait aussi bien que possible : les secours que nous apportions n'arrivaient pas trop tard.

Je passai vingt-six jours avec le Pacha, mais il me restait une autre tâche, celle de retrouver l'arrière-garde laissée sous les ordres du major Barttelot, et dont nous n'avions pas eu la moindre nouvelle depuis mon départ, le 28 juin 1887. Le *Stanley* était-il arrivé au jour dit avec MM. Troup, Ward et Bonny et les 126 hommes restés à Bolobo? Tippou-Tib avait-il rejoint le major à Zanzibar comme il en avait signé l'engagement? — Si oui, pourquoi cette lenteur? A moins de grave accident, nous eussions sûrement dû le revoir, ou en recevoir quelque lettre en février, mars ou avril, pendant que, à Fort-Bodo, nous récupérions nos convalescents. Ces questions, nous les discutions tous les jours, accumulant les conjectures sur les causes du retard. Il faut l'avouer, mon inquiétude était plus grande au sujet de mon arrière-garde qu'elle ne l'avait jamais été au sujet d'Émin-Pacha; c'est elle qui avait à garder la plus grande partie de nos provisions et du matériel remis à nos soins. Nous nous étions jetés en avant, comme des enfants perdus, plutôt pour annoncer le secours que pour l'apporter nous-mêmes. Puis le major ne connaissait rien aux voyages en Afrique; il était brave, loyal, résolu, mais ne parlait que l'anglais, le français et un peu d'arabe.

Laissant Stairs, Nelson et Parke à Fort-Bodo — Jephson était resté avec Émin-Pacha — nous leur dîmes adieu le 15 juin 1888. Cinquante-sept jours après, je rejoignais mes courriers expédiés de Bodo le 16 février avec des lettres pour le major, et quatre jours après, nous rencontrions notre seconde colonne, ou plutôt ses débris, hâves, déguenillés, misérables au possible et sans autre chef que M. Bonny. Le pauvre Barttelot avait été tué d'un coup de feu par ces porteurs auxiliaires pour lesquels il avait perdu tant de mois! M. Jameson était en route pour Bangala, sur le Congo, à 980 kilomètres en aval. M. Troup avait quitté le service pour cause de maladie. M. Ward était retourné à Bangala par les ordres du major et de M. Jameson : M. Bonny, le moins élevé en grade, commandait donc notre arrière-garde, réduite à un quart seulement de ce qu'elle était quand je la leur avais confiée : de 267 hommes il en reste 71, dont plusieurs trop malades pour repartir, d'autres trop faibles pour porter les ballots; 10 seulement pourront être utilisés dans notre long voyage de retour à la côte.

5 septembre. — Voici justement une occasion pour faire partir cette lettre : Selim-bin-Mohammed va l'emporter aux Chutes-Stanley.

Dieu vous garde! Mes affectueux souvenirs à votre femme et à vos enfants.

Toujours vôtre,

HENRY M. STANLEY.

VII

Résultats géographiques des voyages entre Yamboumba et l'Albert Nyanza.

Rapides de Mariri, sur l'Itouri, Afrique centrale,
1" septembre 1888.

Au secrétaire de la Société royale de Géographie, 1, Saville Row, Londres.

Monsieur,

Je profite de ce que, dans ce moment, le portage du bateau a lieu le long de ces rapides, pour vous donner quelques détails géographiques sur les régions que nous venons de traverser et que nous retraverserons sous peu.

Yamboumba, notre camp retranché, est situé : lat. N. 1° 17', long. E. Gr., 25° 8'; l'objectif de notre expédition était Kavalli : lat. N. 1° 22'; long. E., 30° 3'0. Distance à vol d'oiseau, 596 kilomètres. Jusqu'à notre voyage, cette région était entièrement inexplorée; ni Arabe, ni blanc n'y avait mis le pied. Dans l'intérêt de notre entreprise, j'eusse désiré en connaître quelque chose, mais il nous fut impossible de glaner le moindre détail sur cette contrée, les naturels étant très farouches et se méfiant de tous les étrangers.

Mes officiers et mes hommes une fois choisis, nous étions 389. Le reste de la mission devait attendre à

Yamboumba que l'effectif de l'arrière-garde fût engagé à Bolobo et à Stanley-Pool. Nous emportions un bateau en acier de 8 m. 40 sur 1 m. 80, 3 tonnes de munitions environ; 2 tonnes de vivres, matériel, articles divers, etc. En plus des porteurs indispensables, nous avions un peloton de réserve composé de 180 pionniers, dont la moitié portait, outre leurs Winchester, des hachettes pour couper les broussailles et abattre les obstructions.

Le sentier sur lequel la troupe s'engagea au sortir de la station est assez praticable pendant environ 8 kilomètres; puis les difficultés commencèrent, qui plus ou moins devaient entraver notre marche et nous faire perdre beaucoup de temps. Des lianes d'abord, d'un diamètre variant entre quelques millimètres et une quarantaine de centimètres, enchevêtrées, tordues, balançaient d'un côté à l'autre du chemin leurs cordes, leurs anses, leurs nœuds; ou bien une brousse épaisse et peu élevée, occupant le site de quelque ancienne clairière, venait barrer le chemin; il fallait y tailler une tranchée ou renoncer à passer. Si ladite clairière avait été abandonnée depuis longtemps, c'était maintenant une jeune forêt, bourrée de plantes grimpantes, de parasites, d'entrelacements de tiges élevées, véritable tunnel à percer de part en part avant que la caravane pût faire un pas. La grande forêt offre moins d'obstacles, mais l'atmosphère y est stagnante, impure; une éternelle tristesse y règne, encore augmentée, de deux jours l'un, par les épais et noirs nuages chargés de pluie qui caractérisent cette région.

Le soir de notre départ, 28 juin 1887, nous campons à Yakondé, station populeuse, située en face des rapides. Impossible de trouver un sentier le long des berges; du reste, la rivière courait trop au nord-est pour l'orientation qu'il me fallait suivre : nous ouvrant un passage dans les champs de manioc, nous arrivons à une route fréquentée et traversant les villages. En quelques jours, nous fûmes initiés à toutes les subtilités de la stratégie des naturels. Que d'art mis en œuvre pour dégoûter des voyages les étrangers trop curieux! Souvent, dans le sentier même, s'ouvrent des creux peu profonds, remplis de bûchettes aiguisées, d'échardes pointues, de longues épines, adroitement dissimulées sous de larges feuilles. — Pour ceux qui vont sans chaussure, quelle diabolique invention! Parfois ces pointes acérées perforent entièrement le pied; parfois elles y disparaissent, finissant par amener la gangrène. Dix de nos porteurs ont été estropiés par ces « brochettes », estropiés tellement, qu'ils sont pour la plupart incapables de rendre le moindre service. Devant chaque village, on trouve une sorte d'avenue, longue d'une centaine de mètres, et large de quatre, bien débroussaillée, mais semée de ces primitives chausses-trapes, partout où peut les fouler un pied imprudent. Le véritable sentier est tortueux et fait un vaste détour, la voie dangereuse va droit et court. Au bout de chaque groupe de cases, un veilleur est chargé, à la moindre alerte, de donner l'alarme en battant le tambour; chaque indigène, alors, de bander son arc et de courir à un poste assigné d'avance. — Le nombre de nos blessés augmentait rapidement, mais nous ne perdîmes pas un homme.

Après quelques marches de ce genre, nous ne trouvons plus, en fait de sentier, qu'une passée d'éléphants se dirigeant au sud-est, puis au sud, puis au sud-ouest. Il fallut chercher ailleurs. La boussole nous fit découvrir un routin orienté E.-N.-E. et, le 5 juillet, nous regagnions l'Arahouimi ; n'y voyant pas de rapides, je déchargeai nos hommes du bateau d'acier et de quarante ballots. Ce bateau nous rendit de très grands services ; non seulement il portait nos boiteux, nos malades, mais aussi, les deux tonnes de bagages. Du 5 juillet à la mi-octobre, nous ne quittâmes guère la rivière. Parfois les courbes immenses, ses longues fugues vers le nord-est me donnaient de cuisants soucis ; était-il sage de s'acharner ainsi à la suivre? Mais, d'autre part, les souffrances de mes hommes, l'énorme étendue de la forêt, les nombreux ruisseaux, la boue, l'atmosphère pestilentielle, les pluies continues, les brumes épaisses plaidaient éloquemment en faveur de la grande rivière, au moins jusqu'à ce que nous eussions atteint le deuxième degré de latitude nord. Mais ce deuxième degré, je me le fixai comme limite : tout, plutôt que le dépasser. Autre avantage et non des moindres : nous étions sûrs de ne point manquer de vivres ; des stations nombreuses s'échelonnaient sur les bords de ce superbe cours d'eau, et, de gré ou de force, elles nous fourniraient bien de quoi nous sustenter !

La rivière gardait toujours son ampleur majestueuse. Sa largeur variait entre 450 et 500 mètres ; une île, çà et là, quelquefois un archipel d'îlots, rendez-vous des pêcheurs d'huîtres. Et quels monceaux d'écailles ! J'en ai vu un long de 30 pas, large de 4 mètres, et haut de 1 m. 20.

Et ces mouches, ces insectes, ces papillons ! Pendant que je vous écris, ceux-ci se rassemblent autour de moi et battent des ailes, comme pour confirmer mon dire. On en voit des nuées voleter pendant plusieurs heures au-dessus de l'eau, d'une rive à l'autre, ou à contre-courant.

Presque à chaque coude de la rivière, généralement au sommet même de l'angle, parce qu'alors les habitants en peuvent surveiller les approches en amont et en aval, on voit un essaim de huttes coniques, type éteignoir. Sur quelques-uns des tournants, ces villages s'élèvent par groupes contenant plusieurs milliers d'âmes. Ceux qu'occupent les tribus des Banalya, Bakoubana, Boungangéta, sont rapprochés les uns des autres et placés à la file le long d'une très grande courbe. Le premier est devenu fameux par la tragédie que termina la mort du major Barttelot. — J'ai campé quelque temps sur une île en face des villages des Boungangéta, lorsque je réorganisais notre mission si compromise par les infortunes de notre arrière-garde. L'abondance qui régnait alors dans la région, personne ne la retrouvera plus, car les Arabes, par centaines, ont suivi nos traces, brûlé les cases et détruit les plantations — et, ce que les Arabes laissent après eux, les éléphants ne tardent pas à l'achever.

Les luttes de tribu contre tribu ont aussi accompli leur œuvre habituelle — le grand nombre des anciennes clairières semble le prouver, et les estacades qui, du côté de la rivière, défendent l'accès des villages. — Une grande expédition pourrait vivre de la récolte des champs de manioc qui ne paraissent pas avoir de propriétaire.

Le 9 juillet, nous arrivons aux rapides de Gouengouéré, district fort populeux. Tout à côté, j'ai vu une strate de coquilles d'huîtres, recouverte d'un mètre de terre d'alluvion. Combien d'années ont-elles passé depuis que les anciens aborigènes s'étaient nourris de ces bivalves? J'aimerais le savoir, et le nom de la tribu, et où, s'ils existent, vivent ses descendants, car ici, comme ailleurs, se sont succédé les vagues des peuples sauvages.

— Ces villages, si près les uns des autres, abritent nombre de petites tribus différentes. Aux rapides de Gouengouéré, par exemple, il y a des Bakoka, des Bagouengouéré; un peu plus haut, des Bapoupa, des Bandangi, des Banali; le même roulement de tambour peut les effarer tous; plus loin dans les terres habitent les Bambaloulou, ces derniers occupant une étendue considérable de terrain. L'Arahouimi devient pour eux le Souhali.

Les matinées, ici, étaient généralement grises et sombres; le ciel couvert de nuages bas et lourds; parfois, des brumes épaisses enveloppaient la terre pour disparaître à 9 heures, souvent même à 11. Alors règne le plus complet silence : pas une rumeur, pas un mouvement; les insectes se taisent; la forêt dort; la sombre rivière, encore obscurcie par les grandes ombres qui s'y reflètent, est muette comme la tombe : notre cœur semble battre avec trop de violence; nos plus intimes pensées semblent bruire dans le cerveau. Si la pluie ne vient pas continuer les ténèbres, le soleil disperse enfin les amas de nuages, et la vie se réveille sous la splendeur de ses rayons. Les papillons voltent dans les airs; un ibis solitaire croasse son cri d'alarme, un plongeon vole à travers la rivière; la forêt s'emplit de murmures étranges; bien loin, en amont, l'écho répète l'appel du tambour : l'œil perçant des indigènes nous a découverts; des défis s'échangent à plein gosier, les javelots brillent, les passions hostiles se déchaînent.

Le 17 juillet 1887, il y a 13 mois et demi, nous campions au lieu même où, aujourd'hui 1er septembre 1888, je vous écris cette lettre. Après les rapides de Mariri on trouve, sur la rive méridionale, la grande station de Moupé; un peu plus haut, une autre portion de la même tribu habite la rive nord. D'ici à cet endroit, il n'y a pas précisément de cataracte, mais la rivière est parsemée de récifs entre lesquels l'eau a fini par s'ouvrir des passages où le courant file comme dans une écluse. Avec une telle quantité de munitions et de bagages, nous perdons généralement deux jours près de ces rapides, car il faut faire sur les berges le portage des colis, et conduire les canots à la gaffe ou les haler dans ces courants tumultueux.

Le 25 juillet, nous arrivâmes à Bandeya. Les Baloulou, les Batounda, les Boumboua occupent les rives entre les rapides de Mariri et ceux de Bandeya; près de ces derniers habitent les Bouambouri. — Les Batoua vivent dans les terres, vers le nord, et les Mabodi dans la région plus à l'est. Au midi, on trouve les Boundiba, les Binyali, les Bakongo.

Chez ces peuplades riveraines, lancer de l'eau dans les airs avec la main ou l'aviron, et la laisser retomber sur la tête d'un membre d'une autre tribu, est un signe de paix et d'amitié. Les naturels nous content qu'ils ont beaucoup souffert de la famine : ni maïs, ni bananes, ni canne à sucre, ni poules, ni chèvres — rien absolument. A quoi bon leur montrer nos fils de cuivre, nos cauris.

nos perles, puisqu'ils n'ont rien à vendre? — Il y a beau jour que nous serions morts de faim, si nous avions été assez simples pour les croire! Chaque fois que nous avons voulu faire avec eux quelque troc, ces rusés coquins nous ont roulés à cœur joie. Une baguette de laiton ne donnait que trois épis de maïs; cinq baguettes achetaient à peine un poulet. Pour vivre, il nous fallait prendre tout ce qui nous tombait sous la main; nos prétendus amis étaient nos pires ennemis, en ligue avec la faim qui nous guettait constamment.

A Mougouyé, au-dessus des rapides de Bandéya, on trouve un groupe de sept villages derrière lesquels s'étendent des plantations de bananes et des champs de manioc qu'on mesurerait par kilomètres carrés. Là nous avons perdu une journée entière à mendier, offrir, raisonner, troquer à grand'perte — un bon tiers de nos porteurs ayant échangé chacun contre trois épis de maïs une valeur bien plus considérable en cauris et en fil de laiton. Et à Bangalo, à 1500 kilomètres plus près de l'océan, pour trois cauris on a cinquante bananes, et, pour une baguette de cuivre, dix pains de cassave. A ce taux, une de ces baguettes eût dû nous procurer ici vingt pains ou deux grands régimes de bananes. Aussi, à l'aide du bateau et des canots, fîmes-nous notre part nous-mêmes, nous rappelant qu'il fallait pourvoir d'avance aux neuf jours que durerait la prochaine traversée du désert.

Quatre étapes après Mougouyé nous amenèrent aux chutes du Panga: une vraie chute, haute de 9 mètres au milieu. Les naturels essayèrent encore de nous filouter, mais ventre affamé n'a point d'oreilles, et les conversations ne duraient pas longtemps.

Au-dessus de Panga, les rapides se pressent : Nedjambi, Mabengou, Avougadou ; plus loin, à une journée « d'avirons », nous sommes à la station d'Avedjeli, en face de la cataracte par laquelle le Nepoko, large de 280 mètres, se précipite dans l'Itouri ou Arahouimi.

Les naturels avec lesquels nous essayons de lier amitié ne nous donnent pas grands renseignements sur le pays : ils sont trop défiants et trop menteurs ; nous avons plus de succès avec ceux sur lesquels nous faisons main basse de temps à autre. Après une seule journée passée avec nous, ils recouvrent leur sang-froid et nous apprennent volontiers tout ce qu'ils savent, autant du moins que nous pouvons glaner de leur langage.

A Mougouyé, un homme robuste et bien planté, notre prisonnier pour le quart d'heure, nous conta qu'un vaste lac s'étendait vers l'E. S. E., le Nouma ou Ouma, juste près de l'endroit où le Nepoko et la Noouelle réunissent leurs eaux et ne font plus qu'une rivière. Les indigènes mettaient deux jours à traverser ce lac ; au milieu, on voyait une grande île pleine de terribles serpents. Je désirais fort voir ce lac, qui eût fort diminué nos labeurs, ces routes à s'ouvrir à travers la forêt, les cent obstacles qu'elle oppose à la marche! Et, bien plus, 160 kilomètres d'avance vers l'est, ne fût-ce même que 100! Quant à ces terribles serpents, peut-être trouverions-nous le moyen d'en conquérir quelques échantillons. — L'indigène était si précis dans l'indication de la localité que je me laissais aller à croire un peu à ses dires. Mais à deux journées d'Avedjeli notre guide disparut, et son histoire se trouva n'être qu'une fable ; plus n'entendîmes parler du Nouma, ou d'un lac quelconque dans la région des forêts.

Les rapides de Nedjambi marquent la ligne de séparation entre deux architectures et entre deux langages : au-dessous, on ne trouve que des huttes coniques ; au-dessus, de longs villages en ligne droite, composés de cases carrées entourées de gros troncs d'arbre appartenant à la famille des Rubiacées ; ils ferment des cours séparées et concourent pour leur part à la défense des villages. S'ils étaient armés de carabines, les habitants ne succomberaient que devant des forces très supérieures. Les parois des cases sont jalousement cachées aux regards par une palissade semblable. Ce mode de construction les garantit des flèches empoisonnées en usage dans tout le pays. A Avisibba, mi-chemin entre les chutes du Panga et le Nepoko, les indigènes attaquèrent notre camp, avec courage et résolution. Ils croyaient que leurs réserves de flèches empoisonnées leur donneraient tout avantage, — et de vrai, quand le poison est fraîchement appliqué, la mort s'ensuit, presque fatale. Le lieutenant Stairs et cinq hommes furent blessés, mais la pointe de flèche qui atteignit le premier avait eu sans doute le temps de sécher. Au bout de trois semaines il recouvra ses forces, quoique la plaie ne se refermât pas de quelques mois. Mais, sur nos cinq porteurs, quatre succombèrent, le tétanos venant terminer leurs souffrances. Le premier avait reçu une légère piqûre près du poignet ; il mourut cinq jours après ; le second, blessé au-dessous de l'épaule, dans les muscles du bras, fut emporté six heures plus tard que son camarade; le troisième, très légèrement atteint à la gorge, mourut le septième jour; le quatrième, blessé au côté, succomba le soir même. Nous étions fort préoccupés de savoir quelle peut être la substance qui produit de si funestes effets : à mon retour du Nyanza pour chercher notre arrière-garde, nous fîmes halte à Avisibba, où, fourrageant par les huttes, nous trouvâmes plusieurs petits paquets renfermant des fourmis noires séchées. J'appris alors que ces débris, réduits en poudre et cuits dans l'huile de palme, sont ces poisons terribles qui causèrent la mort de quelques-uns de nos meilleurs engagés. Nous sommes surpris maintenant de ne pas avoir trouvé la chose tout seul, car les propriétés irritantes des tissus de certains insectes sont bien connues et le nombre est grand des bestioles dont on pourrait là-bas fabriquer des poisons. La grande fourmi noire, par exemple, dont la morsure détermine un vaste vésicatoire, serait encore plus vénéneuse, préparée de la même façon; les petites chenilles grises, pilées et mêlées au sang, tortureraient un homme jusqu'à le tuer; ces énormes araignées, longues de près de trois centimètres, toutes hérissées d'aiguillons si dangereux à toucher, fourniraient un autre toxique dont la pensée seule fait frissonner. Il est interdit de préparer ces poisons près des villages. C'est au plus profond de la forêt que le sauvage allume son feu et cuisine ce fatal venin qui fait rouler l'éléphant dans la poussière. Puis il en enduit le bout en bois de ses flèches, et, leurs pointes une fois couvertes de feuilles fraîches pour n'être pas lui-même la première victime, il est prêt pour la guerre.

Je pourrais presque faire un livre sur les diverses variétés d'abeilles qu'on trouve dans la région sylvestre. Combien plus s'il m'était possible de décrire la multitude de curieux insectes que nous avons vus! abeilles de toutes sortes, guêpes, tiques et moustiques sans nombre nous rendaient la vie insupportable. Certes, nous étions prêts à combattre les plus féroces des cannibales, mais la grande forêt de l'Afrique centrale, qui maintenant s'ouvrait pour la première fois, contient dans ses sombres profondeurs des horreurs que nous n'aurions jamais prévues.

Les bords de la rivière qui coule dans la forêt, s'étendant du Congo au Nepoko, sont uniformément plats, ne se relèvent çà et là que jusqu'à une douzaine de mètres; au-dessus du Nepoko, les collines accidentent le sol, les palmiers sont plus nombreux, et les bois montrent ces grands arbres à troncs blancs, si caractéristiques des pentes du Bas-Congo. A propos, que je vous dise le moyen singulier employé par les naturels pour faire une éclaircie dans les fourrés. Ils dressent un échafaudage de 3 ou 4, voire parfois 6 mètres au-dessus de la crête des racines, et coupent les fûts à cette hauteur. Quand l'écorce s'est détachée, on pourrait, à première vue d'une de ces clairières, se croire dans une cité de temples ruinés.

Au-dessus du Nepoko, la navigation devient plus difficile, les rapides sont plus fréquents; il y a même deux chutes considérables. Le pays s'élève par degrés jusqu'à ce que, à 650 kilomètres environ en amont de Yamboumba, la rivière, rétrécie en un courant rapide, large de 90 mètres, s'encaisse entre les murailles escarpées d'un cagnon; mais ici, dans cette région forestière, les bois revêtent toutes les pentes, tous les sommets. Quelles que soient les variations de relief, la forêt couvre pics, collines, chaînons, vallées, plaine, elle s'étend partout, sur tout, continue, inviolée, sauf où la main de l'homme a ouvert des clairières.

Le torrent sauvage, nous l'avons bravé quelques jours, mais la fatigue nous y a fait renoncer. Nous enlevions ballots et caisses des canots et de l'embarcation, nous appelions les hommes pour les charger, mais notre faiblesse physique nous contraignait bientôt à renoncer à la tâche. Les ulcères, la dysenterie, la faim, avaient sapé toutes nos forces. 80 kilomètres seulement nous séparaient de la station chez Kilonga-Longa, à 710 kilomètres de Yamboumba, et nous y usâmes tout le mois d'octobre, obligés d'envoyer des vivres aux survivants des traînards restés en arrière. — Si nous étions partis une année plus tôt, en 1886 au lieu de 1887, nous eussions trouvé des vivres en quantité dans toute la région; mais les Arabes, ou, pour mieux dire, deux Arabes et leurs esclaves avaient dévasté la région tout entière. Nous ne vivions que de champignons et de fruits sauvages; et ceux qui ne savaient pas se procurer assez de ces choses innommées que nous mangions, mouraient sous nos yeux ou, s'ils désertaient notre troupe affamée, mouraient un peu plus loin.

Voici quelle avait été notre route : de Yamboumba, 1° 17′ lat. N., nous atteignîmes, en suivant les méandres de la rivière, 1° 58′; de ce point, je marchai vers le sud jusqu'à 1° N. La station de Kilonga-Longa est à 1° 6′ de latitude N.; de là, nous avons été presque en ligne droite à Ibouiri : lat. 1°,20, à 1100 m. au-dessus du niveau de la mer, puis au mont Pisgah (lat. N. 1° 21'), d'où, pour la première fois, nous avions vu la savane s'étendre devant nous.

Depuis chez Kilonga-Longa jusqu'à la base du Pisgah, on trouve des Bakoumou, nom sous lequel sont aussi connues les peuplades qui habitent entre la rive méridionale de l'Itouri et Stanley-Falls sur le Congo. A l'est de l'Itouri, au-dessus de la station de Kilonga-Longa, les Balesa occupent la région des forêts. Les villages ont une seule rue flanquée de huttes reliées les unes aux autres, de même hauteur et de même structure. Il nous semblait voir une immense case, longue de 200, 300, 400 mètres même, et sciée d'un bout à l'autre par le milieu, chaque moitié un peu poussée de côté pour laisser un passage variant en largeur de 6 à 18 mètres.

Nous avions quitté les régions parcourues par les Arabes et leurs chasseurs; et tout alla bien désormais; nous vivions presque somptueusement. Nos gens recouvraient leurs forces perdues; ils redevenaient des hommes, prêts à n'importe quelle besogne et à aller n'importe où. Je leur montrai la « terre des herbes »; or, qui dit herbes, dit des animaux pour la brouter : c'en fut assez pour les pousser en avant.

Notre marche à travers la forêt avait commencé le 28 juin; le 5 décembre, nous entrions dans la savane, contrée riante, à surface ondulée. Le 6, nous passions un bras de l'Itouri, large de 55 mètres et venant du N.-N.-O.; le 9, nous traversions le principal courant, large de 115 mètres et descendant du N.-N.-E.; le 10, un autre affluent de la même rivière, coulant de l'E.-N.-E.; le 13, nous contemplions l'Albert Nyanza d'une hauteur que notre baromètre anéroïde établissait à 1590 mètres. C'est la plus élevée que nous ayons atteinte, quoique de chaque côté nous vissions quelques points montant pour le moins à 1850 mètres. Et, de cette altitude, le plateau tombe par une chute de près de 700 mètres au niveau de l'Albert Nyanza.

Dix minutes de marche nous ont suffi pour passer de la source d'un ruisseau qui s'écoule dans l'Itouri, à l'endroit où nous vîmes le Nyanza se déployer sous nos pieds; il ne faut donc pas beaucoup d'imagination pour se représenter la surface ou le contour du sol depuis ce point jusqu'au confluent de l'Arahouimi ou Itouri et du Congo. Rappelez-vous le glacis bien uni d'un fort, puis le mur perpendiculaire qui plonge dans le fossé : la pente du glacis figurera la vallée de l'Itouri jusqu'à son sommet, et la muraille, la paroi du plateau qui descend à l'abîme profond de 700 mètres dans lequel repose le lac.

L'Arahouimi a plusieurs appellations : Doudou, Biyerré, Soubat, Newa, Noouelle, Itiri, pendant les 500 derniers kilomètres de son parcours; mais de là jusqu'à sa source, sa renommée s'étend au loin sous le nom d'Itouri. Les aborigènes du Nyanza, les tribus du plateau découvert et les tribus forestières qui s'étendent jusqu'à quelques kilomètres du confluent du Nepoko, tous connaissent l'Itouri.

A 1100 kilomètres de son confluent, la branche-maîtresse de l'Itouri a 115 mètres de large, 3 mètres de profondeur et un courant de 3 nœuds. Elle paraît suivre une ligne parallèle au Nyanza. Près ce groupe de cônes et de collines nommées, de par d'affectueux souvenirs, mont Schweinfurth, mont Junker et mont Speke, je place ses sources les plus élevées. Tracez trois ou quatre gros affluents apportant les eaux des crêtes du plateau qui surplombe le lac Albert, et deux ou trois ruisseaux non moins respectables arrivant du N.-O.; dirigez le tronc principal vers le S.-O. à près de 1 degré de latitude N.; depuis là jusqu'à 1 degré 50 minutes de latitude N., donnez-lui la forme d'un arc, puis que, en formant des courbes et des coudes, il descende au delà de Yamboumba, à 1 degré 17 minutes, vous aurez une assez fidèle esquisse du cours de l'Arahouimi ou Itouri, de ses fontaines les plus hautes à son embouchure dans le Congo, et sur une longueur de 1300 kilomètres. Lors de notre première course au Nyanza, nous avons navigué sur ses eaux, marché le long de ses rives la distance de 1100 kilomètres; 250 kilomètres en sens contraire, sur ses bords ou dans son voisinage quand nous vinmes reprendre l'embarcation à l'établissement de Kilonga-Longa, autant ensuite pour la convoyer au lac; nous en avons parcouru les bords, et redescendu le courant pendant 780 kilomètres, en quête de notre arrière-garde; nous devons retourner sur nos pas pendant 780 kilomètres pour notre troisième visite au lac Albert. Convenez avec moi qu'en pratique, du moins, nous pouvons connaître l'Arahouimi-Itouri.

Le 25 mai 1888, les Soudanais d'Émin-Pacha se rangèrent en ligne afin de saluer notre colonne qui repartait en bon ordre pour le haut Itouri. Une demi-heure après, comme je marchais bravement, pensant à Émin-Pacha et à son navire, mon porteur de fusil s'écria : « Voyez, monsieur, cette grande montagne ! Elle est toute couverte de sel ! Je regardai dans la direction indiquée....

> Des pics azurés se dressaient au loin ;
> Et blanches, sur le ciel blanc et froid,
> Étincelaient les neiges de leur couronne.

En termes plus exacts, c'était une montagne bleue d'une hauteur et d'une masse prodigieuses. Ce sera, me dis-je, ce Rouévenzori sur la cime duquel les naturels m'ont raconté qu'on voyait « quelque chose de blanc comme le métal de votre lampe ». Mes relèvements l'établissent à 215 degrés magnétiques d'un point situé à 8 kilomètres des rives du Nyanza. — J'en estimai la distance à 80 kilomètres pour le moins. Est-ce le mont Gordon-Bennett ? je ne saurais me prononcer. Mais, en 1876, je ne vis point de neige sur celui-ci ; la forme en est fort différente ; puis le Rouévenzori est un peu trop à l'est pour la position que je donnai au Gordon-Bennett ; si la latitude en est correcte, je doute qu'on puisse le voir à la distance de 148 kilomètres, dans une atmosphère très peu remarquable pour sa transparence. Ajoutons que la ligne des neiges me sembla descendre à 300 mètres du sommet. — Il y a, ce me semble, place pour le Rouévenzori et le Gordon-Bennett dans l'espace qui s'étend entre la baie Béatrix et l'Albert Nyanza.

A propos de ce lac, il m'est absolument impossible de m'expliquer comment sir Samuel Baker a bien pu lui assigner une longueur si démesurée au sud-ouest des hautes terres, terrasses ou crêtes qui dominent Vacovea ou Mbakovia. L'extrême pointe méridionale en est à 1° 11' de latitude Nord environ ; à 7 ou 8 milles tout au plus du lieu où je me trouvais en ce moment. Pour compliquer encore les choses, il ajoute dans son livre que sa journée était admirablement claire ». Mais alors, comment n'a-t-il pas compris qu'il voyait simplement une baie peu profonde, de 16 kilomètres de large sur 7 ou 8 de longueur, que c'est dans une de ses criques que se jette la Semliki, un affluent méridional du lac, arrivant au sud-ouest par une plaine presque toujours de niveau? Et si « la journée était admirablement claire », comment, lorsque ses yeux se portaient vers le sud-ouest, n'a-t-il pas vu ce grand mont neigeux, dressé en face de lui? Ses « montagnes bleues » ne sont autre chose que les talus du plateau qui s'élève à 1590 mètres au-dessus du niveau de la mer, à 700 mètres au-dessus de l'Albert; cette « remarquable cataracte » est tout bonnement la surface humide de roches schisteuses lavées par un petit torrent de 2 ou 3 mètres de large.

Avant d'avoir ainsi examiné le lac, sous le parallèle de 1° 20' de latitude nord, je soupçonnais quelque grave erreur dans les observations du colonel Mason : une roselière sur un banc de vase avait pu lui cacher une autre portion du Nyanza. Par malheur pour le lac « énorme » de sir Samuel, le colonel Mason a si bien fait son travail, il a si bien relevé les contours de cette nappe d'eau, que je ne puis que témoigner de la presque complète exactitude de sa carte de l'Albert Nyanza.

Quant au sud et au sud-ouest du lac, nul mystère. Il y a un siècle, ou peut-être plus, l'Albert Nyanza devait avoir 20 ou 25 kilomètres de plus en longueur : en face de Mkabovia, il était beaucoup plus large qu'aujourd'hui. Mais les récifs qui obstruent le Nil au-dessous de Ouadelaï se sont érodés peu à peu; le Nyanza diminue rapidement à la grande surprise d'Émin-Pacha, qui l'avait vu pour la première fois il y a sept ou huit ans : des îles, dit-il, qui étaient près de la côte ouest, sont devenues des caps qu'occupent des stations et des villages d'indigènes.

Par le travers de Nyamsassié à Mbakovia, la couleur du lac, brune ou boueuse, comme celle d'une rivière coulant sur des alluvions, en indique le peu de profondeur. Sans doute, la cause en est, en partie, aux apports de la Semliki, mais à bord du *Khédive*, et pendant la traversée de Nyamsassié à Nsabi, je vis que la perche du sondeur placé à l'avant touchait constamment le fond à 2 kilomètres de la rive. A l'extrémité sud, le vapeur dut jeter l'ancre à 8 kilomètres au large.

A l'extrémité sud-ouest et à partir des bords du lac, la plaine s'élève d'un mètre par 180; celle de l'extrémité sud monte pendant 16 kilomètres dans les mêmes proportions; puis un léger changement se produit à mesure que se rapprochent, à l'est et à l'ouest, les murailles du plateau; les débris de leurs pentes, détachés par les pluies et balayés par les vents, la décomposition des herbes et de la brousse, ont élevé le niveau de ses rives. Les naturels me disent qu'au sud de notre position, la plaine se redresse très rapidement jusqu'à atteindre le niveau des hautes terres. Un épaulement de la paroi occidentale nous a empêché de vérifier le fait, et cet « au delà » doit rester inconnu jusqu'à notre prochain voyage.

La contrée qui s'étend entre l'Albert Nyanza et le lac par moi découvert en 1876, me semble promettre des révélations curieuses. Jusqu'à ce jour, je ne sais au juste à quel fleuve appartiennent ses eaux. Vont-elles au Congo? Vont-elles au Nil? Au premier, je le crois, mais d'une chose je suis certain, c'est qu'il n'a point de communication avec l'Albert Nyanza. Les pentes du Rouévenzori, doivent en grande partie alimenter la Semliki; le plateau ouest et sud-ouest fournit sans doute le reste; mais c'est à la ligne de partage entre cette rivière et quelque autre cours d'eau au sud ou au sud-ouest, que commencera le véritable intérêt.

Les tribus qui habitent la forêt et la vallée de l'Itouri sont incontestablement cannibales. Les nains sont extrêmement nombreux entre le Nepoko et la savane. On les appelle Ouamboutti. Les hommes de la suite du Pacha reconnaissaient en eux les Tikki-Tikki du nord; on n'en trouve que très peu au sud de l'Itouri. J'estime à 150 le nombre de villages ou de campements Ouamboutti que nous avons vus en passant; c'est une race venimeuse, lâche et pillarde; et, nous l'avons appris à notre dam : ces petits hommes sont fort habiles à lancer leurs flèches.

Ougarronaoua, autrefois garçon de tente attaché à Speke, aujourd'hui un des hommes importants de la région, de par les richesses amassées aux dépens de milliers d'habitants de la forêt, attend avec impatience que j'aie terminé cette lettre. Je la lui confie, espérant qu'elle finira par vous arriver.

Bien à vous,

Henry M. Stanley

VIII

La marche vers la côte. — Découvertes en route. — Emprisonnement d'Émin et de M. Jephson. — Le Mahdi.

(Lettre arrivée à Londres avec d'autres lettres vers la fin de novembre.)

Kafourro, station arabe du Karagoué, 5 août 1889.

Au président du comité de secours.

Monsieur, j'ai envoyé mon dernier rapport par Sélim ben Mohammed au commencement de septembre 1888. Près d'une année remplie d'événements graves pour cette partie du monde a passé depuis lors. Je veux essayer aujourd'hui de vous en informer avec quelques détails.

Ayant recueilli le peu qui restait de notre arrière-garde, rassemblé ceux des Manyouéma qui, de leur bon gré, demandaient à me suivre, et entièrement réorganisé l'expédition, je repartis pour le Nyanza. Vous vous rappelez, sans doute, que M. Mounteney Jephson était resté avec Émin-Pacha, pour transmettre mon message aux troupes égyptiennes, et que, vers le 26 juillet, tous les deux, accompagnés d'une escorte suffisante et de plusieurs porteurs, devaient venir à Fort-Bodo : ils en conduiraient ensuite la garnison et les officiers à la nouvelle station que nous devions établir près de Kavalli sur la rive sud-ouest du lac Albert : cela m'éviterait un quatrième voyage à Fort-Bodo. Promesses sur promesses avaient été échangées, car, de mon côté, je m'étais solennellement engagé à ne pas perdre un jour pour regagner Yamboumba, battre le pays à la recherche de la colonne manquante, et retourner vers Noël au lac Albert.

Je trouvai mon arrière-garde dans la plus déplorable condition ; je vous l'ai déjà dit, des 102 membres survivants, je ne croyais pas qu'une cinquantaine pût arriver au lac ; mais je réussis à me procurer bon nombre de canots ; colis et malades y furent déposés et transportés si vite et si heureusement, que les morts furent rares. Mais les indigènes qui, et à plusieurs fois, venaient de repousser les incursions des brigands d'Ougarrouaroua, connaissaient maintenant leur force : ils nous causèrent beaucoup d'ennuis et nous infligèrent des pertes considérables, s'attaquant aux plus solides de nos hommes, à ceux qui supportaient à la fois les dangers des combats et la fatigue de manœuvrer les canots.

Quand la navigation devint trop difficile, je donnai l'ordre d'abandonner les barques. Nous étions alors à quatre journées au-dessus de la station d'Ougarrouaroua, à 560 kilomètres environ au-dessus de Banalya.

Comme la rive sud de l'Itouri nous était bien connue, avec ses terreurs et son intolérable disette, nous décidâmes d'essayer du nord ; pourtant, pendant quelques jours, notre route devait traverser les malheureuses contrées qu'avaient occupées les bandes d'Ougarrouaroua et de Kilonga-Longa ; 260 kilomètres nous séparaient encore de la savane : mais notre imagination déroulait la perspective de plantureux repas de bœuf, de veau, de mouton, sans compter une agréable variété de légumes, et de l'huile et du beurre pour assaisonner le tout. Les dissertations sur ce sujet, de ceux qui avaient vu le Nyanza, stimulaient les cœurs faibles et relevaient le courage des revenants de l'arrière-garde.

Le 30 octobre, nous disons adieu aux canots; les marches recommencent pour tout de bon, et, deux jours après, nous découvrions une belle plantation de bananes surveillées par des nains. Nos gens firent main basse sur la récolte pour en emporter autant que possible en prévision de la traversée du désert. Les plus avisés se faisaient bonne part, et, douze heures après, étaient en possession d'une réserve de farine qui pourrait leur durer huit jours; les faibles et les paresseux se rassasiaient de fruits grillés, et ne s'étant pas occupés du lendemain, tombaient bientôt en proie à la famine.

Puis dix jours s'écoulèrent avant qu'on arrivât à une autre plantation, et, pendant ce temps, il nous mourut plus d'hommes que nous n'en avions perdu entre Banalya et l'établissement d'Ougarrouaroua. La petite-vérole se déclara parmi les Manyouéma et leurs esclaves; la mortalité fut terrible : nos Zanzibaris échappèrent; ils avaient été vaccinés à bord du *Madura*.

Nous étions arrivés à quatre journées de marche au-dessus du confluent de l'Ihourou et de l'Itourou, et à 2 kilomètres, même moins, de l'Ihourou. Impossible de traverser ce violent et puissant tributaire de l'Arahouini : nous eûmes à en longer la rive droite jusqu'à ce qu'on trouvât un gué.

Quatre jours après, nos hommes traversaient en chancelant le principal village du district d'Andikoumou, entouré par les plus belles plantations de bananiers et de figuiers bananes que nous eussions encore vues ; les Maneyouéma, en dépit de leur rage de pillerie et de dévastation, n'avaient encore pu les détruire. Pour se refaire de leurs quatorze jours de misère et de faim, nos engagés se gorgeaient d'une telle façon que leurs excès diminuèrent encore un effectif déjà si réduit. Dans la proportion d'un sur vingt, nos porteurs furent pris de maladies qui les rendirent absolument incapables de travail. L'Ihourou est à environ 7 kilomètres du village ; il arrive de l'est nord-est ; par suite des pluies récentes, il était assez profond, et mesurait une cinquantaine de mètres en largeur.

Six autres étapes dans la direction du nord nous amenèrent à une station florissante, Indeman, située à quatre journées de marche de la rivière que nous supposions être l'Ihourou. L'écart considérable entre mes propres observations et les renseignements donnés par les naturels m'embarrassaient beaucoup : ils l'appelaient Ihourou, et, d'après mes instruments et mon chronomètre, ce ne pouvait être notre Ihourou à nous. Je me fis amener quelques nains : ce n'était que le Doui, un affluent de droite du véritable Ihourou. Mes vues ainsi confirmées, nous cherchâmes et trouvâmes un lieu propice pour construire un pont. M. Bonny et les Zanzibaris se mirent de tout cœur à la besogne, et, quelques heures après, nous entrions dans un district que n'avaient pas encore visité les Manyouéma.

Dans cette nouvelle contrée, entre les branches droite et gauche de l'Ihourou, les nains — les Ouamboutti — étaient fort nombreux, et les conflits entre ces rusés petits hommes et nos engagés se succédaient chaque jour,

LE CAMP DE LA FAMINE.

non sans dommage pour les deux partis. Ceux que nous réussissions à capturer pour les utiliser comme guides, me conduisaient invariablement, pour je ne sais quelle raison, dans la direction de l'est ou de l'est-nord-est, tandis qu'il me fallait aller au sud-est, vu que nous avions été trop au nord en cherchant à traverser le Doui. Nous dûmes suivre les passées d'éléphants ou de gibier orientées dans le sens requis, mais, le 9 décembre, le manque de vivres nous força de faire halte au milieu d'une vaste forêt, dans un lieu que ma carte plaçait à 4 ou 5 kilomètres de l'Itouri, avec lequel plusieurs de mes gens avaient fait connaissance lors de notre séjour à Fort-Bodo. J'envoyai 150 porteurs armés de carabines, à une station située à 24 kilomètres en arrière, et plusieurs Manyouéma demandèrent à les accompagner.

Je copie sur mon journal une partie de ce que j'écrivais le 14 décembre : « Six jours se sont écoulés depuis le départ de nos fourrageurs. Les quatre premiers ont passé rapidement, je pourrais dire agréablement, car j'étais fort occupé à recalculer les observations prises, de chez les Ougarrouaroua jusqu'au lac Albert et vice versa, par suite de quelques erreurs que ma seconde et troisième visite, et les mêmes observations une fois et deux fois répétées, me permettaient de corriger. Ce travail fini, je n'avais plus qu'à me demander pourquoi nos gens ne revenaient pas. Le cinquième jour, ayant distribué tout ce qui restait de farine dans le camp, et tué la seule chèvre que nous possédions, je dus ouvrir les caisses aux vivres d'officiers; elles ne contenaient autre chose que du thé, du café, du sucre, un pot de sagou et quelques pots de beurre pesant 450 grammes. Avec un de ceux-ci et deux pleines tasses de ma farine, je fis faire une sorte de bouillie. L'après-midi, un de nos jeunes serviteurs mourut; la plupart des autres engagés étaient dans un état des plus décourageants; ils tombaient de faiblesse dès qu'ils essayaient de se lever. La vue de ces malheureux agissait sur mes nerfs au point que je commençais à sentir pour leurs souffrances, non seulement une sympathie morale, mais une sympathie physique, comme si leur marasme était contagieux. Un porteur mahdi succomba le soir même ; le dernier de nos Somalis montrait des symptômes de coma ; le peu de Soudaniens qui nous restaient avaient à peine la force de bouger.

Le sixième jour, dès l'aube, nous préparons la bouillie comme de coutume — un pot de beurre, un pot de lait condensé, une tasse de farine, de l'eau à discrétion... pour cent trente personnes ! Les chefs et M. Bonny sont appelés en conseil. Quand j'émis l'idée que nos fourrageurs avaient bien pu éprouver un revers de telle nature que pas un ne fût revenu pour nous en rapporter la nouvelle, tous se récrièrent : ces cent cinquante hommes, évidemment, étaient encore à chercher des vivres et n'osaient reparaître les mains vides. — Mais il y avait déjà cinq jours qu'ils les cherchaient, ces vivres ! peut-être s'étaient-ils égarés, peut-être, n'ayant pas de blanc à leur tête, s'étaient-ils éparpillés à la poursuite des chèvres, oubliant leurs parents ou leurs camarades restés avec nous — et dans cinq jours, où en seraient les autres ? M. Bonny m'offrit de de garder le campement avec dix hommes pendant quinze jours, à condition qu'on lui laissât les vivres indispensables; avec les plus valides j'irais à la recherche des manquants. Une écuelle de bouillie par personne et par jour, — cent portions pour dix personnes pendant dix jours, — il m'était encore possible de les fournir, mais les malades et les faibles, ceux-là devaient jeûner jusqu'à ce que m'advint quelque meilleure fortune! Donc je préparai lait condensé, farine, biscuits et remis le tout en garde à M. Bonny.

L'après-midi du septième jour, je fis l'appel de tout notre monde : dix hommes devaient garder le campement ; Sadi, le principal chef des Manyouëma, dut livrer quatorze des siens à leur misérable sort, le chef Kibbobora abandonna son frère; le chef Fundi une de ses femmes et un petit garçon. Je laissais après moi vingt-six malheureux, malades, mourant de faim, perdus sans ressources si le secours n'arrivait pas dans les vingt-quatre heures.

D'un ton encourageant, quoique jamais je ne me fusse senti le cœur si lourd, je dis à ces quarante-trois affamés que je repartais à la rencontre de mes hommes : je les trouverais sans doute en chemin, et, dans ce cas, je les ramènerais à la course et ils auraient quelque chose à manger. Nous fîmes 15 kilomètres dans l'après-midi : plusieurs cadavres gisaient sur la route; au matin du huitième jour, nous rencontrâmes nos gens, marchant tout à leur aise. Je les entraîne immédiatement au pas accéléré; vingt-six heures après notre départ du « camp de la Famine », nous y ramenons une joyeuse abondance : bientôt, de tous côtés on voit bouillir farines, grains concassés, figues-bananes : les bananes grillent sur les braises, la soupe de viande cuit lentement dans les marmites.

Jamais, dans toutes mes expériences africaines, je n'avais vu de si près la mort par inanition absolue. Vingt et une personnes succombèrent dans ce terrible campement.

Le 17 décembre, une marche de trois heures nous amenait à l'Ihourou, que nous traversâmes le lendemain. J'avais le pressentiment que la garnison de Fort-Bodo était encore où je l'avais laissée; aussi pressai-je le pas, et, coupant droit la forêt sans me préoccuper des sentiers, j'eus la bonne fortune, dans la journée du 20, de toucher à l'angle ouest de nos plantations.

Je ne m'étais pas trompé : le lieutenant Stairs et ses hommes étaient encore à Fort-Bodo, mais au nombre de 51 seulement au lieu de 59; pendant les sept mois que dura mon absence, ils n'avaient reçu aucune nouvelle d'Émin-Pacha ou de M. Mounteney Jephson. Je connaissais l'énergie de celui-ci; pourquoi cette longue absence, admettant même que les affaires de la province eussent retenu Émin?

Le 23 décembre, les deux escouades réunies continuèrent leur marche vers l'est, et comme, par suite des cinquante ballots repris au fort, il fallait organiser des relais, nous n'arrivâmes que le 9 janvier au bac de l'Itouri, notre dernier campement dans la forêt, sur la lisière de la savane.

Mon inquiétude au sujet de M. Jephson et du Pacha ne me permettait pas de perdre mon temps à faire ainsi doubles convois; donc, choisissant une riche plantation et un bon site pour le bivouac, à l'est de l'Itouri, j'y laissai une partie des bagages et le lieutenant Stairs en qualité de commandant, à la tête de 124 personnes, y compris le Dr Parke et le capitaine Nelson, et, le 11 janvier, je repris la marche vers l'est.

Les habitants de la plaine, craignant une répétition des batailles de décembre 1887, affluaient à nos campements, me faisaient leur soumission formelle, apportaient tributs et provisions. Nous « échangeâmes les sangs », nous fîmes des cadeaux; la meilleure amitié régna désormais entre nous. Ils construisaient les huttes du bivouac, nous procurant provisions, eau, bois à brûler dès que le lieu de halte avait été indiqué.

Nous ne recueillîmes aucune nouvelle des hommes blancs du lac Albert; ce qui augmenta mon étonnement et mon anxiété. Le 16 enfin, à un endroit appelé Gaviras, des messagers arrivèrent de Kavalli, munis d'un paquet de lettres, d'une missive de M. Jephson, dont les trois dates étaient espacées de plusieurs jours, et de deux notes d'Émin-Pacha, confirmant les nouvelles que renfermait la lettre Jephson.

Vous pouvez à peine vous imaginer l'immense surprise que je ressentis en lisant ces lettres, dont voici des extraits textuels :

« Doufilé, 7 novembre 1888.

« Cher Monsieur, — Je vous écris pour vous dire l'état des affaires dans ce pays, et j'espère que cette lettre vous parviendra à Kavalli assez à temps pour que vous soyez avisé de vous tenir sur vos gardes.

« Le 10 août éclata une rebellion, et le Pacha et moi, nous fûmes faits prisonniers. Le Pacha est sévèrement gardé, mais je puis aller et venir dans la station, sauf que mes mouvements sont surveillés. La rébellion a été manigancée par une demi-douzaine d'Égyptiens, officiers et employés ; peu à peu d'autres y sont entrés, les uns spontanément, la majeure partie par crainte ; les soldats, ceux de Laboré exceptés, n'y ont jamais trempé, mais ont indolemment cédé à leurs officiers.

. . . .

« Tandis que le Pacha et moi nous nous acheminions vers Redjaf, deux hommes et un officier, Abdoul Vaal Effendi, puis un employé, circonvinrent les gens, disant qu'ils vous avaient déjà vu, que vous n'étiez qu'un aventurier, que vous ne veniez pas d'Égypte, et que les lettres que vous aviez montrées du Khédive et de Nubar-Pacha étaient fausses ; qu'il n'était point vrai que Khartoum eût succombé ; que le Pacha et vous aviez fait un complot pour les saisir, eux, leurs femmes et leurs enfants, et les livrer comme esclaves aux Anglais. Dans ce pays ignorant et fanatique, ces paroles se répandirent comme une traînée de feu ; il en résulta une rébellion générale, et on nous arrêta.

« Les rebelles, rassemblant ensuite des officiers pris dans les différentes stations, tinrent une grande assemblée pour déterminer les mesures à prendre. Tous ceux qui n'entrèrent pas dans le mouvement furent tellement raillés et insultés qu'ils se virent obligés, pour leur propre sûreté, à donner leur acquiescement au fait accompli. Le Pacha fut déposé, les officiers qu'on soupçonnait lui être favorables furent remplacés par d'autres qui tenaient pour les rebelles. On décida d'envoyer le Pacha prisonnier à Régaf; quelques-uns des pires révoltés voulaient même le mettre aux fers; mais les officiers n'osèrent exécuter ce plan, les soldats ayant dit qu'ils ne permettraient à personne de mettre les mains sur lui. On convint aussi de vous prendre au piège à votre retour, et de vous dépouiller complètement.

« Les choses en étaient là quand nous fûmes surpris par la nouvelle que les gens du Mahdi étaient arrivés à Lado avec trois vapeurs, plus neuf *sandals* et *nuggers*, et avaient débarqué sur l'emplacement de l'ancienne station. Omar Séli, leur général, envoya trois derviches à plumes de paon avec une lettre au Pacha, — une copie suivra, car elle renferme des nouvelles intéressantes, — exigeant la soumission immédiate du pays. Les officiers rebelles saisirent les envoyés, les emprisonnèrent, et décidèrent la résistance. Après quelques jours, les Mahdistes attaquèrent Régaf et le prirent, tuèrent cinq officiers et quantité de soldats, emmenèrent plusieurs femmes et enfants en captivité. Tous les approvisionnements et toutes les munitions de la station furent perdus du coup. Il s'ensuivit une débandade générale dans les stations de Bidden, Kirri et Mouggi; les habitants, fuyant vers Laboré avec toute leur famille, laissaient derrière eux tout ce qu'ils possédaient. A Kirri on abandonna les munitions, dont les indigènes se saisirent tout aussitôt. Le Pacha évalue à 1500 le nombre des Mahdistes.

« Les officiers et de nombreux soldats sont rentrés à Mouggi; ils ont l'intention de tenir tête aux Mahdistes.

Ici notre position est dépourvue d'agrément, car depuis la révolte tout est chaos et confusion. Pas de chef; chaque jour on donne une demi-douzaine d'ordres contradictoires que personne n'exécute. Les officiers rebelles sont incapables de diriger les soldats.

. . . .

« Les Bari font cause commune avec les Mahdistes. Ils arrivent ici en poussée, rien ne nous pourra sauver.

. . . .

« Les officiers, alarmés de tous ces événements, attendent votre arrivée avec anxiété. Ils désirent abandonner le pays avec vous; car ils ont maintenant acquis la conviction que Khartoum est tombé et que vous venez de la part du Khédive.

. . . .

« Nous ressemblons à des rats pris dans la souricière. Ils ne veulent ni nous laisser agir, ni nous laisser partir. Si vous ne venez très promptement, je crains que notre sort ne ressemble à celui des autres garnisons du Soudan. Si la rébellion n'eût éclaté, le Pacha aurait pu tenir tête aux Mahdistes pendant quelque temps, mais il n'avait plus la possibilité d'agir.

. . . .

« Mon avis est qu'aussitôt arrivé à Kavalli vous écriviez en arabe une lettre à Shoukri Aga, le chef de la station de Msoua, pour annoncer votre venue, et dire que vous désirez me voir ainsi que le Pacha. Écrivez aussi à Emin ou à moi, pour dire combien d'hommes vous avez. Peut-être vaudrait-il mieux m'écrire à moi, car une lettre au Pacha pourrait être confisquée.

. . . .

SUCCÈS DES MAHDISTES.

« Ni Émin ni moi ne croyons qu'il y ait aucun danger qu'on essaye de vous capturer; car les gens, persuadés maintenant que vous venez d'Égypte, espèrent que vous les tirerez d'embarras. Néanmoins prenez la précaution de fortifier votre camp.

« Si nous ne pouvons sortir de ce pays, rappelez-moi, je vous prie, au souvenir de mes amis, etc.

« A vous, sincèrement.

« H. J. MOUNTENEY JEPHSON.

« A H. M. Stanley, Esq., commandant l'expédition de secours. »

« Ouadelaï, 24 novembre, 1888.

« Mon messager n'ayant pas encore quitté Ouadelaï, j'ajoute ce post-scriptum, le Pacha désirant que je vous envoie ma précédente lettre telle quelle.

. . . .

« Peu après vous avoir écrit, les soldats, conduits par leurs officiers, tentèrent la reprise de Régaf; mais ils furent repoussés par les Mahdistes, qui leur tuèrent six officiers et beaucoup de monde. Parmi les officiers tués, il y a plusieurs des pires ennemis du Pacha. Dans toutes les stations, les soldats frappés de panique, et aux regrets de tout ce qui s'est passé, ont déclaré qu'ils ne risqueraient plus à se battre, à moins qu'Émin ne fût remis en liberté. Si bien que les officiers rebelles, obligés de le libérer, nous envoyèrent à Ouadelaï, où le Pacha est libre de faire ce qui lui plaît; mais jusqu'à présent, il n'a pas repris le commandement, et ne s'en soucie guère, je crois. Nous espérons être dans quelques jours à Toungourou, une station sur le lac, à deux journées par vapeur de N'sabi, et j'espère que lorsque nous apprendrons votre arrivée nous pourrons, le Pacha et moi, aller à votre rencontre.

. . . .

« Quant aux Mahdistes, le danger qu'ils nous font courir a certainement augmenté depuis cette dernière défaite; cependant notre situation est meilleure, en ce sens que nous ne sommes plus à leur portée immédiate, et que nous pouvons battre en retraite, s'il nous plaît, ce qui nous eût été impossible quand on nous détenait prisonniers. Nous entendons dire que les Mahdistes ont envoyé des vapeurs à Khartoum pour ramener des renforts; si cela est vrai, ils ne seront pas ici avant six semaines. S'ils arrivent avec d'autres troupes, c'en est fait de nous, les soldats ne tiendront pas; les Mahdistes n'auront qu'à passer dessus.

. . . .

« Chacun attend votre arrivée avec anxiété, car les succès des Mahdistes ont complètement démoralisé nos gens.

. . . .

« Nous pourrons peut-être sortir de là, si vous n'arrivez pas plus tard que fin décembre; — mais quant à prévoir ce qui adviendra dans un bref délai, impossible !

« A. J. M. J. »

« Toungourou, 18 décembre 1888.

« Cher monsieur, — Mogo, le messager, n'étant pas encore parti, j'ajoute un autre post-scriptum. Nous sommes présentement à Toungourou. Le 25 novembre, les Mahdistes entourèrent Doufilé et nous assiégèrent pendant quatre jours. Nos soldats, au nombre de cinq cents, parvinrent à les repousser; et l'ennemi se retira à Régaf, son quartier général. Comme il a envoyé à Khartoum pour avoir des renforts, il ne manquera pas de nous attaquer quand il les aura reçus. Dans notre fuite de Ouadelaï, les officiers me demandèrent de détruire notre bateau l'*Avance*. Je l'ai donc fait sauter.

« On remanie Doufilé aussi vite que faire se peut... Mais le Pacha ne peut bouger ni pied ni patte, car il y a toujours contre lui un parti très fort, et les officiers n'ont plus la crainte immédiate des Mahdistes.

« Ne descendez sous aucun prétexte à Ousate[1], — mais campez sur le plateau de Kavalli. Dès que vous arriverez, annoncez-vous par lettre, et tout aussitôt j'irai à votre rencontre. Je ne veux pas vous cacher qu'il y aura difficulté et danger à traiter avec les gens du Pacha. Espérons que vous arriverez avant les renforts des Mahdistes, et que notre situation ne soit désespérée.

« A vous sincèrement.

« A. J. Mounteney Jephson. »

---

1. Ancien camp de Stanley sur le lac, près de l'île Kavalli.

— Vous vous rappelez sans doute que je vous ai mandé, dans une de mes dernières lettres de 1888, que je n'en sais pas davantage sur les intentions actuelles d'Émin que vous n'en savez vous-même. Un jour il se disait désireux de partir ; une autre fois il hochait la tête en s'écriant piteusement : « Je ne puis abandonner mes gens ! » Enfin, quand je le quittai en mai 1888, j'obtins quelque chose comme une promesse : « Si mes gens s'en vont, je m'en irai ; s'ils restent, je resterai. »

Voici donc que, le 10 janvier 1889, je reçois ce paquet de lettres et deux mots du Pacha lui-même confirmant les nouvelles ci-dessus ; mais pas un mot, ni de M. Jephson, ni d'Émin lui-même n'indiquait les desseins du Pacha. Hésitait-il encore ou s'était-il enfin décidé ? S'il se fût agi de tous autres personnages que du Pacha et de Gordon, il eût paru vraisemblable qu'un prisonnier, attendant d'heure en heure un ennemi prêt à lui porter le coup mortel, saisirait joyeusement la première chance qui s'offrirait de s'échapper d'un pays déjà abandonné par le Gouvernement. Mais ces lettres ne contenaient aucune indication sur la marche que le Pacha entendait prendre. Ces quelques explications feront comprendre la situation d'esprit dans laquelle je me trouvai après avoir lu lettre et billets.

J'écrivis une dépêche en règle qui eût pu être lue par le Pacha, par M. Jephson ou par n'importe quel rebelle. Je l'adressai à M. Jephson, comme j'en avais été prié, mais sur une autre feuille j'écrivis un post-scriptum pour M. Jephson personnellement.

« Kavalli, 18 janvier 1889, 3 h. après midi.

« Mon cher Jephson, j'envoie trente carabines et trois hommes, de Kavalli au Lac, avec mes lettres et d'urgentes instructions pour qu'un canot soit expédié et les porteurs récompensés.

« Il se peut que je reste ici six jours encore, et peut-être dix. Je ferai de mon mieux pour prolonger mon séjour jusqu'à ce que vous arriviez, sans rupture de paix. Nos gens sont bien approvisionnés en rassade, draps et cauris, et je constate que les indigènes brocantent volontiers, ce qui profitera à la localité quand même notre visite prolongée pourrait l'incommoder.

« Agissez prudemment et promptement, ne perdez pas une heure et amenez Bouiza et vos Soudanais. J'ai lu vos lettres une demi-douzaine de fois, mais sans les comprendre tout à fait, parce que, sur quelques détails importants, une lettre semble contredire l'autre. Dans l'une, vous dites que le Pacha est gardé étroitement, tandis qu'on vous laisse une certaine liberté, et dans l'autre vous dites que vous viendrez à moi dès que vous aurez appris mon arrivée : « J'espère », ajoutez-vous, « que le Pacha me pourra accompagner. » Mais si vous êtes prisonniers, je ne vois pas comment vous sortiriez de Toungourou, de quelque façon que ce soit. Cela ne paraît pas très clair à nous autres qui sortons de la forêt.

« Si le Pacha peut venir, expédiez un courrier dès votre arrivée à notre ancien camp sur le lac, afin de m'annoncer la chose, et j'enverrai un fort détachement pour l'escorter jusqu'au plateau, et même pour l'y porter, s'il en est besoin. Mais avec les deux mille kilomètres que j'ai dans les jambes, depuis que je vous ai quitté en mai dernier, je me sens trop épuisé pour retourner au Lac. Que le Pacha veuille bien avoir pitié de moi !

« Ne vous alarmez pas, ne vous inquiétez pas même à mon endroit; d'ici à vingt kilomètres, personne d'hostile ne peut nous approcher sans que j'en sois informé. Je suis au plus épais d'une population amie, et si j'embouche la trompette de guerre, dans quatre heures j'aurai deux mille combattants prêts à repousser toute attaque. Et s'il s'agit de lutter de ruse, eh bien, qu'on me mette en présence du plus retors des Arabes !

« Je vous écrivais ci-dessus que j'ai lu vos lettres une demi-douzaine de fois, et à chaque lecture, mon opinion varie sur votre compte. Tantôt je vous crois à moitié Mahdiste ou Arabiste, tantôt Éministe. J'en saurai davantage quand je vous aurai vu.

« ... Allons, ne regimbez pas, mais obéissez, prenez mes ordres comme indication stricte, et avec la grâce et l'assistance de Dieu, tout finira bien.

« Je ne demande pas mieux qu'à aider Émin d'une façon ou d'autre, mais il lui faut aussi m'aider et se fier à moi. S'il désire sortir de cet embarras, je suis son plus dévoué serviteur et ami, mais s'il hésite encore, il me plongera dans l'étonnement et la perplexité. Je pourrais sauver une douzaine de Pachas s'ils voulaient seulement se laisser sauver. Volontiers j'implorerais le Pacha à genoux pour le prier d'être raisonnable. Pour le reste, il est assez entendu, même en ce qui concerne son propre intérêt. Sachez-lui gré de ses nombreuses vertus, mais ne vous laissez pas envahir par cette fascination fatale que le Soudan semble exercer sur tous les Européens qui touchent ce territoire depuis quelques années. Dès qu'ils y mettent le pied, on dirait qu'ils sont attirés par le gouffre qui les engloutira. Pour échapper, il n'y a qu'un moyen : obéir aveuglément, avec dévouement et sans mettre en question les ordres donnés.

Le Comité a dit : « Portez à Émin ces munitions.
« S'il veut sortir, ces munitions lui en donneront le
« moyen. S'il préfère rester, ces munitions lui seront
« utiles. » Le Khédive a dit la même chose, en ajoutant :
« Mais si le Pacha et ses officiers veulent rester, ce sera
« sous leur responsabilité. » Sir Evelyn Baring a dit la même chose, en paroles claires et décisives. Me voici, après un voyage de 6500 kilomètres, avec la dernière équipe de secours. Que celui qui est autorisé à l'accepter l'accepte. Qu'il vienne, et je suis tout prêt à l'aider avec tout ce que j'ai de force et d'intelligence. Mais cette fois-ci qu'il n'y ait pas d'hésitation. Que ce soit un oui ou un non bien positif, et nous reprenons le chemin du pays.

« A vous bien sincèrement. »

« Henry M. Stanley.

« P. J. Mounteney Jephson, Esq. »

Si vous voulez bien vous rappeler que le 17 août 1888, après une marche de près de 1000 kilomètres, pour retrouver l'arrière-garde, je n'en retrouvai que de misérables restes, naufragés par l'irrésolution de ses chefs, par l'oubli des promesses, par l'indifférence aux ordres écrits, vous comprendrez facilement comment, après une autre marche de 1 000 kilomètres, je fus un peu démonté quand je découvris, qu'au lieu de conduire au Nyanza la garnison de Fort-Bodo, ainsi qu'ils l'avaient promis, M. Jephson et le Pacha s'étaient laissé emprisonner à peu près le même jour que notre garnison s'attendait à les voir arriver. La lecture n'était pas agréable qui m'apprenait qu'au lieu de pouvoir dégager Émin, j'allais perdre, sans doute, un autre de mes officiers, augmentant ainsi le nombre des Européens tombés dans cette province de malheur. Toutefois il fallait, pour comprendre tout à fait l'état des affaires, avoir une entrevue immédiate avec M. Jephson.

Le 6 février 1889, dans l'après-midi, M. Jephson se présenta dans notre camp sur le plateau de Kavalli.

Je fus tout surpris d'entendre M. Jephson dire en termes bien nets : « Le pire ennemi du Pacha c'est le sentiment. Personne autre qu'Émin ne retient Émin. » Ce fut ainsi que M. Jephson résuma ce qu'il avait appris pendant les neuf mois qui s'étaient écoulés depuis le 25 mai 1888 jusqu'au 6 février 1889. Le rapport verbal de M. Jephson suffirait pour me convaincre que, pendant ce laps de temps, ni le Pacha, ni signor Casati, ni personne dans la province, n'était arrivé à une conclusion plus nette que celle qui nous avait été formulée il y avait déjà dix mois : « Si mes gens partent, je pars, disait le Gouverneur; s'ils restent, je reste.

— Si le Gouverneur part, disait le signor Casati, je pars; si le Gouverneur reste, je reste.

HÉSITATIONS D'ÉMIN.

— Si le Gouverneur part, nous partons, disaient les fidèles; mais si le Gouverneur reste, nous restons. »

Cependant, la diversion en notre faveur qu'opérait l'invasion des Mahdistes et les épouvantables massacres qu'ils faisaient, nous fit espérer que nous obtiendrions enfin réponse; bien que M. Jephson s'en tînt à ceci : « Réellement je ne puis vous transmettre les intentions du Pacha; il dit vouloir s'en aller, mais ne fait pas un pas, et personne ne bouge. Il est impossible de prévoir ce qu'on fera. Peut-être qu'une autre avancée des Mahdistes rejettera tous ces gens sur vous pêle-mêle; mais ils retomberont ensuite dans leur ancienne irrésolution, et demanderont à se reposer encore pendant quelques semaines pour avoir le temps de réfléchir. »

En février, je dépêchai une compagnie au bac à vapeur avec ordre à M. Stairs d'arriver en hâte à Kavalli, afin de concentrer l'expédition et de la tenir prête pour toute éventualité. On expédia aussi des courriers à Émin, pour lui communiquer nos mouvements et intentions, et lui demander d'indiquer comment nous pourrions le mieux aider? Préférait-il que nous l'attendissions à Kavalli? Devions-nous faire une pointe dans la province, et lui porter assistance à Msoua ou à l'île Toungourou, où M. Jephson l'avait laissé? Je suggérai l'idée que, pour lui, le plan le plus simple devait être de s'emparer d'un steamer, grâce auquel il transporterait à mon ancien camp sur le Nyanza les réfugiés qu'on me disait s'amasser à Toungourou. Que s'il ne trouvait pas de vapeur, il devait marcher de Toungourou à Msoua, envoyer un canot pour m'informer de son mouvement, et que, peu de jours après, je pourrais être à Msoua, avec 250 carabines, qui l'escorteraient jusqu'à Kavalli. Mais je demandais une réponse positive, autrement j'aurais pour devoir de détruire les munitions et tourner cap sur l'Europe.

Le 13 février, un courrier indigène se présenta au camp avec une lettre d'Émin et des nouvelles qui nous électrisèrent. Le Pacha avait déjà jeté l'ancre juste au-dessous de notre camp. Mais voici la lettre textuelle :

« Au camp, 13 février 1889.

« A Henry M. Stanley, Esq., commandant l'expédition de secours.

« Monsieur, en réponse à votre lettre du 7 courant, pour laquelle je vous prie d'accepter mes meilleurs remerciments, j'ai l'honneur de vous informer que hier, à trois heures de l'après-midi, je suis arrivé avec mes deux vapeurs, amenant un premier détachement d'individus qui désirent quitter le pays sous votre escorte. Dès que j'aurai fait les arrangements nécessaires pour abriter mes gens, les vapeurs repartiront pour la station de Msoua, afin d'y aller prendre un autre chargement d'individus à transporter.

« J'ai avec moi une douzaine d'officiers désireux de vous voir, et quarante soldats seulement. Ils sont venus, sous mes ordres, pour vous prier de leur donner le temps d'amener leurs frères — ceux au moins qui veulent — de Ouadelaï, et j'ai promis de faire mon possible pour les assister. Les choses n'étant plus tout à fait ce qu'elles étaient auparavant, vous leur dicterez les conditions que vous jugerez convenable de leur prescrire. Pour ces arrangements, j'irai vers vous avec les officiers, après avoir pourvu au camp; et si vous envoyez des porteurs, je pourrai profiter de leurs services.

« J'espère sincèrement que les grandes difficultés que vous avez eu à traverser, et que les lourds sacrifices faits par votre expédition pour venir à notre aide, seront récompensés par un plein succès dans le transport de mes gens. La vague d'insanité qui nous avait envahis se retire, et vous pouvez être sûr des gens qui viennent présentement avec moi.

« Signor Casati me prie de vous offrir ses meilleurs remerciments pour votre amical souvenir.

« Permettez-moi de vous exprimer ma cordiale reconnaissance pour tout ce que vous avez fait jusqu'à maintenant à notre intention, et croyez-moi

« Le vôtre sincèrement,
« D' Émin. »

Dans l'intervalle qui s'écoula entre l'arrivée de M. Jephson et le reçu de cette lettre, M. Jephson avait écrit un rapport assez complet sur tout ce qu'il avait entendu du Pacha, de signor Casati et des soldats égyptiens, quant aux principaux événements qui se passèrent pendant les dernières années dans la province de l'Équateur. Dans ce rapport, je note particulièrement les conclusions que je soumets à votre appréciation :

« Et ceci m'amène à dire quelques mots sur les affaires de ce pays, lors de mon arrivée le 21 avril 1888. Le 1ᵉʳ bataillon, soit 700 carabines, avait été longtemps en révolte contre l'autorité du Pacha, et avait essayé deux fois de le faire prisonnier. Le 2ᵉ bataillon, 650 carabines, quoique faisant profession de fidélité, était indiscipliné et presque ingouvernable. Émin ne possédait que les dehors de l'autorité, une guenille, et s'il se présentait quelque chose d'important à faire exécuter, il ne pouvait en donner l'ordre et devait prier ses officiers de vouloir bien s'en charger.

« Or, quand nous étions à N'sabi, en mai 1888, le Pacha donnait sans doute à comprendre qu'il y avait du tirage, mais ne nous révéla jamais le véritable état des choses, état réellement désespéré, et nous n'avions pas la moindre idée que ses gens pouvaient préparer une révolte. Nous p... ns, comme presque tout le monde pensait en Euro, ... en Égypte, et comme le faisaient présumer les propres lettres du Pacha, et les dires plus récents du Dʳ Junker, que toutes les difficultés contre lesquelles il se butait provenaient d'événements arrivés en dehors de son pays, tandis qu'en réalité le véritable danger gisait dans les dissensions intestines. C'est ainsi que nous fûmes amenés à placer notre confiance en des gens absolument indignes, et qui, au lieu de nous avoir quelque reconnaissance pour notre bonne volonté à leur venir en aide, avaient, dès l'origine, conspiré pour piller l'expédition et nous jeter par-dessus bord. Et si les mutins, au moment de la grande excitation, eussent eu une seule injustice, une seule cruauté, ou rien qu'un acte de négligence à montrer, notre Pacha eût assurément perdu la vie dans cette rébellion. »

Je ne vous fatiguerai plus qu'avec une seule citation du rapport Jephson et de son sommaire :

« Quant au désir qu'aurait Émin de quitter le pays, je puis dire qu'assurément il désire s'en aller avec nous mais je ne devine pas les conditions qu'il mettra à son départ. Sans doute il n'est pas fixé lui-même. Ses idées me semblent varier beaucoup; aujourd'hui, il est décidé à partir, et demain quelque autre idée le retient. J'ai conversé avec lui plusieurs fois à ce sujet, mais je n'en ai jamais pu tirer aucune opinion fixe. Je lui dis, après cette révolte : « Maintenant que vos gens vous ont
« déposé et mis de côté, je présume que vous vous sen-
« tez à leur égard, dégagé de toute responsabilité et de
« toute obligation? — S'ils ne m'eussent pas abandonné,
« répondit-il, je me serais senti obligé à partager
« leur sort, et à les aider par tous les moyens en mon
« pouvoir; mais à présent, je me considère comme
« absolument libre de ne plus songer qu'à ma propre
« sécurité, et si j'en ai la chance, je m'en irai sans
« regarder en arrière. » Et pourtant quelques jours seulement avant mon départ, il me disait encore : « Je sais
« n'être en rien responsable de leur sort, mais je ne
« puis prendre sur moi de m'en aller le premier, lais-
« sant derrière moi quelqu'un désireux de quitter le
« pays. Ce n'est que sentimentalité pure, je le sais; mais
« avec ce sentiment vous sympathiserez peut-être. A
« Ouadelaï, mes ennemis me montreraient du doigt, et
« diraient : « Voyez comme il vous a abandonnés! » — Ce ne sont là que deux exemples de ce qui s'est passé entre nous à ce sujet, mais je pourrais citer quantité d'autres dires également contradictoires. Un jour, quelque peu impatienté après une de ces conversations qui n'aboutissaient pas, je lui dis : « Si jamais l'expédition arrive

« dans votre voisinage, j'aviserai M. Stanley de vous ar-
« rêter et de vous emmener, bon gré, mal gré. » Il ré-
« pondit : « — Soit! je ne ferai rien pour vous en em-
« pêcher. » — Il me semble que si nous le pouvons
sauver, il nous faudra le sauver de lui-même.

« Avant de clore mon rapport, je dois témoigner que,
dans mes conversations fréquentes avec des administrés
du Pacha, gens de tout acabit et de toutes conditions, je
n'ai entendu, sauf minimes exceptions, que louer sa justice et sa générosité. Mais j'ai entendu dire aussi qu'il
ne tenait pas son monde d'une main assez ferme. »

La longueur de cette lettre, les nécessités du voyage
et le reste, m'obligent à m'en tenir là. Notre séjour à
Kafourro prend fin, et demain nous nous mettrons en
marche. Ma prochaine lettre contiendra une autre page
sur cette période intéressante de notre expédition. En
attendant, vous aurez la satisfaction d'apprendre qu'après
tout Émin est sur la rive du Lac, à proximité immédiate de notre camp; que des porteurs ont été envoyés
pour charger son bagage et donner assistance à ses gens.

A vous fidèlement,

Henry M. Stanley.

A. William Mac Kinnon, Esq., Président du Comité
pour l'expédition de secours à Émin-Pacha.

IX

Documents

Les pièces qui suivent sont les copies des trois dernières missives adressées par Lupton-Bey, gouverneur du Bahr el Ghazal, à Émin-Pacha, qui a bien voulu m'autoriser à les transcrire.

L. J. M. JEPHSON.

« 13 avril 1884.

Cher Émin,

« L'armée du Mahdi campe à six heures de marche.
« Deux derviches viennent d'arriver, me sommant de
« leur remettre le siège du gouvernement. Je combat-
« trai jusqu'au bout. J'ai mis mes canons dans une forte
« redoute, et si l'ennemi réussit à prendre le palais,
« j'espère l'en déloger en le canonnant de ma redoute.
« Si je perds la bataille, il vous tombera sur le dos;
« ayez donc l'œil. Vous tenez peut-être ma dernière dé-
« pêche. Ma position est désespérée, parce que nombre
« de mes gens ont passé de leur côté. On me connaît
« ici sous le nom d'Abdoullah. Je vaincrai ou je mourrai,
« donc bonjour. Mes amitiés au docteur Junker.

« Si le vapeur parvient jusqu'à vous, écrivez aux amis,
« et dites-leur que je fus un bon zigue.

« F. LUPTON.

« Voici l'adresse de mes amis : 38 Leadenhall Street,
« Londres, ou bien, Highhouse, Blackheath, Londres ».

« 20 avril 1884.

« Cher Émin-Bey,

« La plupart de mes hommes ont passé au Mahdi.
« Nazir Boucho et Nazir Lie, avec tout leur monde, ont
« passé aussi : ceux de Goudjou ont aussi filé emportant
« les approvisionnements en grain du gouvernement.
« Je ne sais pas comment cela finira. J'ai envoyé Ouazy
« Uller au camp du Mahdi. Je ne sais vraiment plus si
« je suis Lupton-Bey ou l'Émir Abdoullah. Je vous écrirai
« sitôt le retour de Ouazy Uller. L'ennemi est armé de
« rémingtons : il a quatre à cinq compagnies de troupes
« régulières, de 8 à 10 000 Orbau et Gillabau. Mais je
« vous dirai leur nombre exact quand je le saurai. Je
« ne pense pas qu'ils soient moins. Slatin m'a écrit
« deux lignes, disant seulement : « Je vous envoie cet
« homme, Hadji Moustapha Kismoullah. » Aujourd'hui
« il s'appelle l'émir Abd-el-Kada.

« Bien à vous,

« F. Lupton. »

« 25 avril 1884.

Cher Émin,

« Il n'y a plus rien à faire ici ; un chacun s'est rallié
« au Mahdi, dont l'armée entre au Mudireh après-demain.
« Nul ne sait par où j'ai passé ces derniers jours. Je
« suis absolument seul. L'homme qui vous apporte ce
« billet vous donnera tous les détails. On me dit qu'au-
« cune armée ne fut battue comme celle du général
« Hicks. De 16 000 qu'ils furent, ils ne sont plus que

« 52 vivants, presque tous blessés. Voyez à vos affaires.
« De huit à dix mille hommes vont pousser sur vous,
« bien armés. J'espère que nous nous reverrons.

« A vous sincèrement,
« F. LUPTON. »

X

Difficultés avec Émin. — Trahison des Égyptiens. — Revue des fugitifs. — Marche vers la côte orientale. — Maladie de Stanley. — Nouvelles découvertes géographiques.

« Camp de Kizinga, Ouzinja, 17 août 1889.

Au Président du Comité de Secours, William Mackinnon, Esq.

Le 17 février, Émin-Pacha et une suite de 65 personnes, comprenant Sélim-Bey et sept autres officiers envoyés en députation par l'état-major de la Province de l'Équateur, arrivèrent à mon camp sur le plateau près le village de Kavalli. Le Pacha était en mufti, mais la députation, — elle était en uniforme, — fit sensation dans le pays. Trois d'entre eux étaient des Égyptiens, et les autres des Nubiens, d'apparence martiale, et, sauf plusieurs exceptions, furent vivement recommandés par le Pacha. Conseil devait être tenu le lendemain.

Le 18, le lieutenant Stairs arriva, avec sa colonne, largement accrue par les hommes de Mazamboni — de la rivière Itouri — l'expédition était au complet encore une fois, pour ne plus être séparée, à ce que j'espérais, pendant notre séjour en Afrique.

À la réunion qui fut tenue dans la matinée, Sélim-Bey, qui venait de se distinguer par la reprise de Doufilé sur les Mahdistes qui y perdirent 250 hommes, dit-on, — robuste et de taille élevée, ayant la cinquantaine ou environ, exposa, au nom de la députation et des officiers, à Ouadelaï, qu'ils demandaient le temps nécessaire pour permettre à leurs troupes et à leurs familles de s'assembler à Kavalli.

Bien qu'ils connussent — ou qu'ils eussent dû connaître — le motif de notre venue au Nyanza, je profitai de l'occasion pour l'expliquer en détail, par l'intermédiaire d'Émin, un arabisant. J'admirai la promptitude avec laquelle ces gens approuvaient tout ce qu'on disait ; mais depuis j'ai découvert que telle est leur habitude, même quand ils ne croient pas un mot de ce que vous dites. Bien que j'eusse attendu déjà près d'une année pour obtenir une simple réponse à l'unique question : « Voulaient-ils rester tout de bon, ou nous accompagner en Égypte ? » je leur signifiai qu'avant leur départ je leur donnerais une promesse, écrite en arabe, que je resterais un temps suffisant pour qu'ils s'embarquassent, eux, leurs familles et tous ceux qui voudraient les accompagner. Rendez-vous au Lac, à la station près notre camp.

Ma réponse satisfit pleinement la députation. De leur côté, ils promettaient de se rendre directement à Ouadelaï, de communiquer ma proclamation à tous ceux qui voudraient en profiter, et de commencer les transports.

Le 21, le Pacha et la députation descendirent au Nyanza, à propos d'une alarme qui se trouva fausse : on avait annoncé que les Ouanyoro avançaient pour nous attaquer au camp. Un des officiers vola une carabine à l'expédition. C'était mal commencer nos relations futures.

Les deux vapeurs, le *Khédive* et le *Nyanza*, avaient été dans l'intervalle à Msoua pour un autre transport de réfugiés, et rentrèrent le 25. Le jour suivant, la députation partit pour sa mission. Mais voici qu'un courrier de Ouadelaï annonça un nouveau changement dans le gouvernement. Sélim-Bey, l'officier le plus élevé sous les ordres du Pacha, avait été déposé, et quelques officiers rebelles promus au rang de bey. Le lendemain Émin revenait à notre camp avec sa petite fille Ferida et une caravane de 144 hommes.

En réponse à une de mes questions, le Pacha répondit qu'une vingtaine de jours lui paraissait un temps suffisant pour tous les besoins pratiques, et il s'offrit à coucher cette réponse par écrit. Je refusai, parce que ma seule intention avait été de savoir si notre appréciation différait sur la durée du « temps raisonnable ». En me rendant compte du temps nécessaire à un vapeur pour un voyage complet de notre camp à Ouadelaï et retour, j'avais conclu qu'un mois suffirait et au delà à Sélim-Bey pour ramasser le monde qui voudrait aller en Égypte.

Entre temps, Parke guérissait ses malades. Il faut dire qu'en ce moment notre médecin était l'homme le plus occupé de l'expédition. Depuis notre départ de Fort-Bodo, en décembre, Parke avait par jour une centaine de patients atteints de tous les dérangements possibles, mais les plus nombreux, et ceux qui donnaient le plus de souci souffraient d'ulcères ; ils avaient déjà vidé notre pharmacie, si bien que le chirurgien n'avait plus à leur service que de l'acide phénique pur et du permanganate de potasse ; néanmoins il enregistra d'étonnantes guérisons pendant la halte de la colonne Stairs sur la rivière Itouri, en janvier. Le dévouement de notre médecin — dévouement est le terme propre, — l'attention constante et minutieuse qu'il apportait à ses devoirs, son savoir-faire évident, me permirent, le 1er avril, de mettre en ligne 280 hommes propres au service, sans tare, parfaitement sains de corps et de membres ; tandis que, le 1er février, il eût été difficile de compter sur 200 hommes. Je ne pense pas avoir vu de docteur qui s'attachât « aux cas » autant que lui ; il les trouvait tous « intéressants » malgré l'infection et les opérations dégoûtantes. J'estime que la plus heureuse chance de l'expédition a été de posséder ce médecin et ce chirurgien sans rival, M. F. H. Parke, diplomé de l'Académie de Médecine.

Tandis qu'il pansait assidûment les ulcéreux qui se devaient préparer pour la marche au Zanzibar, tous nos hommes valides avaient plus d'ouvrage qu'on n'en demandait. Nous avions promis au Pacha de mettre quelques porteurs au service de ses réfugiés ; en bonne justice, cela voulait dire un ou deux porteurs par Égyptien ; mais jamais méprise n'avait été plus grossière que la nôtre. Les ballots ne voulaient pas finir, et nos hommes grognaient bruyamment à la vue de ce bric-à-brac apporté par les réfugiés, et qu'il fallait transporter sur le plateau, à 840 mètres au-dessus du

PRÉPARATIFS DU DÉPART.

Nyanza: pierres meulières, marmites en cuivre, d'une contenance de cinquante litres, environ deux cents lits, corbeilles larges jusqu'à en être ridicules, comme le panier à linge de Falstaff, vieilles malles à la Saratoga, faites pour de riches mamans américaines; antiques caisses marines, grandes valises bien gauches, petites auges, dames-jeannes pour soixante litres de pombé, perroquets, pigeons et le reste. Tout cela n'était qu'encombrement, car il était certain qu'on s'en débarrasserait au premier ordre de marche. Néanmoins 853 charges furent montées avec l'assistance des indigènes, que les Égyptiens, d'humeur détestable, ne se gênaient pas pour battre et maltraiter; mais les Zanzibaris finirent par montrer les dents. Ils avaient juste assez d'arabe pour constater que les Égyptiens prenaient leur obéissance, leur complaisance et leur bonne volonté pour de la lâcheté et de la servilité. Après avoir transporté quelques centaines de charges, ils se refusèrent net à davantage, et ils expliquèrent si congrûment leurs raisons, que nous leur donnions raison au fond, mais ce refus les mettant en rupture de discipline, il fallut recourir aux grandes mesures pour les contraindre à continuer le travail, jusqu'à ce qu'on donnât l'ordre d'arrêter. Le 31 mars, nous en avions tous assez de ce manège, et nous plantâmes là l'interminable besogne. 1355 charges avaient été transportées de la rive du lac au plateau.

Trente jours après le départ de Sélim-Bey pour Ouadelaï, un vapeur parut devant le camp de Nyanza, apportant une lettre signée par cet officier et tous les officiers rebelles de Ouadelaï, lesquels, un an après ma seconde venue au lac Albert, se disaient enchantés à la nouvelle que l' « Envoyé de notre auguste Gouvernement » était enfin arrivé, se prétendaient unanimes à vouloir regagner l'Égypte sous mon escorte.

Quand le Pacha eut son courrier, il vint m'informer que Sélim-Bey avait fait envoyer de Ouadelaï à Toungourou un vapeur plein de réfugiés, et que, depuis, il avait été occupé à faire transporter les gens de Doufilé. A ce compte, et à supposer que Sélim-Bey fût capable de continuer cet effort héroïque, il était évident qu'il eût encore fallu trois mois pour effectuer le transport des gens jusqu'au camp du Nyanza. On ne peut plus satisfait de ce qui lui semblait un heureux message, le Pacha désirait connaître ma résolution dans la tournure nouvelle que prenaient les affaires.

En réponse, je réunis les officiers de l'expédition : lieutenant Stairs, ingénieur royal, le capitaine R. H. Nelson, le chirurgien J. H. Parke, docteur de l'Académie de médecine, Mounteney Jephson, Esquire, et M. William Bonny. En la présence du Pacha, je leur proposai de vouloir bien écouter quelques explications, puis de prononcer leur décision, un à un, au fur et à mesure qu'on les en prierait.

« Messieurs, Émin-Pacha a reçu un courrier de Ouadelaï. Au 26 février, Sélim-Bey quittait le poste d'en bas, en promettant qu'il presserait les gens désireux d'aller en Égypte. Il écrit de Ouadelaï que les vapeurs s'occupent à faire les transports de Doufilé à Ouadelaï, que la chose faite, on pourra s'occuper aux transports de Ouadelaï à Toungourou. Après son départ, nous apprîmes qu'il avait été déposé, qu'Émin-Pacha et lui, avaient été condamnés à mort par les officiers rebelles. Mais on nous dit aujourd'hui que ces rebelles, au nombre de dix, et que les factieux à leur suite désirent rentrer en Égypte; ce qui nous fait supposer que le parti de Sélim-Bey a repris l'ascendant.

« Shoukri Aga, le chef de Msaoua, la station la plus rapprochée de la nôtre, est venu nous voir vers la mi-mars. Le 16 mars, jour de son départ, il apprenait que nous partirions d'ici pour Zanzibar, le 10 avril au plus tard. Il s'est chargé pour Sélim-Bey de lettres urgentes annonçant le fait en termes d'une clarté parfaite.

« Huit jours après nous apprenons que Shoukri Aga est encore à Msaoua; il n'a encore envoyé au camp du Nyanza que quelques femmes et enfants, et, cependant, lui et ses gens devaient être ici, s'ils avaient réellement l'intention de nous accompagner.

« Il y a un mois que Sélim-Bey nous a quittés avec la promesse d'un « temps raisonnable ». Le Pacha était alors d'avis que vingt jours étaient un terme raisonnable. Cependant, nous l'avons étendu jusqu'à quarante-quatre jours avec celui que Sélim Bey a déjà dépensé. Il n'y a que la seizième partie du nombre attendu, qui soit arrivée à Toungourou. Je suis tout prêt à communiquer à Émin-Pacha ma décision, car vous devez savoir, messieurs, que le Pacha, après avoir reçu de Sélim-Bey une « si encourageante nouvelle », désire connaître ma décision; mais j'ai préféré vous convoquer pour vous prier de répondre à ma place.

« Vous n'ignorez pas que nos instructions portaient

de secourir Émin-Pacha, et de faire escorte à ceux qui voudraient nous accompagner en Égypte. Nous arrivâmes au Nyanza, et nous vîmes Émin-Pacha, vers la fin d'avril 1888; il y a juste un an. Nous lui remîmes les dépêches du Khédive et de son gouvernement, ainsi que la première échéance de secours, et nous lui demandâmes si nous aurions le plaisir de l'accompagner à Zanzibar. Il répondit que sa décision dépendrait de ses gens.

« Ce fut notre premier échec. Au lieu de trouver de nombreux individus trop heureux de quitter le pays, on pouvait se demander si personne profiterait de l'occasion en dehors de quelques rares employés. Avec le major Barttelot si loin en arrière, nous ne pouvions attendre la réponse sur le Nyanza. Comme la chose pouvait demander des mois, il valait mieux aller à la recherche et au secours de l'arrière-garde. Jusqu'à notre retour, pensions-nous, ceux qui peuvent retourner en Égypte auraient gagné l'impatience du départ. Laissant donc à M. Jephson le soin de transmettre notre message aux troupes du Pacha, nous retournâmes à la région des forêts chercher l'arrière-garde, et neuf mois après, nous étions de retour à Nyanza. Mais au lieu de trouver un camp prêt au départ, nous ne trouvons personne. Nous apprenons que le Pacha et M. Jephson ont été arrêtés, que la vie d'Émin est menacée par les rebelles; on nous dit ensuite qu'il court grand risque d'être garrotté sur son lit, et transporté au fond du Makkaraka. On a fait courir le bruit dans la province que nous n'étions qu'une bande d'aventuriers et conspirateurs, que les dépêches du Khédive et de Nubar-

Pacha n'étaient autre chose que des faux perpétrés par d'ignobles chrétiens, portant les noms de Stanley et Casati, avec la complicité de Mohammed Émin-Pacha. Si fiers étaient les rebelles de leur facile victoire sur le Pacha et M. Jephson, qu'ils se sont vantés de m'abuser par leurs cajoleries, de piller ensuite l'expédition, après l'avoir nettoyée de tout ce qu'elle apportait, de la chasser au désert pour qu'elle y pérît. Il n'y a pas lieu d'insister sur l'ingratitude de ces gens, sur leur épaisse ignorance et mauvaise nature, mais il s'agit d'avoir ces faits présents à l'esprit pour prendre une décision bien arrêtée.

« Quand nous nous présentâmes comme volontaires dans l'entreprise, nous avions pensé être accueillis à bras ouverts. On nous reçut avec indifférence, et même nous nous demandions si on ne désirait pas notre départ. Mon représentant fut retenu prisonnier, menacé du fusil, largement injurié. Le Pacha fut déposé et gardé en captivité pendant trois mois. On me dit que cette révolte est la troisième dans la province. Dans cette situation, nous avons attendu près d'une année les quelques centaines d'hommes, les enfants et les femmes qui sont enfin venus au camp. Quand j'ai fait à Sélim-Bey et à ses officiers la promesse que j'attendrais pendant un temps raisonnable, Sélim-Bey et ses officiers répétèrent à plusieurs reprises qu'il n'y aurait pas de procrastination. Déjà le Pacha a fixé la date au 10 avril, ce qui a étendu le délai à 44 jours, qui eussent dû suffire à trois voyages par vapeur, aller et retour. Les nouvelles d'aujourd'hui sont que Sélim-Bey est à proximité, mais qu'il n'est pas encore parti d'Ouadelaï.

« En sus de ses propres amis, qu'on dit être loyaux et lui obéir, il amène les 10 officiers rebelles et leur faction de 600 à 700 soldats.

« Nous rappelant les trois révoltes que ces mêmes officiers ont inspirées, leurs mauvais vouloirs hautement déclarés contre l'expédition, leurs menées et complots, la conspiration et leur trahison déguisée sous les dehors de la jovialité, nous avons bien droit à demander quelle intention les anime; et pourquoi, après avoir été obstinément rebelles à toute autorité constituée, ils sont devenus tout d'un coup les fidèles et obéissants serviteurs du Khédive et de son « grand gouvernement? » Vous n'ignorez pas qu'en dehors des 31 caisses de munitions à nous livrées par le Pacha en mai 1888, les rebelles possèdent 20 de ces caisses appartenant à l'administration provinciale. Nous devons leur attribuer assez d'intelligence pour se douter que cet approvisionnement, distribué entre tant de fusils, se dépenserait en une heure de combat, et qu'ils ne pourront espérer en recevoir de nous qu'en faisant montre de soumission et de loyauté apparente. Bien que le Pacha s'épanouisse à chaque lettre passable qu'il reçoit de ces gens, on permettra à des étrangers comme nous de ne pas se fier facilement à des individus dont ils ont tant de raisons de se défier. Si nous avions quelque garantie de leur sincérité, nous n'aurions objection à leur remettre tout ce qui leur ferait besoin, avec la permission du Pacha, bien entendu. Mais qui nous dit qu'une fois admis dans notre camp, à titre de bons amis et soldats loyaux de l'Égypte, ils ne se mettront pas en révolte quelque nuit, ne s'empareront pas de toutes nos munitions, et ne nous ôteront pas ainsi tout moyen de rentrer à Zanzibar? Cela leur serait assez facile, une fois familiarisés avec les règles du camp. L'esprit plein des révélations extraordinaires que nous a faites M. Jephson sur ce qui s'est passé dans la province depuis qu'a été fermée la route du Nil, en voyant ici le Pacha de nos propres yeux, le Pacha que tout dernièrement encore nous supposions avoir quelques milliers d'hommes sous ses ordres, n'amener derrière lui qu'une suite peu importante, et en nous remémorant les « tricheries et cajoleries » par lesquelles on pensait nous faire tomber dans le filet, serions-nous sages, je vous le demande, en prorogeant le délai au delà du jour fixé, à savoir le 10 avril? »

Les officiers répondirent l'un après l'autre par la négative.

— « Hé bien, Pacha, dis-je, vous avez votre réponse. Nous nous mettons en marche le 10 avril. »

Alors le Pacha demanda « si nos consciences l'absolvaient d'abandonner ses gens, » en supposant qu'ils ne fussent pas arrivés au 10 avril? Nous répondîmes : « Très certainement ».

Trois ou quatre jours après le Pacha, qui témoigne la plus grande déférence à Casati, — me fit savoir que le capitaine n'était pas certain qu'il eût vraiment le droit d'abandonner son monde. Suivant le désir du Pacha, j'allai rendre visite à Casati, chez lequel Émin se trouva bientôt après.

Le capitaine mit en avant des questions de loi, d'honneur et de devoir; déclara nettement qu'Émin-Bey était « moralement » tenu de rester avec ses gens. Je rapporte cette conversation simplement pour vous montrer que nos plus grosses difficultés n'étaient pas avec les Soudanais et les Égyptiens; soit pour une raison, soit pour une autre, les Européens ne semblaient nullement disposés à quitter l'Afrique; même quand il était évident que le Pacha de la province ne pouvait s'appuyer que sur quelques fidèles, quand les probabilités immédiates ne montraient que danger ou mort imminente. Après notre départ il eût fallu certainement périr. — J'avais à réfuter ces idées morbides par l'ABC du sens commun. Il me fallut expliquer les obligations d'Émin envers ses soldats en tirant ma comparaison d'un traité entre deux parties. Un contractant enfreignait les clauses, refusait de voir l'autre contractant, et même le menaçait de mort. Est-ce que le contrat tenait toujours? Le Pacha avait été nommé gouverneur de la province. Il était resté fidèle à son poste et à ses obligations jusqu'à ce que ses gens l'eussent mis à bas, et finalement déposé. Son gouvernement lui faisait savoir que si les officiers et lui voulaient quitter la province, ils n'avaient qu'à profiter de l'escorte envoyée à leur secours, sinon qu'ils resteraient sous leur propre responsabilité; car le gouvernement abandonnait tout à fait cette province. Mais quand le Pacha communique à ses gens les intentions du gouvernement, les officiers et soldats déclarent la chose controuvée, se refusent à partir, ne veulent pas l'écouter, le menacent de mort, l'emprisonnent pendant trois mois. Quel déshonneur y avait-il pour le Pacha de céder au fait inévitable et indiscutable? Et si l'on parlait devoir, le Pacha avait un double devoir : envers le Khédive et envers ses soldats,

Tant que s'accordaient l'un et l'autre devoir, la voie était nettement tracée, mais du moment que les soldats prévenus qu'ils pourraient se retirer, s'ils le désiraient, recouraient aux révoltes et mesures violentes, ils dégageaient le Pacha de toute obligation; lui déniaient même le droit de remplir aucun devoir les concernant. Conséquemment, le Pacha ne pouvait pas être tenu moralement à s'inquiéter de gens qui ne voulaient pas même l'écouter.

Je ne pense pas que mes raisonnements aient convaincu Casati, ni le Pacha non plus. Il est vraiment étrange que cette région de l'Afrique prenne si fortement l'affection des officiers tant européens qu'égyptiens et autres soldats soudanais!

Le lendemain, Émin me fit savoir que certainement tous les Égyptiens du camp quitteraient au jour fixé. D'autres bruits qui me parvinrent annonçaient, au contraire, qu'un quart à peine des gens voudraient quitter le camp de Kavalli. La nourriture abondante, la conduite tranquille des natifs avec lesquels nous vivions en parfaite harmonie, leur semblaient raisons suffisantes pour préférer la vie près du Nyanza aux difficultés de la marche. D'ailleurs, les Mahdistes redoutés se trouvaient encore loin et ne pouvaient les atteindre.

Le 5 avril, Sercen, domestique du Pacha, me dit qu'ils ne seraient pas nombreux les serviteurs d'Émin, qui voudraient le suivre dans cinq jours. Le Pacha lui-même me confirma la nouvelle. Quel désappointement! Sur les dix mille il n'y avait qu'un petit nombre qui se montrât décidé à le suivre en Égypte. Pour les gens de notre expédition, il avait été clair dès le commencement qu'on se gaussait de nous à Ouadelaï. On voyait clairement que le Pacha n'avait plus le maniement de son monde; ni les officiers, ni les soldats, ni même les domestiques ne voulaient le suivre; mais nous ne pouvions réfuter les arguments d'Émin, et nous ne pouvions guère le blâmer, quand, gardant sa robuste et inaltérable foi il nous répliquait : « Je connais mes gens; je les ai pratiqués pendant quinze ans, et je crois qu'ils me suivront tous quand je quitterai. » Et quand arrivèrent les lettres par lesquelles les rebelles annonçaient leur intention de le suivre, il s'écriait : « Vous voyez! Ne vous l'avais-je pas dit! »

Cependant le Pacha ne voulut pas s'inquiéter de l'affaire des domestiques : — « N'y faites pas attention. J'ai moi aussi quelque peu voyagé, et je puis me tirer d'affaire avec deux serviteurs aussi bien qu'avec cinquante. »

Je n'avais pas prévu que je serais mêlé dans ces incidents-là, quand j'avais arrêté mes plans quelque temps auparavant. Mais je ne pus qu'être ému d'apprendre qu'après avoir attendu pendant quarante-quatre jours, avoir disposé un camp, et transporté près de quatorze cents chargés jusqu'au haut plateau, il n'y aurait de tout ce monde qu'un petit nombre pour nous suivre. Et le lendemain j'appris que dans la nuit il y avait eu alarme au camp, que les gens du Pacha avaient pénétré dans le quartier des Zanzibaris, et tenté d'enlever des carabines. C'est ce qui me décida à agir immédiatement.

Je savais qu'il y avait eu des conspirations autour de moi, et que le nombre des mécontents augmentait;

que nous avions parmi nous maint désaffectionné, que les hommes redoutaient plus les fatigues de la marche que les périls du côté des indigènes; mais oseraient-ils porter leurs pratiques déloyales jusque dans mon camp?

Je me rendis chez le Pacha pour me consulter avec lui, mais Émin ne voulait consentir à aucune de mes propositions, non qu'elles ne lui semblassent bonnes et même nécessaires, mais il ne pouvait, faute de temps, etc. Cependant le Pacha avait la veille reçu de Ouadelaï un courrier qui lui avait apporté de terribles nouvelles de désordre, de misère et d'incapacité, tant chez Sélim-Bey et sa faction que chez les rebelles et leurs adhérents.

En conséquence, j'informai Émin-Pacha que je me proposais d'y aller vivement. Tenant à me rendre compte par moi-même du danger que le camp pouvait receler, je le priais pour première mesure, de vouloir bien faire sonner la revue des Égyptiens dans le carré.

L'appel n'ayant pas été obéi assez promptement pour me satisfaire, une demi-compagnie de Zanzibaris reçut l'ordre de déloger les retardataires de leurs huttes à coups de trique. Intimidés par ces mesures énergiques, ils se précipitèrent dans le carré, où ils furent entourés de carabines.

On les questionna, mais ils nièrent toute connaissance d'aucun complot pour voler des fusils ou résister à aucun ordre en aucune manière. On commanda ensuite à ceux qui voudraient nous accompagner à Zanzibar de se mettre sur une ligne; ce qu'ils firent tous, sauf deux domestiques du Pacha. Les gens qui n'avaient pas obéi à l'appel, furent garrottés dans leurs huttes, amenés au carré, où quelques-uns furent fouettés, d'autres mis aux fers et sous bonne garde.

« Maintenant, dis-je au Pacha, veuillez dire à ces Arabes, je vous prie, que ces manières de rébellion, comme on les pratique à Doufilé et Ouadelaï, ne sont pas de mise ici, car au premier essai qu'ils en feraient, je me verrais obligé de les exterminer. »

Le Pacha ayant traduit mes paroles, les Arabes s'inclinèrent, affirmant qu'ils obéiraient religieusement à leur père.

L'appel donna un résultat à noter. Nous avions avec nous :

    134 hommes,
    84 femmes mariées,
    187 domestiques femmes,
    74 enfants ayant plus de deux ans.
    35 nourrissons.
Total : 514

J'ai mes raisons de croire qu'ils devaient être près de six cents en tout, mais plusieurs ne se montrèrent pas, sans doute par crainte d'être retenus prisonniers.

Le 10 avril, nous sortîmes de Kavalli au nombre d'environ 1500; car nous avions engagé 350 porteurs indigènes, afin d'aider à porter le bagage des gens du Pacha, dont les idées sur ce qui est essentiel dans une marche et ce qui ne l'est pas manquaient absolument de précision. Le 12 nous campions à Mazamboni; mais, la nuit même, je fus frappé par une grave maladie qui faillit m'emporter et nous retint au camp vingt-huit jours, temps que Sélim-Bey et son parti eussent pu mettre à profit s'ils avaient eu vraiment l'intention de quitter; en fait, ils se trouvaient avoir eu 72 jours de marge. Mais il ne se présenta que Shoukri Agra, le chef de la station à Msoua. Il partit avec 12 soldats, qui disparurent l'un après l'autre, si bien qu'il ne lui resta plus qu'un trompette et un domestique. Quelques jours après le trompette s'éclipsa lui aussi. Ce domestique resta seul d'une garnison de soixante hommes qui, parmi les fidèles, passait pour la plus fidèle.

Pendant ma maladie éclata une autre conspiration; c'est-à-dire que l'on en brassa plusieurs, mais qu'une seule se produisit au grand jour. Le meneur, un esclave d'Aouash Effendi, que j'avais libéré à Kavalli, fut arrêté, jugé en cour martiale, condamné et sur-le-champ exécuté.

Jusqu'ici j'ai raconté sommairement les événements qui se produisirent au départ du Pacha et de ses suivants. Mais je dois encore mentionner un fait qui éclaire d'un nouveau jour le caractère des gens que nous avions à escorter jusqu'à la côte de Zanzibar. Par l'erreur de quelque courrier indigène au service de nos Égyptiens, un paquet de lettres fut intercepté, et dans une missive adressée à Sélim-Bey, à Ouadelaï, par Ibrahim-Effendi Elham, un capitaine égyptien, nous lûmes : « Je vous prie de presser vos soldats; si vous pouvez seulement en envoyer du coup une cinquantaine, nous parviendrons assez facilement à retarder la marche, et si vous arrivez bientôt après avec votre monde, nous obtiendrons tout ce qu'il faudra. » Ibrahim-Effendi-Elham était dans notre camp; et l'on peut imaginer qu'il relatait seulement ce qui avait été concerté entre lui et ses collègues, au cas où Sélim-Bey arriverait à temps pour mettre le complot à exécution.

On reprit la marche le 8 mai et, dans la soirée, on reçut une dernière communication de Sélim-Bey. Elle débutait en termes insolents par des phrases telles que les suivantes : — « Que prétendez-vous en obligeant les officiers égyptiens à porter des charges sur leurs têtes et sur leurs épaules? Que prétendez-vous en transformant des soldats en bêtes de somme? Que prétendez-vous, etc.? » accusations qui n'avaient pas d'ailleurs l'ombre d'un fondement. La missive se terminait par d'abjectes supplications que nous attendissions encore un peu, avec des protestations que, si nous ne nous rendions pas à leurs prières, il leur faudrait périr, car ils n'avaient plus qu'un peu de munitions, et finissant par un renseignement, le plus important de tous, et qui prouvait la justesse du jugement porté sur toute la bande. La lettre mandait qu'une nuit les dix officiers rebelles et leurs adhérents avaient pénétré avec effraction dans les magasins de Ouadelaï, s'étaient emparés de toutes les munitions et d'autres objets, et avaient filé sur le Makkaraka; montrant enfin à leur dupe, Sélim-Bey, qu'il n'avait été qu'un parfait imbécile, quand il désobéissait aux ordres du Pacha, et repoussait ses pressantes prières pour n'écouter que des ingrats : ceux-ci l'avaient jeté dans une fosse profonde, de laquelle il ne pouvait plus sortir, si nous ne consentions à l'attendre encore.

On lui envoya une dernière réponse, lui faisant savoir que, s'il était réellement désireux de notre compagnie, nous ralentirions notre marche, faisant de nombreuses haltes, ce qui lui permettrait de nous rejoindre aisément avec ses 200 soldats. Ce furent les dernières nouvelles que nous eûmes du personnage.

La route que j'avais adoptée longeait les monts Balegga, à 60 kilomètres du Nyanza ou environ. La première journée nous marchâmes sur du velours, mais les trois étapes qui suivirent éprouvèrent rudement nos Égyptiens par les montées, les descentes, et les étendues d'herbes. Quand nous atteignîmes la partie méridionale des montagnes, on nous fit prévenir que notre marche pourrait bien être interrompue, car le roi d'Ounyoro avait fait une pointe hardie, et annexé un beau morceau du pays à gauche de la Semliki, à savoir tous les herbages entre la rivière et la forêt. A moins de faire un immense détour par la forêt, marche qui eût été fatale à la plupart de nos Égyptiens, nous n'avions qu'à aller de l'avant, malgré Kabbé Rigé et ses Ouarasoura, nom que les Ouanyoro donnent à tous les indigènes qui entrent en contact avec eux.

L'escarmouche de la première journée fut décidément en notre faveur, et par suite, nettoya la route de Ouarasoura jusqu'à la Semliki.

Entre temps, nous arrivions sur le seuil d'une région qui promettait d'être fort intéressante, car à mesure que nous avancions vers le sud, la grande chaîne neigeuse qui, le 1er mai 1888, avait si soudainement arrêté notre attention et excité en nous un intérêt intense, se montrait toujours plus haute et imposante. Elle s'étendait à une longue distance vers le sud-ouest; ce qui devait immanquablement nous faire dévier de la direction normale, à moins qu'on ne trouvât un passage ouvrant sur les pays du midi. A Bouhobo, où nous avions mis en déroute les éclaireurs de Kabbé Rigé, nous nous trouvions sur le sommet de la rangée de collines qui limite la vallée de la Semliki à ses côtés nord-ouest et sud-ouest. En face, se dressait le Rouévenzori, montrant à l'est son énorme flanc, qui descendait en pente douce jusqu'à la ligne d'horizon, où la Montagne aux Neiges semblait s'unir au plateau de l'Ounyoro. A l'ouest, le flanc bossué tombait abruptement, semblait-il, en des cantons dont le nom nous était encore inconnu. Entre ces barrières s'étendait la vallée de la Semliki, ressemblant tellement à une étendue d'eau sur son extrémité orientale, qu'un de nos officiers s'écria que c'était le lac, et les suivantes des Égyptiens poussèrent des « louloulous » aigus en croyant revoir leur lac, l'Albert Nyanza. A l'œil nu, la plaine semblait un lac, en effet, mais une lunette d'approche montrait une plaine unie, couverte d'herbes, que la maturité faisait paraître blanches. Ceux qui ont lu l'« Albert Nyanza » de sir Samuel Baker se rappelleront le passage dans lequel il raconte qu'au sud-ouest le Nyanza s'étend « sans limites ». A cette distance, il pouvait bien faire erreur, puisque nos gens, à 6 kilomètres, confondaient la plaine et le Nyanza. A mesure qu'elle s'éloigne vers le sud-ouest les fourrés s'épaississent ; puis des touffes d'acacias se montrent, et au delà s'étend la noire épaisseur de l'impénétrable forêt tropicale. Mais, aussi loin que le regard pouvait porter, la plaine s'étalait sur une largeur de 15 à 20 kilomètres entre les barrières de montagnes, tout au centre, inclinant tantôt vers le chaînon sud-est, tantôt vers le chaînon sud-ouest. La Semliki se déverse dans l'Albert Nyanza.

En deux marches au delà de Bouhobo, nous atteignîmes ses rives. Tant pis pour Mason-Bey et Gessi-Pacha! S'ils eussent arrêté leurs vapeurs pendant une demi-heure seulement afin d'examiner la rivière, ils en eussent vu assez pour exciter leur curiosité géographique, car la rivière est un cours d'eau puissant, large de 80 à 100 mètres, ayant de rive à rive une profondeur de 5 mètres, et un courant filant de 3,5 à 4 nœuds par heure, ce qui nous représente les deux tiers environ du Nil Victoria.

Tandis que nous traversions la rivière, les Ouarasoura nous firent pleuvoir sur les derrières une volée bien dirigée, mais par bonheur, de trop loin. On les raccompagna pendant plusieurs kilomètres, mais ils couraient comme lévriers, aussi n'y eut-il aucun accident ni de part ni d'autre.

Sur la rive orientale de la Semliki nous entrâmes dans le pays des Aouamba, et pendant plusieurs journées marchâmes à travers des plantations de bananiers, lesquels prospéraient dans les clairières ouvertes en cette forêt vraiment africaine. Enfin, nous rentrâmes dans la plaine nue sous la hauteur du Rouévenzori lui-même. Cependant, bien que nous nous fussions promis de merveilleux paysages, la Montagne aux Neiges se cachait modestement, on ne la voyait qu'à peine. Elle se montrait au-dessus de nos têtes, menaçante comme une tempête des tropiques, prête à fondre en ondées dévastatrices. Vers le coucher du soleil apparais-

9

saient ici un pic ou deux; là une crête, plus loin un sommet, blanc de neige, se dessinait soudain, des nuages déchirés tourbillonnaient à l'entour, puis nuit obscure. Souvent au lever du soleil, le Rouévenzori apparaissait: frais, clair, brillant et pur; des vides d'un bleu profond se montraient au-dessus et tout autour; chaque ligne, chaque dent, chaque button, chaque tour ou éperon se détachaient avec une admirable netteté, puis un brouillard énorme enveloppait le tout, et l'immense montagne, pour ce qu'on en voyait, eût pu être à quelques milliers de kilomètres. Ajoutons que la Montagne aux Neiges étant assise profondément dans la chaîne, plus on approchait de sa base, moins on en voyait, car des sommets plus élevés s'interposaient entre elle et nous. Néanmoins nous avons obtenu trois vues remarquables, l'une prise de la plaine du Nyanza, la seconde de Kavalli, et la troisième de la Pointe Sud.

J'estime que son élévation au-dessus de la mer mesure entre 5400 et 5700 mètres. Nous ne pouvons guère nous fier aux triangulations, prises avec des angles trop petits. Quand nous étions à même de prendre une mesure correcte, la montagne s'enveloppait de nuages et se cachait aux regards. Une vue très nette, prise de l'endroit appelé Karimi et s'étendant du pic le plus élevé jusqu'à la plus basse traînée de neige, me fait supposer que la hauteur est à peu près celle que je viens d'indiquer.

Il nous fallut dix-neuf marches pour atteindre l'angle sud-ouest de la chaîne, la vallée de la Semliki étant maintenant sous nous, à main droite; si l'ennuyeux brouillard l'eût permis, elle se fût montrée dans ses détails.

La contrée traversée par nous est généralement connue sous le nom d'Aouamba, tandis que la partie habitable de la chaîne porte le nom d'Oukonjou. On voit les huttes des natifs Bakonjou jusqu'à 2400 mètres au-dessus de la mer.

La plupart de nos officiers avaient eu naguère le vif désir de se distinguer comme grimpeurs dans ces Alpes africaines, mais par malheur, ils étaient dans une condition qui les rendait impropres à cet exercice. Le Pacha ne put s'élever à plus de 300 mètres au-dessus de notre camp; le lieutenant Stairs atteignit la hauteur de 3205 mètres au-dessus de la mer, mais il eut la déveine de rencontrer deux profonds précipices entre le Mont aux Neiges et lui. Il nous rapporta, néanmoins, une bonne collection de plantes, parmi lesquelles une bruyère gigantesque, des framboises et myrtilles. En botanique le Pacha se trouvait dans son élément, et il classa les types.

Dépêtrés le lendemain de la forêt proprement dite et de sa lisière de broussailles isolées, nous regardions la plaine qui s'étend au-dessous de la chaîne du Rouévenzori, à l'extrémité sud de la forêt de la Semliki : une plaine herbue, plate-bande immense, contre-partie exacte de celle que l'on voit à l'extrémité de l'Albert Nyanza. Nous comprîmes alors que nous n'étions pas loin du lac méridional que j'avais découvert en 1877.

J'envoyai le lieutenant Stairs, avec des Ouakondjou pour guides, examiner la rivière qu'on disait effluer du Nyanza méridional. Il revenait le lendemain, annonçant que c'était la Semliki, mais rétrécie jusqu'à n'être plus qu'un cours d'eau large de 42 mètres, profond de 3, qui courait, comme lui dirent les bateliers de ses rives, au Nyanza Outoukou, le Nyanza des Ounyoro, l'Albert Nyanza. En dehors du dire des indigènes, diverses circonstances lui prouvaient qu'il s'agissait bien de la Semliki.

A la deuxième marche après les confins de l'Aouavela, nous entrâmes dans l'Ousongora, une terre d'herbes aussi différente de l'Oukondjou qu'une terre desséchée peut l'être d'un éternel printemps. Cette région borne le Nyanza méridional par le nord et le nord-ouest.

Trois jours après, tandis que nous chassions les Ouarasoura devant nous, ou plutôt, tandis que la timidité les faisait fuir, nous entrâmes, bientôt après son évacuation, dans l'importante ville de Kative, le quartier général des envahisseurs. Elle est située entre un bras du Nyanza méridional et un lac salé long de 3 kilomètres environ, large de deux; l'eau saline est de nuance rosée et dépose des cristaux en gâteaux épais. Elle avait appartenu aux Ouasongara, mais l'importance de cette possession excita la cupidité de Kabbé-Rigé, qui s'en est emparé et en tire depuis un revenu considérable. Toro, Ankori, Mporaro, Rouanda, Oukondjou, et plusieurs autres contrées, s'approvisionnent de sel ici, et le fortuné possesseur de ce trésor inépuisable en obtient tous les avantages que la richesse peut donner en Afrique, sans autre charge que celle de la défendre contre les convoitises d'autrui.

De Kative notre route pointait est et nord-est; il s'agissait de tourner l'extension en forme de baie que le Nyanza développe entre Ousongora et Ounyampaka; par hasard c'était le chemin que les Ouarasoura avaient pris dans leur retraite précipitée loin du Lac salé. Quand nous entrâmes dans l'Ouhaiyana qui est au sud de Toro, et dans le haut pays, nous rencontrâmes l'extrémité nord du Nyanza, ou golfe Béatrice; la route vers le sud s'ouvrait devant nous, mais ce ne fut pas sans une autre rencontre avec les Ouarasoura.

Quelques jours après, nous entrâmes dans l'Ounyampaka, que j'avais déjà visité en janvier 1876. Le roi Ringi refusa de faire cause commune avec les Ounyoro, et nous permit de manger ses bananes sans autre explication. Après avoir suivi la rive du lac, jusqu'au point où elle tournait trop vers le sud-ouest, nous nous dirigeâmes vers le haut pays d'Ankori, dont les habitants nous reçurent bien, précédés comme nous l'étions par la renommée que nous avait value la bonne action d'avoir repoussé les Ouarasoura partout détestés.

Une ligne tracée en droiture du Nyanza aux rives de l'Ouzinja sur le lac Victoria, vous représente assez exactement le chemin que nous parcourûmes à travers Ankori, Karagoué et Ouhaiya jusqu'à Ouzinja. Ankori nous était ouvert, parce que nous avions chassé les Ouanyora du Lac salé. Cette histoire valait pour nous la formule : Sésame, ouvre-toi! D'ailleurs, les forces de l'expédition inspiraient une crainte salutaire qui l'emportait sur le pouvoir des Ankori. Karagoué nous était ouvert, parce que les Ouanyambou font une politique de libre échange, et parce que les Ouaganda étaient trop absorbés par leur guerre civile pour nous barrer le passage. Ouhaiya respectait trop nos nombreux fusils pour nous faire aucune difficulté quant aux passeports; et parce que nous avions été bien reçus par les Ouanyambou, nou-

jouîmes du bon accueil des Ouakouiya, puis des Oua‑
zinja. Durant cette longue route depuis le lac Albert,
rien n'arriva qui nous fît regretter d'avoir pris la
ligne directe, si ce n'est que nous fûmes fortement
secoués par les fièvres. Certain jour, nous eûmes jusqu'à
150 cas. L'expédition fut toute transie par les vents
froids qui balayent Ankori. Des vétérans déjà acclimatés,
tels que le Pacha et le capitaine Casati, furent comme
renversés à plusieurs reprises. Nous-mêmes nous ne
valions guère mieux. Nos nègres, à quelques tribus
qu'ils appartinssent, tombaient de leur long dans les
hautes herbes pour y attendre en dormant que la fièvre
fût passée. Quelques-uns ne se relevèrent plus. Les
fatigues journalières de la marche, un ulcère, un accès
de fièvre, une légère dysenterie, incitaient les Égyp‑
tiens à se cacher sous n'importe quel abri le long de la
route, et quand notre arrière-garde passait sans les
apercevoir, ils restaient abandonnés à la miséricorde
assez douteuse des naturels dont ils ignoraient la lan‑
gue. Dans le mois de juillet nous perdîmes 141 expédi‑
tionnaires.

En l'honneur du premier prince anglais qui se
soit intéressé à la géographie de l'Afrique, nous avons
donné au Nyanza méridional le nom d'Albert Edouard
Nyanza pour le distinguer des deux autres Nyanzas. Ce
n'est pas un lac très grand ; il est même petit, quand
on le compare au Victoria, au Tanganyika et au Nyassa.
Son importance consiste en ce qu'il est le réceptacle de
tous les cours d'eau situés à l'extrémité des bassins sud
occidentaux ou du Nil gauche ; par la Semliki il les
décharge dans l'Albert Nyanza. Semblablement, le lac

Victoria reçoit tous les affluents de l'extrémité sud orientale, ou bassin du Nil gauche, et les apporte à l'Albert Nyanza par l'intermédiaire du Nil Victoria. Et ces deux Nils, après s'être réunis dans le lac Albert, en sortent pour former le fleuve qui est bien connu sous le nom de Nil Blanc.

Votre obéissant serviteur,
Henry M. Stanley.

Le document ci-après, pièce fort curieuse, est la missive que le général mahdiste envoyait à Émin pour l'engager à déserter la cause du gouvernement égyptien. M. Jephson la communiqua à Stanley :

« Cher Monsieur,

« Ce qui suit est la traduction d'une copie de la lettre écrite par trois derviches à plume de paon, au nom d'Omar Saleh, général des troupes du Mahdi à Émin-Pacha. La lettre arriva le 17 octobre 1888, tandis que le Pacha et moi étions prisonniers à Doufilé. Les officiers rebelles l'interceptèrent et l'ouvrirent, et après avoir torturé les trois envoyés du Mahdi pour en tirer des renseignements, ils les firent assommer à coups de matraque. Je dois copie de la missive à Osman Effendi Latif, vakil de la province. Son fils entra dans le cabinet des rebelles, de nuit, en secret, à grand risque, et me copia le document, dont la traduction a été faite par Émin-Pacha. L'original fut détruit, en même temps que les livres et papiers du gouvernement, dans l'incendie de Doufilé.

« A vous fidèlement,
« A. J. Mounteney Jephson.

« M. M. Stanley, Esq., Commandant l'expédition. »

« Omar-Saleh, serviteur de Dieu, chargé des affaires de la province de Hatalastiva, officier du Mahdi, auquel nous adressons nos salutations et révérences,

« A l'honoré Mahomed-Émin, moudir de Hatalastiva. Que Dieu le conduise vers les sentiers de sa grâce ! Amen.

« Après vous avoir salué, je voudrais vous remettre en mémoire que le monde est une demeure de ruine et de vicissitudes. Tout ce que la terre contient devra périr un jour ; elle n'a rien qu'apprécie un véritable serviteur de l'Éternel, sinon ce qui pourra servir pour la vie future. Si Dieu manifeste sa bonté à son serviteur, il l'humilie, mais en même temps il bénit ce qu'il fait. Le Seigneur porte la bénédiction où il se montre. Il n'est sienne parole, ni sienne action, qui ne montre son infinie compassion. Dieu, maître de toutes les créatures, tient en ses mains les clefs qui ouvrent et qui ferment ; dans les cieux et sur terre il n'est rien qui excède sa puissance, il voit tout par le dedans et par le dehors ; toute chose bonne ou mauvaise est entre ses mains. Le Roi fait ses présents à qui lui plaît, et quand il dit : Qu'il en soit ainsi ! il en est fait ainsi.

« Vous êtes intelligent, et vous êtes capable d'apprécier un bon conseil. — C'est ainsi que nous avons entendu parler de vous par plusieurs de vos amis, qui nous ont raconté votre vie et votre œuvre, et en particulier par Osman-Erlab, votre messager, et notre ami qui est venu vers nous. Ayant ouï que vous êtes bon envers votre peuple et que vous aimez la justice, nous avons résolu de vous dire ce que nous avons fait et où nous en sommes, parce que nous avons de nombreux ennemis, lesquels ne parlent pas de nos affaires avec vérité, et même la contredisent. Nous faisons partie de l'armée divine, et nous suivons sa seule Parole. La victoire suit notre armée et nous marchons derrière l'Imam, Mahomed el Mahdi, le fils d'Abdoullah — devant lequel nous nous inclinons — le Khalifa et Prophète sacré, auquel nous adressons nos hommages. De lui disait Celui qui est le maître de toutes existences : En ces jours-là un homme se lèvera qui emplira la terre de justice et de lumière autant qu'elle était emplie autrefois de ténèbres et d'injustice. Nous venons maintenant par son ordre, et rien n'arrivera en ce monde changeant que le bien qu'il ordonne. Nous nous sommes, nous, nos enfants et nos biens, donnés en offrande, et Dieu l'a acceptée. A ses fidèles croyants il octroie la Parole en richesse à leurs âmes, et il leur fait présent du Paradis. S'ils viennent à être tués, ils sont tués à titre de sacrifice agréable. Et s'ils tuent, ils tuent pour son service, ainsi qu'il est écrit dans le Coran et dans l'Ancien Testament. Qui accomplit son devoir envers Dieu est par Dieu racheté; il achète ainsi le Maître du monde.

« Dans le mois du Ramadan de l'an 1298, Dieu a révélé le Madhi que nous attendions, il a fait de lui son marchepied, et l'a ceint de l'épée de la victoire. Il lui a dit que quiconque est son ennemi blasphème Dieu et son Prophète, souffrira en ce monde et dans l'autre, que ses enfants et ses biens tomberont entre les mains des vrais musulmans. Le Mahdi sera victorieux sur tous ses ennemis, quand même leur nombre égalerait le sable du désert. Qui lui désobéit sera puni de Dieu. Et le Seigneur lui montra ses anges et ses saints, depuis le temps d'Adam jusqu'à ce jour, il lui montra aussi tous les génies et tous les diables. Il a devant lui l'armée qui a pour chef Israël. A lui nos révérences! Toujours Israël va de quarante milles en avant de la victorieuse armée. En outre, Dieu a révélé plusieurs miracles au Mahdi; il serait impossible de les nombrer, mais ils sont évidents, comme le soleil de midi. Et le peuple s'est précipité derrière lui par les ordres de l'Éternel et de son Prophète.

« Il a ordonné au peuple de se lever et de l'assister contre ses ennemis, de quelque part qu'ils vinssent, et il écrivit au gouverneur général à Khartoum et à tous les gouverneurs du Soudan, et ses ordres furent exécutés. Il écrivit à chaque roi, et tout d'abord au sultan de Stamboul, Abdoul-Hamid. Il écrivit à Mahomed-Tewfik, vali d'Égypte et à Victoria, reine de Britannia, parce qu'elle était alliée au gouvernement égyptien. Alors les hommes vinrent de toutes parts et se soumirent à sa loi, disant qu'ils obéiraient à Dieu, à son Prophète et à Lui. Car il n'est qu'un seul et suprême Seigneur. Et ils promirent qu'ils s'abstiendraient de tout mal, qu'ils ne commettraient ni larcin, ni adultère, ni chose que l'Éternel ait défendue. Ils promirent d'abandonner le monde, de ne travailler que pour la Parole sainte, et de toujours faire la guerre pour la sainte foi.

« Et nous avons trouvé que lui, le Mahdi, est plus compassionné pour nous qu'une tendre mère. Il vit avec les grands, mais il a pitié des pauvres; il s'entoure de gens d'honneur et il loge les généreux chez lui; il ne parle qu'en droiture. Il amène les hommes à Dieu, les assiste en ce monde et leur montre le chemin du ciel. Il règne sur nous en conformité avec la Parole divine et la révélation des prophètes. Et tous les musulmans devenus frères, s'assistent les uns les autres pour le bien commun, et se font les serviteurs du Voyant qui a dit : « Tous les hommes sont égaux devant Dieu ». Dieu lui a dit que son temps était venu, que ses amis étaient les siens, et que le peuple croirait en lui. Abdel-Kader el Geli crut en lui et en sa mission, et dit : Qui le suit ira vers l'éternelle bénédiction, et qui le renie renie Dieu et son Prophète; mais la multitude des Turcs, qui après avoir vu les miracles et les prédictions ne les crurent point, ont été détruits par Dieu qui les a tués l'un après l'autre.

« La première armée qui combattit contre le Madhi avait pour chef Abou Soud Bey, lequel vint avec un vapeur, alors que le Madhi était à Abba. Mais quoique le Mahdi eût été fortement attaqué, Dieu extermina ses ennemis. Alors le Prophète lui ordonna de se rendre à Gédir, et il y alla. Mais Raschid Imam, Moudir de Pashodo, suivit Aba Soud Bey. Ensuite vinrent Youseph Pacha el Shilali, Mahomed Bey, Soulieman el Shaïki, et Abdoullah Ouadi Defallah, un marchand du Kordofan, et avec eux une autre armée de grande puissance, et Dieu les anéantit. Alors se présenta l'armée de Hicks, un homme de renom, et avec lui Aleddin-Pacha, gouverneur général du Soudan, et plusieurs officiers, et avec eux une très grande armée, rassemblée en plusieurs pays — nul homme ne connaît leur multitude — et maints canons Krupp, et ils furent tués tous en moins d'une heure, et leur force fut brisée à Khartoum, la résidence du gouverneur général, une très forte citadelle entre deux fleuves.

« A Khartoum périt Gordon-Pacha, le gouverneur, et avec lui les consuls, Hansal et Nicola Léontidès le Grec, et Azor le Copte, et plusieurs autres chrétiens, et plusieurs musulmans rebelles, Farratch Pacha Ézzéim, Mohamed Pacha Hassan, Bachit, Batraki et Achmed Bey el Djelab. Et qui fut tué par les suivants du Madhi fut aussitôt consumé par le feu. Et ceci est un des grands miracles qui confirment la vérité des prophéties dont la réalisation précédera la fin du monde. Un autre miracle s'accomplit : les lances portées par les suivants du Mahdi avaient une flamme qui brûlait à la pointe; et ceci nous l'avons vu de nos yeux, nous ne l'avons point entendu.

« Ainsi les événements succédèrent aux événements près de Souakim et Dongola, jusqu'à ce que mourut le général Stewart-Pacha, le second de Gordon. Avec lui moururent plusieurs consuls, et cela arriva à Ouady Kama. Alors vint un autre Stewart à Abu Teleah, avec une armée anglaise afin de délivrer Gordon-Pacha, mais plusieurs furent navrés à mort, et Dieu les repoussa avec ignominie. Et alors tout le Soudan et ses dépendances acceptèrent la règle du Madhi et se soumirent à l'Imam, se donnant à lui avec leurs enfants et leurs biens; ils se firent ses suivants.

« Les armées du Mahdi sous les ordres de notre ami Oued en Nedgoumi, assiègent l'Égypte près Ouady Halfa et Abou Hamed. Près d'Askar Abou el Houdjadg se tient notre ami Osman Digna. L'Abyssinie est entre les mains de notre ami Handan Abou Gandia. Dans une rencontre avec les Abyssins, Dieu l'assista, et il les tua; et parmi les morts était le chef, dit Ras Adrangi; de ses enfants quelques-uns furent tués et d'autres emmenés en esclavage. Nos guerriers sont arrivés jusqu'à la grande église dans la ville de Gondar, qui est illustre parmi les chrétiens. Dans le Darfour, le Shakka et le Bahr el Ghazal commande notre ami Osman Aden, assisté par Kérem Allah et Zebehr el Fhasl. Le pays entier est dans les mains des soldats qui guerroient contre les ennemis de Dieu, détracteurs de l'Imam. La force et la puissance de l'Éternel les fait toujours victorieux, ainsi qu'il a promis : — « Croyants, quand vous combat-
« trez, Dieu vous donnera la victoire. » Et encore :
« La victoire est aux croyants ». Et encore : « Dieu a
« pour agréables ceux qui sont tués à son service; ils
« ressemblent à de hautes citadelles ».

« Et maintenant nous sommes arrivés en trois vapeurs, en sandals et en nuggers, qu'emplit une armée que Dieu a mise sous nos ordres. Elle vous est envoyée par sa Puissance, le grand chef de tous les Moslems, le Toujours Victorieux dans la religion, l'homme qui se fie en Dieu, le Khalifa, le Mahdi — que le Seigneur du monde lui conserve sa grâce! Nous venons par ses ordres sacrés, énoncés par le Prophète. A vous d'y adhérer, en raison de leur vérité religieuse, vous et quiconque vous accompagne, tant Moslems que Chrétiens et autres. Nous vous apportons telles nouvelles qui vous vaudront le bonheur en ce monde et dans l'autre. Nous venons vous dire quelle est la volonté de Dieu et de son Prophète, assurant plein pardon à vous et quiconque est avec vous, protection pour vos enfants et biens, à la seule condition que vous vous soumettiez à Dieu.

« Suivant la permission de notre Maître, nous avons plusieurs lettres écrites par quelques-uns de vos frères, à savoir Abdoul Kader Slatin, naguère moudir de Darfour; Mahomed Saïd, lequel fut jadis appelé Georgi Islamboulia; Ismaïl Abdoullah, autrefois nommé Boles Salib, un Copte; plusieurs autres qui, sympathisant avec vous, sont maintenant honorés par la grâce du Mahdi. Nous avons d'autres lettres de vos compagnons : Abdoullah Lupton, qui fut moudir du Bahr el Ghazal, Ibrahim Pacha Fanzi, Nour Bey, Ibrahim Bey, commandeur du Kordofan. Dieu leur a octroyé à tous sa bénédiction, et maintenant ils sont à leur aise et dégagés de souci. Dieu leur a donné en biens terrestres et en faveur céleste plus qu'ils ne possédèrent jamais; et quand ils devinrent les amis du Mahdi, Dieu leur octroya récompense.

« Aujourd'hui, le Khalifa, le Mahdi, prenant en compassion votre situation misérable, et vous voyant abandonné aux mains des nègres; — vous avez sans doute perdu toute espérance — m'a envoyé avec une armée, afin de vous retirer du pays des infidèles, et vous réunir à vos frères les musulmans. Soumettez-vous donc avec bonheur au désir de Dieu, et venez me voir aussitôt, où que je sois. Pour le moment, je suis dans votre voisinage, et puis vous communiquer les mandements sacrés. Vous trouverez que votre salut en dépend dans ce monde et dans l'autre, et vous y trouverez aussi la paix de Dieu, le régulateur du monde. J'ajoute, sur l'ordre de Sa Hautesse — personne ne le contredira — que j'aurai à vous honorer et prendre soin de vous. Et quand nous serons ensemble, vous aurez la satisfaction de tous vos désirs, et vous deviendrez vous aussi un vrai croyant, ainsi que notre Maître le désire.

« Et maintenant soyez en joie et ne tardez point! J'en ai dit assez pour vous dont l'intelligence est vive. Nous prions Dieu de vous conduire vers notre Chef, car nous vous croyons de ceux qui entendant un bon avis n'hésitent pas à le suivre; et cette qualité est un don de Dieu. Parmi les choses qui témoignent en votre faveur, il y a dans les mains du Khalifa et Mahdi, votre lettre, apportée par votre ami Osman Erbal, laquelle intime votre soumission. Il a reçu votre lettre; elle lui a plu, et à cause de cette lettre et de la compassion du Khalifa et Mahdi, nous sommes venus ici.

« Que Dieu vous bénisse et vous assiste en toutes vos actions! Salaam. »

XI

Incidents variés. — Découvertes sur découvertes.

La lettre qui suit a été adressée à M. Edouard Marston, ami et éditeur de M. Stanley :

C. M. S. Station, pointe sud du Victoria Nyanza,
3 septembre 1889.

Mon cher Marston, il me semble avoir quitté l'Angleterre depuis un siècle, et des siècles se sont écoulés depuis que je ne vous ai vu, assurément. Savez-vous pourquoi ? Parce qu'une barrière de silence s'épaississant tous les jours, s'est glissée entre alors et maintenant, un silence d'une telle densité que nous désirons en vain le percer. Je puis vous interroger : Qu'avez-vous fait ? Et vous pouvez demander de votre côté : Eh bien, que devient Stanley ? Maintenant que je vous sais encore en vie, je suis parfaitement convaincu que peu de jours se sont passés où vous n'ayiez accompli avec autant de sagesse et de bonne entente qu'il est possible, votre tâche d'éditeur entreprenant. Croyez, en ce qui me concerne, que j'ai lutté avec entrain contre quantités d'obstacles, provenant de l'homme ou de la nature, et cela depuis que j'ai quitté Yamboumba jusqu'au 28 août 1889, date de mon arrivée ici. Le simple catalogue de tous les incidents emplirait plusieurs cahiers grand format ; celui des escarmouches serait à lui seul d'une longueur respectable; quant à la liste des aventures, accidents, maladies et morts, pénibles réflexions sur les mécomptes quotidiens, elle serait formidable.

Vous n'ignorez pas que toute la région comprise entre Yamboumba et cet endroit-ci est un pays absolument neuf, sauf sur une longueur de cinq marches ordinaires. Tout d'abord, il y a ce blanc absolu de la carte que nous changeons en noir absolu — je veux dire cette région, la plus sombre de la Terre, qui s'étend entre les degrés 25 à 29°45 de longitude est Greenwich, une forêt compacte, immense, abominablement lugubre; crue de siècles sans nombre, grouillant par endroits de féroces cannibales et de nains perfides nous harcelant sans relâche. Ensuite il y a cette ceinture d'un Pays d'Herbes qui s'étend jusqu'à l'Albert Nyanza; ses habitants nous disputaient avec entrain chaque kilomètre, comme s'ils eussent eu à garder quelque trésor inestimable, celé par les rives du Nyanza, ou à guerroyer contre Émin-Pacha et ses milliers de combattants. Le sire Percival, en quête du saint Graal, n'eût pas encontré plus rude assaut. Par trois fois, il nous fallut traverser cette région de malheur avec des fortunes diverses. Les incidents se multipliaient. Émin avait été emprisonné, un de nos officiers était, bon gré mal gré, son compagnon; il semblait que nous dussions être portés aussi sur la même liste, mais il y a vertu, vous le savez, vertu à lutter sans en démordre, en raidissant les muscles, en faisant tête à ces mésaventures obstinées, sans trop se préoccuper du danger présumé. Et puis on est soutenu par l'idée qu'on ne peut faire autrement, et neuf fois sur dix, on ne sait comment, le danger diminue.

Les rebelles au gouvernement d'Émin-Pacha se fiaient à leurs ruses et à des tricheries dignes de vilains Chinois ; à présent cela nous amuse de regarder en arrière et de voir comment ils ont attrapé leur punition. Était-ce hasard ou Providence? Que ceux-là y réfléchissent qui se plaisent à analyser ces matières. On surveillait les traîtres dans le camp et les traîtres hors le camp ; le plus actif des conspirateurs fut pincé, jugé et pendu ; les traîtres du dehors se prirent aux cheveux et se déconfirent les uns les autres. Si ce n'est pas cela un hasard propice, c'est assurément la Providence qui exauçait les prières des bonnes gens priant à distance.

Nos gens à nous, tentés par la misère et le dénûment extrême, vendaient nos carabines et nos munitions à nos ennemis naturels, aux bons amis des négriers du Manyouéma, maudits dans l'âme et le corps. Par quelle heureuse influence me suis-je abstenu de supprimer tous ceux qui avaient trempé dans ces affaires? Chaque fois que je lis le récit des souffrances de notre capitaine Nelson et de notre médecin Parke, je me reproche ma patience, et néanmoins j'éprouve de la reconnaissance, car un pouvoir supérieur à celui de l'homme se chargea de punir les perfides assassins, en les faisant se dévorer les uns les autres, quelques semaines après la délivrance de Nelson et de Parke. Le souvenir de ces jours-là tantôt me fortifie, tantôt m'accable.

Après avoir délivré le Pacha, le pauvre vieux Casati, et ceux qui préféraient les « potées de chair » en Égypte à la grossière abondance dans la province équatoriale, nous nous en retournâmes, et pendant que nous attendions avec patience, les rebelles trouvèrent leur châtiment.

Après cette période d'anxiété et de douloureuse inquiétude, j'ai failli périr d'une terrible maladie; l'effort avait dépassé mes forces, et pendant vingt-huit jours je gisais tout débile, mais soigné par les mains expertes et amicales du chirurgien Parke.

Peu à peu je regagnai la santé, et j'ordonnai la marche du retour. Les découvertes succédèrent aux découvertes dans cette région merveilleuse — c'était la chaîne montagneuse du Rouévenzori, le « Roi des Nuages » ou « le Faiseur de Pluies — c'était la rivière Semliki, — l'Albert Edouard Nyanza — les plaines de l'Ousongara — les lacs salés de Kativé — et des nations nouvelles, les Ouakondjou des Grandes Montagnes, les habitants de la riche région sylvestre, les Aouamba, les Ouasongora aux beaux traits, les bandits Ouanyoro, et les tribus du lac Albert-Edouard, et la race bergère des plateaux orientaux, les Ouanyankori, ensuite les Ouanya Rououamba, et les Ouazioudja. Enfin, nous arrivâmes à une église, dont la croix dominait une chrétienté; et nous connûmes que nous rentrions dans les parages de la civilisation bienheureuse.

Nous avons tout sujet d'être reconnaissants, et puisse ce sentiment ne pas s'effacer en mon âme! Ce que nous avions promis en nous présentant, nous l'avons accompli point à point, comme si nous eussions reçu la commission spéciale d'un gouvernement. Tous nous étions des volontaires, consacrant chacun ce que nous avions de talent, d'énergie et de capacité à gagner le succès de l'entreprise. Si parfois une tristesse obscurcissait nos pensées, c'est que la situation spéciale d'Émin-Pacha et de ses gens nous obligeait à inquiéter nos amis par de fatigants délais. Je saisissais chaque occasion, et pour dominer notre anxiété, je mandais au Comité le récit circonstancié de nos faits et gestes; tous ceux que nous intéressions devaient être renseignés sur nos agissements. Quelques-uns de mes officiers s'inquiétaient à la pensée que le gouvernement pourrait leur en vouloir d'avoir outrepassé leur congé. Mais en fait toutes les richesses du trésor de la Grande-Bretagne n'eussent pu hâter notre marche, sans nous faire accuser en même temps d'avoir manqué à la parole donnée, et autant que moi, les officiers tenaient à cœur de faire la chose bien et avec honneur.

J'apprends qu'il y a grosses difficultés, guerre etc., entre les Arabes de Zanzibar et les Allemands. J'ignore quelle influence ce fait pourra exercer sur nos fortunes, mais nous comptons que rien n'interrompra la marche vers la mer que nous reprendrons en quelques jours.

En attendant, et avec tous les vœux que les meilleurs et les plus inséparables des amis font les uns pour les autres, je prie vos associés, MM. Searle, Rivington, Marston Junior et vous, de me croire toujours le vôtre, bien sincèrement,

HENRY M. STANLEY.

Édouard Marston, Esq.

XI

Résultats géographiques obtenus du lac Albert Nyanza jusqu'à l'Ouzinja.

La lettre qui suit a été adressée au secrétaire de la Société géographique, à Londres.

Camp de Kizinga, dans l'Ouzinja, 17 août 1889.

Monsieur,

Je me rappelle qu'en décembre 1887, me tenant sur le bord du plateau qui domine l'extrémité sud du lac Albert, regardant à travers le lac vers le plateau de l'Ounyoro, et suivant de l'œil son profil continu du nord au sud, je remarquai la montée graduelle et régulière du sol, jusqu'à un point près la fin du lac, où une large déchirure séparait le plateau de la masse disjointe et de plus hauts sommets qui culminaient entour le mont Adjof. Vers le sud, par delà l'Adjof, on ne voyait que les nuages impénétrables, présage de tempête. Sous ces nuages noirs comme la nuit se cachait un intéressant mystère, celui des « Montagnes de la Lune » perdues et si longtemps errantes. Alors je n'avais aucune idée du fait que met hors de doute notre voyage de l'Albert Nyanza à Ounyampaka — point où je tournai le dos, en 1876, au lac nouvellement découvert — à savoir que la montagne neigeuse qui porte l'appellation nègre de Rouévenzori ou de Rououensoura est identique à ce que les anciens désignaient sous le nom de « Montagnes de la Lune ».

Remarquez ce qu'écrit Schibeddia, un géographe arabe du quinzième siècle. « Le Nil d'Égypte prend sa source dans les Montagnes de la Lune. Il coupe horizontalement l'équateur dans sa course vers le nord. Plusieurs rivières sortent de cette montagne et se réunissent en un grand lac. De ce lac sort le Nil, le plus beau et le plus grand des fleuves en ce monde. »

Si, en adoptant le style bref et bizarre de l'écrivain arabe, nous écrivions aujourd'hui sur le même sujet, nous dirions : « La branche occidentale du Haut-Nil prend sa source dans le Rouévenzori, ou Mont aux Neiges. Plusieurs rivières sortent de cette montagne et, se réunissant dans la rivière Semliki, se déversent en un grand lac nommé l'Albert Nyanza. De ce lac, qui reçoit également la branche orientale du Haut-Nil, sort le vrai Nil, un des plus fameux fleuves du monde. »

Mais ce point d'érudition n'a plus qu'une faible importance. Aujourd'hui, nous savons, de connaissance positive, que dans la partie de l'Afrique où on ne la soupçonnait guère, une haute rangée de montagnes a jailli tout à coup. Cette chaîne alimente un lac au sud de l'Équateur, et fournit encore de nombreux cours d'eau douce au grand tributaire qui afflue du sud à l'Albert Nyanza.

Veuillez vous rappeler qu'en 1864 Samuel Baker déclarait que l'Albert Nyanza s'étendait « sans limites » dans une direction sud-ouest de Vacovia; que Gessi-Pacha, qui le premier circomnavigua le lac, et Mason Bey, qui en 1877 l'étudia plus particulièrement, ne donnèrent aucune indication faisant soupçonner seulement l'existence d'une montagne neigeuse dans le voisinage.

Ces deux voyageurs ne firent aucune attention à la rivière Semliki. Je puis même ajouter qu'Émin-Pacha, qui a pendant plusieurs années résidé au lac Albert ou à proximité, et le capitaine Casati, qui a vécu à Ounyori pendant plusieurs mois, ont ignoré qu'une montagne neigeuse fût située dans cette région; nous sommes donc autorisés à dire qu'on ne la soupçonnait pas. Assurément il n'entrait pas dans nos plans de la découvrir. Mais elle se jeta en travers de notre route, et comme elle s'obstinait à suivre notre chemin, nous la vîmes de tous les côtés, sauf du nord-est; ce fut alors seulement que nous pûmes nous en débarrasser.

Encombré comme je suis par les obligations instantes d'une expédition comme la nôtre, je ne puis consacrer à une lettre traitant de ces matières le temps que je désirerais. Je dois même me contenter de soumettre quelques faits aux réflexions que vous poursuivrez à loisir.

Si au débouché du Nil hors du lac Albert vous tirez une ligne droite longue de 400 kilomètres dans la direction presque exacte du sud-ouest magnétique, vous aurez mesuré la longueur d'une dépression, de 40 à 90 kilomètres qui, dans le centre du continent africain, s'étend entre les degrés 3 de latitude nord et 1 de latitude sud. A gauche de ce grand fossé, en regardant vers le nord, se dessine une ligne continue de haut pays, s'élevant de 300 à 900 mètres au-dessus de la plaine. Le côté oriental s'abaisse brusquement, le côté occidental s'incline en pente douce vers les bassins de l'Itouri et du Lomba. Vers la droite, on distingue un autre plateau. La section le plus septentrionale, qui domine l'auge, est le plateau de l'Ounyoro, dont la face occidentale verse brusquement, mais dont la face orientale descend presque imperceptiblement vers le Kafour. La section centrale, longue de 160 kilomètres, est formée par la chaîne du Rouévenzori, élevée de 200 à 4500 mètres au-dessus du creux. La section restante du plateau et la plus méridionale, de 600 à 1000 mètres plus haute que l'auge, est formée par les plateaux de l'Ouhaiyana, l'Ounyampaka et d'Ankori.

La section la plus septentrionale de la dépression, longue de 160 kilomètres, est occupée par l'Albert Nyanza; la section centrale, de même longueur, est prise par la vallée de la Semliki, et la portion la plus méridionale, longue de 90 kilomètres, par les plaines et le Nyanza nouveau, que nous convînmes tous d'appeler l'Albert-Edouard Nyanza, en l'honneur du premier prince anglais qui ait pris un réel intérêt à la géographie de l'Afrique.

Vous remarquerez que la vallée de la Semliki longe la chaîne du Rouévenzori, que l'extrémité nord et l'extrémité sud de ladite chaîne aboutissent l'une et l'autre à un lac, et que la Semliki court par une ligne en zigzag du lac supérieur au lac inférieur.

Dans un plan en relief de cette région, vous seriez frappé tout d'abord par un fait : ce qui a été enlevé ici a été amoncelé là. Et si le long de l'énorme chaîne vous creusiez soixante-deux canaux se déversant dans l'auge, et si vous faisiez que les côtés de la dépression s'inclinassent brusquement vers le centre, vous auriez l'impression que le Rouévenzori redescend peu à peu dans l'endroit d'où il est sorti. Mais ce sont là affaires de géologues.

Les Européens de notre expédition, avant de quitter le lac Albert pour se rendre à Zanzibar, tâchaient de comprendre comment sir Samuel Baker, se tenant sur une colline près Vacovia, à 8 ou 10 kilomètres de l'extrémité du Nyanza, pouvait qualifier d'« illimitée » une étendue d'eau si restreinte. Mais après avoir tourné les monts Balegga, qui forment groupe au sud de Kavelli, nous arrivâmes tout à coup en vue de la vallée de la Semliki, à l'aspect de laquelle les officiers se demandaient les uns aux autres : « Avez-vous vu le Nyanza? » et la portion féminine de la suite égyptienne éclata en lou-lou-lous enthousiastes. Et pourtant nous n'étions qu'à 6 ou 7 kilomètres de la vallée. Mais l'herbe sèche la rendait presque blanche et la faisait, en effet, beaucoup ressembler aux eaux troublées d'un lac peu profond.

Cette partie de la vallée Semliki, courant du lac vers le sud-ouest, est très plane; au bout de 50 kilomètres elle ne s'élève que de 15 mètres au-dessus du lac. Cette partie n'a pu se former que dans une époque récente, disons dans les quelques derniers siècles. A l'une de ses courbes, au plus près de la chaîne sud-orientale, nous tombâmes tout à coup sur la Semliki qui roule un flot impétueux, large de 80 à 100 mètres, sur un profondeur moyenne de 3 mètres. Elle coulait entre des berges hautes de 2 mètres, dont l'argile sablonneuse s'éboulait à chaque instant; aussi charriait-elle de la matière à l'état très divisé, dans la proportion d'une cuillerée à thé pour un verre plein. Ne nous étonnons donc pas si l'extrémité méridionale du lac Albert est si peu profonde, que sur des kilomètres une barque à rames trouve à peine assez de fond pour flotter.

Au delà des herbes, se montrent quelques acacias, lesquels, à mesure que nous avançons vers le sud-ouest, forment des bouquets, puis une forêt continue, mais peu dense, jusqu'à ce qu'on entre dans l'épaisse et vivace forêt tropicale, avec de grands arbres enchevêtrés de lianes gigantesques, et nourrissant à leur ombre un sous-bois touffu. Tout s'y fait humide et déliquescent : la rosée brille sur les feuilles et les branches; des mousses larmoyantes couvrent tronc, branche et ramure. Le sol est trempé d'humidité, un continuel brouillard enveloppe le sein de la forêt qui fermente. Au matin, les vapeurs recouvrent l'entière vallée de l'un à l'autre bout, mais attirées par les pentes échauffées du Rouévenzori, on les voit monter strate après strate, se glisser jusqu'aux plus hauts sommets, où elles s'amassent et s'épaississent jusqu'à ce que le blanc brouillard se change en nuage de tempête, qui décharge son fardeau d'humidité en larges ondées, au milieu d'éclats de tonnerre.

La vallée monte sensiblement, plus vite dans la région sylvaine que dans les herbes. Des mottes et des mamelons parsèment le sol inégal que des courants impétueux ont partout raviné. On voit de longs sillons si étroits qu'on serait tenté de les franchir d'un saut, et qui ont peut-être deux cents pieds de profondeur. A 130 kilomètres environ de l'Albert Nyanza, la vallée a monté de 300 mètres environ au-dessus du lac, et à cette distance la région forestière s'arrête brusquement. En même temps que le paysage, le climat change. Nous laissons derrière nous l'éternelle verdure, l'incessante précipitation en pluie des brouillards et des vapeurs humides, et nous voyons des herbes desséchées et prêtes pour l'incendie qui les consume chaque année. A partir de cet endroit la plaine devient une vaste prairie qui s'étend jusqu'au Nyanza Albert-Edouard.

L'éperon le plus méridional du Rouévenzori avance comme un promontoire entre deux larges extensions de l'ancien lit Albert-Edouard. Pour éviter un long détour, nous traversons le dit promontoire suivant la direction sud-est, à partir de la vallée Semliki, et nous entrons dans l'Ousongoro est, où nous trouvons un pays aussi différent de la base nord-ouest du Rouévenzori qu'un brûlant été peut l'être d'un l'hiver pluvieux. Continuant à marcher vers l'est, nous avons maintenant le Rouévenzori à notre gauche, et à notre droite le Nyanza Albert-Edouard étrangement configuré. Ces larges plaines furent un fond de lac; à preuve les longues et larges langues de marais qui sur de nombreux kilomètres, partent des rives pour pénétrer dans l'intérieur des terres. Des cours d'un volume d'eau considérable s'épanchent du Rouévenzori dans le Nyanza, sans la moindre utilité pour ces plaines. N'était-ce l'herbe — en cette saison flétrie et sèche — cela pourrait passer pour un désert; néanmoins, ces plaines nourrissaient naguère une population dense. Les zéribas entourées de plantes laiteuses et de sombre euphorbe, dans les cercles de laquelle les pâtres enfermaient la nuit leur bétail, le prouvent non moins que les centaines de fumiers que nous rencontrons encore. Les razzias des Ouaganda ont dépeuplé le pays des Ouasongora, les premiers occupants, et quelques misérables qu'on y trouve subsistent en faisant des « chores » pour les Ouarasoura, leurs maîtres actuels.

Après Ousongora nous entrons à Toro, l'Albert-Edouard Nyanza étant toujours à notre droite, et notre direction pointant vers le nord-est, comme si nous eussions l'intention de retourner au lac Albert. Mais, après une marche de 50 kilomètres, nous tournons est, abandonnant les plaines de l'Albert-Edouard et nous gagnons le haut pays de l'Ouhaiyana, après quoi nous piquons au sud, jusqu'à ce que nous ayions passé Ounyampaka, que j'avais vu une première fois en 1876.

Au sud d'Ounyampaka s'étend l'Ankori, un vaste pays, densément peuplé. Les plaines montent à plus de 1500 mètres au-dessus de la mer et les montagnes à 2000 mètres. Ankori s'étend jusqu'au Nil-Alexandra, après lequel nous entrons dans le pays bien connu de Karagoué.

Après avoir quitté l'Albert Nyanza entre Kavalli et la rivière Semliki, nous traversâmes les districts habités par les Ouavira et les Baregga. Après la Semliki nous entrâmes dans le territoire des Aouamba. Quand nous atteignîmes la terrasse herbeuse qui borde la chaine du Rouévenzori, nous voyageâmes le long de la frontière qui sépare les Ouakonjou, habitant les pentes montagneuses, des Aouamba, habitant la région sylvaine de la Semliki. Les Ouakoujou, seuls à demeurer dans la montagne, ont des villages situés à 2400 mètres au-dessus de la mer. En temps de guerre, — car les Ouarasoura les ont souvent envahis, — ils se retirent jusque dans le voisinage des neiges. Ils disent qu'un jour 50 hommes se réfugièrent jusqu'au plus haut, mais il y faisait si froid que 30 seulement revirent leurs cabanes; et depuis ce moment ils craignent les sommets.

Jusqu'à l'angle sud-ouest du Rouévenzori, les pentes des coteaux sont cultivées avec soin; l'œil est attiré par les champs de patates douces, de millet, d'éleusine, par les carrés de banane cultivée; la banane sauvage pousse en jets puissants le long des sentiers, et monte aussi haut que les crêtes élevées sur lesquelles les Ouakonjou ont construit leurs villages.

Quoique nous ayons commencé par être hostiles les uns aux autres, et que nous ayons engagé quelques escarmouches, nous apprîmes à mieux connaître les Ouakonjou, et liâmes bonne et solide amitié. Nous avions les Ouarasoura pour ennemis communs. Ceux-ci décampèrent quand ils apprirent que nous avancions, et cette fuite fit comprendre aux autres qu'ils devaient s'allier avec ceux qui passaient pour être hostiles à leurs oppresseurs. En conséquence, nous reçûmes des chèvres, des bananes, du miel en abondance; on nous fournissait de porteurs et de guides; on nous signalait aussi tous les mouvements des Ouanyoro. Ardent à combattre l'ennemi, une bande nous accompagna à travers Ousongara et Toro jusqu'à la frontière de l'Ouhaiyana.

Au sud-ouest de l'Aouamba, par delà les forêts de la Semliki, commence l'Ousongora, qui occupe les plaines au nord et au nord-ouest du lac Albert-Edouard. La race est belle, mais n'a rien qui diffère des beaux types du Karagoué, de l'Ankori, et des bergers Ouahouma de l'Ouganda. Ils se nourrissent de lait et d'une viande qu'ils mangent crue ou à peine chauffée.

Les indigènes du Toro sont, de même que les Ouaganda, un mélange de types nègres d'ordre supérieur. Pourtant, ils se sont si bien amalgamés avec les Ouangoro, de type inférieur, qu'on ne saurait guère les en distinguer. On peut dire la même chose des Ouahaiyana. Nous nous fîmes une idée de leurs familles royales en voyant à Ankori le prince de l'Ousongara, un type de Galla, comme on n'en trouverait pas de plus pur à Shoa. Mais il ne faudrait pas en conclure qu'il n'y ait de beaux traits que chez les princes. Les types éthiopiens sont fréquents parmi ces plateaux du centre de l'Afrique. Dès que nous trouvons un pays qui a joui d'une longue paix, nous y voyons des Ouahouma bergers, et à les regarder, on pourrait se croire transporté en pleine Abyssinie.

L'Ankori est un pays qui, grâce au nombre de ses habitants et à leur promptitude à se défendre, a joui d'une longue paix, aussi les Ouahouma y sont plus nombreux qu'ailleurs. La famille royale, les chefs, tous les personnages riches et importants sont Ouahouma de race pure; ils ont pour la plupart des traits aussi beaux, réguliers et délicats que des Européens peuvent les avoir. Leur unique occupation en dehors de la guerre est l'élève du bétail. La classe agricole se compose d'esclaves, tel est du moins le nom qu'on leur donne.

Les pays au sud de l'Albert-Edouard sont encore inexplorés, et nous n'avons pas recueilli de nombreux renseignements les concernant. Ce que nous en avons appris ne justifie pas la configuration de cette pièce d'eau irrégulière, qui a été dessinée sous le nom de Mouta-Nzigé sur la carte du « Continent noir ».

Rouanda est appelé Ounyavingi par les populations de l'Okonjou, de l'Ousongara et de l'Ankori. C'est une contrée vaste et compacte située entre le Nil-Alexandra et le bassin est du Congo; à une journée de marche seulement du lac Albert-Edouard, dont elle frise l'extrémité sud-ouest. On dit sa population très belliqueuse, et supérieure en nombre et en puissance même à celle de l'Ouganda. A la reine qui régnait précédemment a succédé son fils Kigéri.

Dès que commença la marche du retour, à partir de Kavalli, nous eûmes à subir de remarquables changements de température. Du climat égal et si agréable de la région ouest du lac Albert nous descendîmes dans la serre chaude de la Semliki, à 1000 mètres plus bas. Nuit et jour l'air était brûlant et étouffé, et l'un de nous en fut sérieusement affecté. De la Semliki nous passâmes dans un pays sec mais chaud; le sol avait été durci par la cuisson, l'herbe était brûlée; la chaleur solaire eût été intolérable si un épais nuage ne l'eût constamment mitigée; ajoutez que l'eau, sauf celle des torrents descendant le Rouévenzori, était abominable, chargée de nitre et de débris putréfiés. La montée du plateau oriental fut marquée par le froid et ses conséquences : fièvres, rhumes, catarrhes, dysenterie et paralysie. Plusieurs fois nous montâmes à 2000 mètres plus haut que la mer, pour être saisis par des refroidissements qui prenaient blancs et noirs par vingtaines. A cette hauteur, des gelées blanches n'étaient pas rares au matin. Les mûres ne manquaient pas sur notre chemin, dans l'Ankori nord-ouest, à 1560 mètres au-dessus de la mer.

Quand nous entrâmes dans l'Ouzinja, à l'angle sud-ouest du lac Victoria, la santé générale s'améliora, et les fièvres se firent moins communes.

J'ai rédigé ces courtes remarques très à la hâte. Est-ce le manque de nourriture saine ou non, mais j'avoue que m'asseoir et écrire sur n'importe quel sujet me fait éprouver une immense fatigue. Je ne suis pas de l'avis de Shakespeare quand il dit : — « Grosses panses et minces caboches vont ensemble, les friandes bouchées garnissent les côtes et appauvrissent la cervelle. » — Pour ce qui nous concerne, et je parle pour tous nos officiers autant que pour moi : de bons morceaux raviveraient nos intelligences, qui se sont obscurcies pour avoir trop sympathisé avec les souffrances de l'estomac.

Afin que vous puissiez vous faire une idée des hautes régions du Rouévenzori, je vous envoie le récit qu'a donné le lieutenant Stairs de son ascension jusqu'à près de 3300 mètres.

Votre bien obéissant,

HENRY M. STANLEY.

Rapport par le lieutenant Stairs de son ascension au Rouévenzori.

« A H.-M. Stanley, Esq., commandant l'expédition de secours à Émin-Pacha.

« Camp de l'expédition, 8 juin 1889.

« Monsieur, — j'ai l'honneur de vous présenter la relation d'une tentative par moi faite pour atteindre les pics neigeux du Rouévenzori.

« Le 6 juin, de bon matin, accompagné par une quarantaine de Zanzibaris, nous quittâmes l'expédition campée au pied des collines avancées, traversâmes la rivière, et entreprîmes l'ascension.

« J'avais deux anéroïdes, qu'ensemble nous avions notés et comparés avec un anéroïde modèle restant au camp sous votre observation immédiate; j'avais aussi un thermomètre.

« La montée des 270 premiers mètres au-dessus du camp fut relativement aisée et grandement facilitée par un sentier qui menait à quelques huttes sur les collines. Ces cabanes appartenaient au type circulaire si commun dans les plaines, mais avec la différence que le bambou entrait largement dans la construction à l'intérieur. La nourriture des indigènes se compose de maïs, de bananes, et de racines de la colocasia. Au sortir de ces huttes, nous ne fûmes pas longtemps à traverser une herbe haute et abondante, et nous entrâmes dans un fourré broussailleux, entremêlé d'épines et de bruyères.

« A 8 h. 30, nous rencontrâmes des cabanes semblables aux premières; mais les habitants en avaient décampé depuis quelques jours. Ici le baromètre marquait 23.58 et 22.85; et le thermomètre 23.88 c. De tous côtés on voyait des dracænas, et çà et là une fougère arborescente ou quelque palmier mouab; des masses d'une fougère allongée s'enchevêtraient confusément sur les côtés du sentier. Sur différents points et quelques sommets de collines, parurent des indigènes criant et sonnant du cor, faisant de leur mieux pour nous effrayer et nous faire rebrousser chemin, mais nous continuâmes à gravir la pente; ces gens disparurent alors et ne nous inquiétèrent plus.

« Des forêts de la plaine nous ne pouvions rien voir, à cause d'un épais brouillard qui obscurcissait le paysage, et nous empêchait de distinguer les collines à l'est et au nord-ouest.

« A 10 h. 30, après une montée assez pénible, nous atteignîmes le dernier hameau des natifs, qui cultivaient encore des fèves et des colocasies, mais non plus de bananes. Là, le baromètre marquait 22.36 et le thermomètre 28.88 c. Un raidillon conduisait à la forêt, nous en profitâmes, mais, en maints endroits, les pentes étaient telles que nous devions aller sur les mains et les genoux.

« A 11 heures du matin nous entrâmes dans la forêt de bambous qui se faisait plus de plus en épaisse. Nous constatâmes dans l'air un changement complet et soudain, il se fit beaucoup plus frais et plus pur; aussi avancions-nous rapidement et gaiement. Maintenant que les Zanzibaris avaient été si loin, ils parurent tous désireux de monter aussi haut que possible, et ils commencèrent à se taquiner et à parier qui rapporterait la plus grosse charge de la « chose blanche » tout en haut de la montagne. A 12.40 nous émergeâmes des bambous, et nous nous assîmes sur l'herbe pour faire collation. Baromètres 21.10 et 27 95/120. Thermomètre 21.11 c. En face, montant par une pente unie, s'élevait un pic nous dominant de 500 mètres. Nous l'attaquâmes et

L'ASCENSION DU ROUÉVENZORI.

à quelque distance, nous entrâmes dans les bruyères arborescentes, dont quelques-unes avaient 20 pieds de haut. Comme nous avions à nous ouvrir la route, chaque pas, au couteau, nous n'avancions que lentement, et ceux en avant fatiguaient beaucoup.

« A 3 h. 15 nous fîmes halte dans les bruyères pour souffler un peu. Çà et là on voyait quelques fourrés de bambous, rendus inutiles par quelque insecte qui les avait percés de trous. Sous nos pieds s'étendait un épais et spongieux tapis de mousse humide; les bruyères disparaissaient sous la « Barbe de Vieux ». Nous trouvâmes force lichens et violettes bleues, et ramassâmes quelques échantillons de plantes à donner au Pacha pour les classer. Un froid humide nous gagnait peu à peu; et malgré l'effort de la grimpée, le brouillard humide nous impressionnait désagréablement. Ce brouillard continuel, attaché au sommet des collines, charge la végétation d'humidité et rend le sol glissant.

« Peu après 4 heures nous nous arrêtâmes sous de hautes bruyères pour y établir la campée. Abattant les plus hautes broussailles, nous érigeâmes des abris rudimentaires, ramassâmes des fagots, et nous arrangeâmes pour passer la nuit. Malheureusement, le bois, trop humide, brûlait à peine; de sorte que nos Zanzibaris, légèrement vêtus, étaient transis, bien que nous ne fussions encore qu'à 2 500 mètres d'altitude. Le thermomètre marquait 15.55 degrés. Du camp, j'eus la vue des pics sur nos têtes, et je commençai à craindre de ne pas arriver jusqu'à la neige. Plus haut, trois ravins nous coupaient le chemin; deux au moins étaient couverts d'épaisses broussailles: il nous faudrait les traverser, et nous couper un chemin à travers le fourré. Aurions-nous le temps d'atteindre le sommet? Je pris la résolution d'aller, si c'est possible, encore de l'avant. Le matin, je me rendrais compte des difficultés, et si elles pouvaient être surmontées en temps raisonnable, nous monterions aussi haut que faire se pourrait.

« Dans la matinée du 7, choisissant les hommes les plus vigoureux et renvoyant les autres, nous nous mîmes en route. La montée ressembla à la précédente. Il avait fait pendant la nuit un froid cruel, et plusieurs de nos hommes avaient la fièvre; cependant tous étaient de bonne volonté et prêts à marcher. A 10 heures nous fûmes arrêtés par le premier des précipices. Je constatai qu'il faudrait un long temps pour le franchir, et que plus haut il y en avait deux autres. Alors nous eûmes la première vision d'un pic neigeux, à 4 kilomètres de distance. C'était la première neige et il nous eût fallu un jour et demi pour l'atteindre. La tentative n'eût abouti qu'à un désastre, non approvisionnés d'aliments que nous étions, et il eût fallu meilleure vêture à deux de nos hommes au moins. En conséquence, j'ordonnai le retour, espérant trouver à quelque halte nouvelle une meilleure occasion d'effectuer l'ascension. De l'autre côté du ravin se dressait un pic rocheux et nu, très clairement défini que nous connaissions déjà comme le côté sud-ouest des « Cônes Jumeaux ». La partie supérieure se montrait nue; la forte déclivité interdisant toute végétation, sauf à quelques mousses et bruyères en un ou deux endroits.

« Le plus haut point que nous ayons atteint — tous calculs faits et après corrections — s'élève à 3 256 mètres au-dessus de la mer. L'altitude du pic neigeux peut être estimée à 1 800 mètres, ce qui donnerait à la montagne une hauteur de 5 063 mètres. Ce piton, cependant, ne me paraît pas être le plus élevé du groupe Rouévenzori. Grâce à une jumelle d'approche, je pus distinguer très exactement la forme du dernier sommet. Le pic suprême est couronné par une crête irrégulière en dents de scie, dont l'ensemble est distinctement cratériforme. Par une brèche au côté le plus rapproché, je pus distinguer, de l'autre côté, une saillie de même formation et de même altitude. De cette couronne de rochers, la crête s'inclinait à l'est par une pente d'environ 25°, jusqu'à ce que la vue nous en fût cachée par un pic intermédiaire; à l'ouest, la descente était encore plus déclive. La neige s'accumulait sur la pente directement en face; son plus large champ recouvrait un espace de 90 mètres sur 180 ; le rocher noir ne faisant saillie qu'en deux endroits.

« De moindres massifs se montraient encore assez bas. La distance de la plus basse neige au pic terminal pouvait être évaluée à 500 ou 560 mètres. A l'E.-N.-E. notre horizon était fermé par une crête qui, partant de l'endroit où nous avions fait halte, et montant abruptement, formait ensuite une courbe à plan horizontal et s'arc-boutait au piton neigeux. L'éperon que nous avions au sud aboutissait également aux deux pics les plus élevés. Cette configuration du côté ouest de la montagne oblige les ruisseaux à sortir du centre, allant droit devant eux, s'éloignant les uns des autres, jusqu'à ce qu'ils atteignent la plaine, puis ils tournent à l'O.-N.-O. ou longent les saillies inférieures de la chaîne et vont se jeter dans la rivière Semliki ou dans l'Albert Nyanza. Le second pic neigeux que nous avions vu précédemment, et qui nous était caché par les Jumeaux, est l'aboutissant, me semble-t-il, de la chaîne neigeuse que nous distinguâmes, dès Kavalli, et serait alors plus élevé que le piton dont nous eussions voulu faire l'ascension. Plusieurs raisons nous font croire que cette configuration est due à des causes volcaniques. Nous en voyons la preuve dans les nombreux cônes secondaires qui s'étagent autour de la masse médiane. Ils ont été formés, sans doute, par le volcan central qui se trouva bloqué, la force d'expansion des gaz ne suffisant pas à rejeter roches et laves; par suite, les gaz s'échappant par les points faibles, fissurèrent l'enveloppe et formèrent les saillies sur le côté ouest.

« En fait de vie animale nous ne vîmes presque rien sur la montagne. Cependant, le gibier ne doit pas manquer, à en juger par les trappes nombreuses que nous aperçûmes aux côtés de la route, et par les petits collets que nous trouvâmes dans les huttes des indigènes. Nous entendîmes un singe crier dans un ravin, et nous vîmes plusieurs oiseaux à plumage sombre gris brun, ressemblant au babillard à gorge noire. Rien de plus.

« Nous trouvâmes des mûres et des airelles jusqu'à 3000 mètres et plus haut encore. J'ai pu remettre au Pacha pour ses collections quelques échantillons dont il a déterminé les espèces, et dont il a bien voulu me donner les noms relatés ci-après. J'ai beaucoup regretté de n'avoir pu atteindre la neige, mais continuer l'ascension, dans les conditions où nous nous trouvions, eût été pire qu'inutile, et malgré la bonne volonté générale, j'ordonnai le retour. A ce moment je regardai le grand anéroïde, il marquait 19.90. Je fixai l'index juste à l'opposé du chiffre. Le 7 à 5 heures, je vous avais rejoint, il y avait 4 heures et demie que nous avions quitté les Jumeaux.

« J'ai l'honneur d'être, Monsieur,
« votre obéissant serviteur,
« W. E. Stairs, lieutenant du génie. »

Voici les noms génériques qu'Émin-Pacha a bien voulu indiquer pour les échantillons botaniques par moi rapportés :

1. Clematis.
2. Viola.
3. Hibiscus.
4. Impatiens.
5. Tephrosia.
6. Elycina (?)
7. Rubus.
8. Vaccinium.
9. Begonia.
10. Peucedanum.
11. Gnaphlium.
12. Helichrysum.
13. Senecio.
14. Sonchus.
15. Erica arborea.
16. Landolphia.
17. Heliotropium.
18. Lantana.
19. Moschosma.
20. Lissochilus.
21. Luzula.
22. Carex.
23. Anthistiria.
24. Adianteum.
25. Pellia.
26. Pteris aquilina.
27. Asplenium.
28. Aspidium.
29. Polypodium.
30. Lycopodium.
31. Selaginella.
32. Marchantia.
33. Parmelia.
34. Dracaena.
35. Usnea.
Inconnus :
36. Une fougère arborescente.
37. Une fougère.
38. Un polypodium.

XIII

Problèmes géographiques. — Détails sur Émin.

La lettre ci-après a été adressée par M. Stanley au colonel G. A. Grant, commandeur de l'Ordre du Bain, le célèbre voyageur africain.

Village de Batandou, rivière de l'Itourou, Afrique centrale.
8 septembre 1888.

Mon cher Grant, jusqu'à présent je n'ai pu écrire que des chiffons de lettres, bien qu'en les commençant j'aie le plus vif désir de donner à nos amis une histoire complète de nos marches variées et des incidents qui les accompagnent ; mais j'ai toujours été obligé de les clore brusquement, pour ne pas manquer l'occasion de les envoyer. Ainsi la présente, j'ignore comment vous la faire parvenir ; mais nous rencontrerons peut-être une caravane quelconque, ou bien l'arrêt accidentel de l'expédition nous en fournira le moyen. Quoi qu'il en soit, je vous écris, me fiant en la chance.

Plus qu'aucun membre du Comité vous vous intéressez au lac Albert. Parlons-en d'abord.

Quand nous examinâmes ce lac, en décembre 1887, la partie méridionale s'étendait à nos pieds, presque comme une carte immense. Nous passâmes rapidement sur les détails évidents : à l'est les parois élevées du plateau de l'Ounyoro, et à l'ouest celles du Baregga, lesquelles dominaient d'un kilomètre environ la plaine argentée. Entre les murailles s'étendait une plaine, très plate en apparence, herbue, maculée çà et là par de sombres fourrés, broussailles qui tournaient en forêt à mesure qu'elles avançaient vers le sud-ouest. L'extrémité sud-ouest du lac semblait n'être distante de notre point d'observation que de 10 kilomètres; mais au second voyage, je rectifiai l'appréciation par une observation directe. La distance sud-orientale est de 16 kilomètres, ce qui met le terminus du coin sud-ouest, à 1° 17" latitude nord. La portée magnétique du coin sud-est, juste au sud des chutes de la Noumba, était de 157°, selon les indications de la boussole prismatique, ce qui nous met à 1° 11' 30" latitude nord. Une portée magnétique de 148°, prise du 1° 25' 30" latitude nord, se confond exactement avec la ligne de rivage qui, partant du coin sud-ouest, se dirige au coin sud-est du lac Albert. Autant que je me rappelle, Baker fixa sa position à 1° 15' latitude nord. Le centre de Mbakovia Terrace est au 121° 30' magnétique de mon premier point d'observation, ce qui met la Vacovia de Baker à 1° 15' 45" environ, en allouant 10° pour la variation ouest.

Essayant de résoudre le problème de l'*infinité* du lac Albert, tel que Baker le représente, et constatant que le terminus du lac est à 6 kilomètres seulement de son point d'observation sur une « petite colline », et ce « par un jour superbement clair », on se sentirait presque le droit de dire qu'il n'a jamais vu le lac. Cependant la position de Vacovia montre qu'il y a été réellement, et la correction suffisante du profil qu'il a donné de la côte orientale de Vacovia à Magoungo prouve qu'il a aussi navigué sur le lac. Si nous ne nous occupons que de la partie nord-est, nous constatons que Baker a bien travaillé, mais quand nous prenons la partie sud, nous tentons vainement de pénétrer le mystère. Nos yeux ne voient pas ce que Baker voyait. Et quand Gessi-Pacha esquissa les contours du lac après Baker, et réduisit son immensité à une longueur de 144 kilomètres, j'avais toujours foi en Baker, parce que les observations astronomiques de Gessi ne lui avaient pas montré l'extrémité sud du lac. Quand Mason-Bey, un topographe accompli, circomnavigua le lac en 1877, et corrobora Gessi, je me figurai que peut-être Mason avait rencontré une barrière d'herbes, ou quelque banc de sable couvert de roseaux et d'ambatch, qui lui avaient caché la vraie rive, d'autant plus qu'il reconnaissait lui-même ne pas voir à grande distance du pont de son vapeur. Cependant, j'avais toujours foi en Baker. Mais voici que le lieutenant Stairs du corps du génie, M. Mounteney Jephson, le chirurgien Parke, Émin-Pacha, le capitaine Casati, moi aussi, nous avons regardé le paysage de nos propres yeux, et constaté que Baker a fait erreur. Je suis aussi quelque peu surpris des altitudes que Baker donne à l'Albert Nyanza, aux « Montagnes Bleues » et de la largeur qu'il attribue au lac. La rive opposée est à 17 kilomètres de Vacovia, et non pas à 60 ou 80; les Montagnes Bleues ne sont pas autre chose que le haut pays à l'ouest, dont la plus haute colline ne dépasse pas 2 kilomètres au-dessus de la mer; aucune n'a la hauteur de 2100 ou 2400 mètres. L'altitude du lac Albert, prise à l'anéroïde et au point d'ébullition, ne dépasse pas 717 mètres; ne parlons donc pas de 830 mètres.

Et comme dernier trait, dans le sud-ouest lointain, où il a esquissé son « infinie » vastitude de lac, se dresse à 64 kilomètres de Vacovia, une immense montagne neigeuse, une masse solide et carrée avec un sommet presque plane entre deux pentes superbes. Par un jour superbement clair, il aurait dû l'apercevoir, puisqu'il était de 23 kilomètres plus près que je ne l'étais.

A propos de l'erreur commise par Baker, Émin-Pacha me racontait une scène curieuse, dont il fut témoin, je crois, entre Gordon et un officier de son état-major, qui envoyé à Ouganda, annonçait officiellement à son retour avoir découvert un grand lac, appelé Gita-Nzigé ou lac Ibrahim, entre les lacs Albert et Victoria et avoir fait une revision du Victoria-Nyanza.

« Fort bien, Monsieur, vous avez vu le lac Victoria? demanda Gordon en regardant par-dessus une lettre qu'il écrivait.

— Oui, Monsieur.

— A combien estimez-vous sa largeur?

— A 8 kilomètres environ, Monsieur.

— 8 kilomètres! Rien que ça?

— Eh bien, disons 11.

— Rien que 11. Sûrement, Monsieur, vous ne faites pas bonne mesure. Réfléchissez-y bien.

— Nous dirons 16.

— Rien que 16, fit Gordon en souriant. Sûrement, Monsieur, etc.

— Alors nous dirons 24. Mais pas un kilomètre de plus.

— Dites-moi cependant, fit Gordon. Un homme, auriez-vous pu l'apercevoir, soit avec vos yeux directement, soit avec une longue-vue?

— J'en voyais très distinctement.

— Comment! au bord de l'eau?

— Sinon exactement au bord de l'eau, du moins à quelques pieds au-dessus du niveau du lac.

— C'est étrange, vraiment étrange. Non-seulement le Victoria-Nyanza n'a que 24 kilomètres de large — vous disiez bien 24 kilomètres, Monsieur?

— Oui, Monsieur, 24 kilomètres au plus.

— Et qu'on puisse voir, avec une longue-vue, un homme à 24 kilomètres de distance. Merci, Monsieur, pour votre très intéressante communication. »

On m'a raconté que, dans une entrevue avec le cartographe de l'état-major, ledit officier désirait vivement que le lac Ibrahim fût avantagé par l'expansion des profils; et il en donnait pour raison que la découverte était nouvelle. Le dessinateur, ami complaisant, traça, en conséquence, le long du Nil Victoria, un lac respectable : 15 kilomètres sur 50.

« Oh! cela ne suffit pas, s'écria l'inventeur. Comment donc, le lac Ibrahim, le Gita-Nzigé doit avoir au moins 150 kilomètres de long sur 80 kilomètres de large.

— Cependant, fit Émin-Pacha, Gordon et moi nous avons vu ce lac, et nous savons qu'il est une expansion du Nil-Victoria, semblable à celle qui existe entre Ouadelaï et le lac Albert, et celle encore qu'on voit entre le Haut Congo et Stanley Pool. Quantité de bras sans profondeur s'y trouvent, séparés par des îlots et des bancs de sable brillant. »

Relativement au lac que j'ai découvert en 1876, les indigènes ne m'ont pas appris grand'chose. A Kavalli, je vis deux natifs de cette région, venant l'un d'Ounyampaka et l'autre de l'Ousongara. Le premier nous dit que le lac Albert est beaucoup plus grand que celui qui est près d'Ounyampaka. — L'autre nous dit que le lac du Sud est le plus grand et qu'il faut deux jours pour le traverser. Il le décrit comme étant à un mois de marche après Kavalli. Leurs dires différaient à un point qu'on serait tenté de croire qu'il s'agit de deux lacs, dont l'un est proche d'Ounyampaka, et dont l'autre est réuni par quelque rivière ou par quelque canal avec celui de l'Ousongara.

Comme vous le pouvez penser, ma curiosité a été vivement excitée par la découverte du Rouévenzori, le Mont aux Neiges, un rival possible du Kilima Ndjaro. Souvenez-vous que nous sommes dans la latitude nord, et que cette montagne doit être proche l'équateur ou sur l'équateur même; que nous sommes en été, que nous la vîmes fin mai, et que la limite des neiges descend à 300 mètres plus bas que le sommet — on ne donne ici qu'une première évaluation. J'en conclus (je n'oserais l'affirmer, cependant) que ce n'est pas là le Gordon-Bennett, vu en décembre 1876, mont qui, au dire des indigènes, n'a de la neige que de temps en temps. D'après la position que je lui ai assignée, il se trouve un peu plus à l'est que le Rouévenzori.

Toutes ces questions que soulève cette montagne seront résolues, je l'espère, avant que l'expédition se rembarque. Pour peu qu'il se rapproche de ma ligne de marche, nous nous renseignerons sur sa longueur, sa hauteur et son histoire locale. Mes jeunes officiers auront plaisir à monter jusqu'au sommet, et je serai heureux de les y aider par tous les moyens. Peut-être réussiront-ils à m'apporter un seau de neige pour rafraîchir mon sorbet. On trouvera que maintes rivières sourdent de ce curieux pays entre les deux Mouta-Nzigé. Quelles rivières? Appartiennent-elles au bassin du Nil ou au bassin du Congo? Il n'y a dans cette région aucune rivière allant à l'est ou au sud-est, sauf la Katonga et le Kafouro, lesquelles ne peuvent recevoir qu'un tribut nul ou bien léger du Gordon-Bennett et du Rouévenzori. La nouvelle montagne doit donc se drainer principalement par le sud et par l'ouest. Si par le sud, les cours d'eau se relient au lac méridional; si par l'ouest, la Semliki, tributaire du lac Albert ou quelque affluent du Congo doivent recevoir le surplus des eaux. L'intérêt augmente si le lac méridional reçoit un tribut considérable. Où ce lac décharge-t-il son trop-plein, dans le Nil ou dans le Congo? — Au Nil? la chose alors vous intéresse personnellement, et vous aurez à admettre que le lac Victoria n'est pas la principale source du Nil. — Au Congo? alors le lac sera l'origine de la rivière Loa ou Laououa, puisqu'elle est le plus grand affluent de l'Arahouimi et de la Louama. Pour vous faire plaisir, je hasarderai dès maintenant la supposition que le lac est la source de la Loa, bien que je ne sache rien de précis à cet égard. Mais je puis le supposer, à en juger par la manière hardie dont l'Arahouimi taille dans un domaine qu'on aurait supposé n'appartenir qu'au fleuve d'Egypte.

Il n'y avait que dix minutes de marche entre la source d'un de ces cours d'eau et la crête du contrefort du haut duquel nous contemplions l'Albert Nyanza.

De l'embouchure de l'Arahouimi à sa source on compte 700 kilomètres en droite ligne. Or, le plus important cours d'eau après l'Arahouimi est la Loa, et de son embouchure à la longitude du poste d'Ougampaka il n'y a que 430 kilomètres en ligne directe.

Notre Pacha, bien que vivant confortablement, matériellement parlant, était dans une pire situation que je ne le supposais, à mon départ de l'Angleterre. Kabbé-Rigé avait conservé avec lui les dehors de l'amitié jusqu'en décembre 1887. Mais alors les nouvelles se répandirent dans l'Ou-Ganda, et de là dans l'Ou-Nyara, qu'une grande expédition était en marche pour aller au secours d'Émin. Tout aussitôt Kabbé Rigé expulsa le capitaine Casati, en lui prodiguant l'insulte. On l'attacha nu à un arbre, et finalement on l'expulsa dans l'intention qu'il pérît misérablement. Après quelques jours d'extrême souffrance, il fut par bonheur trouvé et secouru par le Pacha; lequel avec son vapeur fouillait à sa recherche la côte nord-est. Mais ce fut un terrible désastre pour Casati, qui, en même temps que ses habits, perdit son journal et ses mémoires. Nous perdîmes aussi un paquet de lettres que les missionnaires de l'Ouganda nous avaient transmises.

Comme Kabbé Rigé commande aujourd'hui à 1500 carabines, il n'est plus un adversaire aussi misérable qu'au temps de Baker. Ces rois africains qui restent dans leur pays ont le temps qui travaille à leur profit; et tout vient à point à qui sait attendre. Kabbé Rigé pouvait attendre sans impatience, et à la longue, tout ce qui appartenait à Émin et à ses troupes devait lui revenir, si le Pacha manquait son mouvement de retraite. La route du nord par le Nil était bloquée; bien que nombre des soldats espèrent toujours recevoir assistance de ce côté. Au sud il y a nombre de tribus guerrières avec lesquelles nous aurons à nous mesurer sur la route de la mer. Les gens d'Émin n'avaient aucune idée de s'aventurer dans cette direction; ils ne pouvaient se mettre en tête que le Pacha en connût le chemin, n'ayant pas vu homme vivant qui leur enseignât route pareille. A l'ouest et au sud-ouest il y a des tribus nombreuses sachant se battre, et qui, n'ayant pas encore reçu le fouet, ont gardé leur arrogance native, et croient merveille de leur propre vaillance. Il s'agissait pour nous de mettre à l'épreuve leur force et leur savoir-faire, et il put sembler un moment que nous-mêmes nous avions trop présumé de nos pouvoirs. Jour après jour ils se précipitaient à de nouveaux combats, qui, cependant, finissaient toujours pour eux d'une façon désastreuse. Même s'ils eussent marché en masse, ces indigènes n'eussent pu tenir contre les troupes d'Émin, à condition qu'elles eussent été vraiment fidèles et résolues à le seconder. Par malheur, on ne saurait se fier à elles. Si les Nubiens doutent que le Pacha les puisse conduire à Zanzibar par le sud, ils douteront aussi qu'il les puisse conduire n'importe où, et tout spécialement dans ces déserts à l'ouest que personne ne connaît. Ils eussent consenti à s'en retourner par la voie du Nil, sous la conduite de leur chef, mais sous la réserve tacite que, une fois arrivés près de Khartoum, ils lui diraient que connaissant fort bien la route eux-mêmes, ils n'avaient plus besoin de ses services. Telle était leur idée, et voilà pourquoi le Pacha semblait si étroitement empêché.

Le dévouement d'Émin envers ses hommes est évident, mais ses hommes lui ont manqué de loyauté. Il ne pouvait pas les abandonner, ce qui eût été leur ruine, et il ne pouvait pas non plus s'en aller tout seul.

Un de ses officiers, Shoukri-Agra, qui lui est toujours resté fidèle, m'a raconté une histoire, que le Pacha m'a confirmée quand je la lui ai répétée; mais il ne l'eût jamais dite de son propre mouvement.

Il y a quelques mois, 190 fusils du 1er bataillon partirent pour Ouadelaï, résidence du Pacha, avec l'intention de le capturer et de l'obliger à rester dans leur compagnie, car la rumeur qu'une expédition avançait par le sud ou l'ouest, s'était brouillée dans leur esprit avec la fuite projetée du général. Persuadés que leur heureux départ d'un pays où ils avaient eu tant d'embarras, n'était possible que sous sa conduite, ils conçurent l'idée de l'arrêter et de le conduire à Doufilé, car, disaient-ils : « Nous ne connaissons qu'une seule route, et elle descend le Nil par Khartoum. » Le Pacha, apprenant tout à coup leur intention, s'écria : — Soit, qu'ils me tuent! Je ne crains pas la mort. Qu'ils viennent, je les attends! — Mais les officiers du 2e bataillon l'implorèrent pour qu'il se sauvât, ils remontraient que sa violente capture mettrait un terme à tout gouvernement, et serait le commencement de la fin. Pour un temps, le Pacha se refusa à les écouter, puis s'échappa à Msoua, à 70 kilomètres environ de notre camp de Nsabi. Bientôt après son départ arriva le détachement du 1er bataillon, qui, après avoir entouré la station, voulait sommer Émin de se rendre. Ayant été informés qu'il était parti pour le Sud dans son vapeur, les mécontents se saisirent du commandant et des officiers, les fouettèrent rudement à coups de courbache, et en emmenèrent quelques-uns à Doufilé.

En manière de commentaire le Pacha ajouta : « Tout le 1er bataillon stationné au nord de Ouadelaï était opposé à battre en retraite. Une suggestion d'abandonner leur poste à Doufilé n'avait fait que provoquer leur incrédulité ou leur indignation. Mais maintenant que vous êtes venu, et que beaucoup de nos gens vous ont vu dans l'Ouganda avec Linant-Bey, en 1876, et ont fait votre connaissance personnelle, et que plusieurs autres vous ont entendu nommer, tous sont convaincus qu'il existe une autre route conduisant en Égypte, et que l'ayant découverte, vous pouvez les emmener par là. Ils verront vos officiers et vos Soudanais, obéiront avec respect à tout message que vous pourrez leur envoyer, et vous suivront sans hésiter. Telle est mon opinion, quoique personne ne sache les sentiments du 1er bataillon, et qu'on n'ait pas encore eu l'occasion de le sonder à ce sujet. »

Shoukri-Agra, le commandant de la section de Msaoua, sur le lac Albert, est un officier brave et intelligent, un ancien esclave qui a été promu à sa dignité actuelle, en récompense de ses services distingués, et de ses trois blessures reçues en combattant contre Karamalla, l'agent du Mahdi.

Entre notre route vers Kavalli et une ligne tirée à l'ouest de Msaoua, se trouve un district qu'aucun Européen n'avait visité. Ses habitants y sont dévoués à Kabbé-Rigé, et par suite hostiles à Émin et à notre expédition. Ils eurent pour ordre de nous molester de leur mieux. Ceux qui demeurent plus au sud sont hostiles à ce potentat autant qu'à nous; mais les leçons reçues quand nous traversâmes le district de vive force leur ont inspiré le salutaire respect de nos armes. J'ai pour système de me battre le moins souvent qu'il est possible, mais si j'y suis contraint, de mener l'affaire vivement, afin que les indigènes comprennent ce que notre parler veut dire. En agissant de la sorte, nous avons gagné à notre cause un puissant parti, ou, pour parler plus exactement, nous l'avons contraint à nous obéir. En retournant du Nyanza la seconde fois, nous avions 1 500 natifs sous nos ordres et nous les avons conduits par la plaine de l'Ousori, nord de notre route. C'était une longue promenade, mais elle a suffi. Avant que nous quittassions le pays, des messagers nous arrivaient, disant que les chefs désiraient notre alliance. Présentement, s'il faut montrer à Kabbé-Rigé quelque chose qu'il n'a pas encore appris, à savoir qu'il existe d'autres gens au monde que ceux qui demandent la permission de déposer leurs présents à ses pieds; eh bien, je pourrai tenter l'entreprise. J'espère en avoir les moyens, grâce aux naturels que nous avons amenés à partager notre manière de voir. Nous en aurons 5 000 au moins, et avec les troupes d'Émin et mes Zanzibaris, qui pendant ces quinze derniers mois se sont retrempés dans la sauvagerie des forêts, la tâche ne sera pas trop ardue, car vous devez garder en mémoire que si je prends le sud pour conduire l'armée et les partisans du Pacha hors du pays, nous devons passer tout un mois dans des cantons soumis à Kabbé-Rigé, et un autre mois dans d'autres cantons gouvernés par ses alliés. Vous savez certainement ce que cela signifie. Je n'ai pas les riches draperies qu'il faudrait pour assouvir la rapacité du personnage, mais j'aurai des balles autant et plus qu'il n'en faut à ses besoins. Si Émin ne m'accompagne pas avec ses troupes, je serai toujours tenu de me préparer aux pires éventualités, parce que pour voyager sans être molesté il me faudrait en personne demander au tyranneau la permission de voyager dans ses États; or cela est impossible. Par là vous pouvez voir que si nous avons déjà surmonté de grandes difficultés, la véritable crise éclatera quand nous quitterons la rive de l'Albert Nyanza avec ou sans le Pacha. Que nous allions au nord, vers le Mouta-Nzigé, ou que nous côtoyions les flancs nord et est de l'Ounyoro, ce sera bonnet blanc et blanc bonnet. D'après les rapports d'Émin, qui perdit 270 hommes dans l'Ou-Kédi, Kabbé-Rigé a partout la haute main.

Entre parenthèses, notre Pacha dit qu'il a été fort heureux que je ne l'aie pas approché par l'est, par le chemin des Masaï et des Oukédi ou des Langgo, ainsi qu'il les appelle. Le Langgo est en majeure partie un grand désert sans eau. Même si nous eussions pu enfoncer les Ouakédi, le manque d'eau et d'aliments eût pu annihiler l'expédition. Il s'oppose vivement à ce que nous prenions le chemin de la mer par cette route inhospitalière.

Maintenant que nous connaissons l'Itouri si bien, je

suis convaincu que nous n'eussions pu choisir une route meilleure. Nous perdîmes grand monde en allant au Nyanza la première fois; mais au retour, nous n'eûmes que trois morts d'hommes, et nous accomplîmes le voyage en 82 jours, haltes comprises. J'espère aller au Nyanza aussi rapidement que nous nous y sommes rendus, et avec aussi peu de pertes. Les hommes sont entraînés, ils connaissent tout ce qu'il faut savoir de la route, et puis, ils retournent au Zanzibar! La rivière Itouri nous économise la moitié du chemin. Toutes nos charges seront portées en canot. Et quarante-cinq jours après nous serons sur l'Albert Nyanza. J'ai dit à Émin que je le reverrai vers la mi-décembre 1888. J'ai encore un trimestre devant moi; le temps est amplement suffisant, à moins que je ne sois arrêté par un obstacle imprévu.

A vous, bien sincèrement,
Henry M. Stanley.

Au colonel G. A. Grant, Compagnon de l'ordre du Bain.

XIV

Lettre d'Émin-Pacha au Comité de secours.

Msalala, 25 août 1889.

Monsieur, — Ayant atteint Msalala aujourd'hui sous l'escorte de l'expédition commandée par M. Stanley, je me hâte de vous écrire deux mots pour vous dire combien j'apprécie vivement la généreuse assistance que vous nous avez envoyée. Quand, sous le coup de l'adversité, je me risquai à demander quelque aide pour mes gens, je pensais bien que ma voix serait entendue, mais je ne me fusse jamais attendu à telle bonté que vous et les souscripteurs du Fonds de Secours avez montrée.

Il me serait impossible de vous raconter tout ce qui nous est advenu après la première tentative de M. Stanley; sa plume si habile vous le décrira bien mieux que je ne pourrais le faire. J'espère qu'un jour, avec la permission du gouvernement égyptien, je pourrai me présenter devant vous, et vous exprimer de vive voix les sentiments de gratitude que je serais malhabile à vous exprimer par écrit.

Jusqu'à cet heureux moment, je vous prie de transmettre à tous les souscripteurs du Fonds les sincères remerciements d'une poignée de gens déjà perdus, mais qui grâce à votre entremise ont été sauvés de la destruction, et ont maintenant l'espoir de retrouver leurs parents et amis.

Je ne pourrais ici rendre suffisamment justice à tous les mérites de M. Stanley et de ses officiers. Si je vis assez, je dirai un jour toute ma reconnaissance.

Je suis, Monsieur, avec mille et mille remerciements,

Votre bien obligé,

Dr Emin.

M. Mackinnon, Esq., président de l'Expédition de secours.

XV

Les accidents arrivés à l'arrière-garde.

Station de Msalala, à l'extrémité sud du lac Victoria, Afrique centrale Est, 31 août 1889.

Mon cher de Winton, nous arrivâmes ici le 28 de ce mois, et nous trouvâmes le moderne Livingstone, M. A. M. Mackay, sûrement et confortablement installé dans cette station missionnaire. J'ai toujours admiré Mackay, il ne s'est jamais ligué avec les missionnaires qui m'attaquaient, et tout ce que j'ai entendu sur son compte le montre capable et sûr. Quand je vois le travailleur et son œuvre, je reconnais l'homme que je demandais qu'on envoyât à Mtésa en 1875; c'est le vrai type qu'il eût fallu pour confirmer ce monarque en son amour naissant pour la foi des Blancs.

A mon arrivée, on me remit des coupillures de journaux dont le contenu m'abasourdit net. Deux choses m'ont frappé : à savoir le manque de bon sens montré par les écrivains et leur parfaite insouciance de l'exactitude. Personne ne semble avoir pris le moins du monde au sérieux mes lettres au Comité, ni mon discours au banquet Mackinnon à la veille du départ. Personne ne prend souci du dogme que j'ai toujours professé, auquel j'ai toujours adhéré dans ma vie de travail : ne promettre jamais que ce que l'on veut tenir.

Et voici mon second article de foi, qu'on devrait connaître aussi : Obéissez aux ordres et tant pis pour le reste! (Voyez mon livre sur le *Congo et son État libre.*) J'ai toujours prié, disais-je au banquet Mackinnon, que la même Providence qui m'a jusqu'à présent poussé et guidé en 'Afrique m'accompagnât dans le voyage entrepris pour secourir le fidèle lieutenant de Gordon.

Maintenant, dans cette affaire du Pacha blanc, dites-moi pourquoi je bougerais d'une semelle, soit à hue, soit à dia, de la ligne droite que je vous marquais dans mes lettres : « Kavalli, sur l'Albert-Nyanza, directement à l'est de Yamboumba, tel est mon objectif, autant que les obstacles de la nature me le permettront. » Je n'ai pas encore abandonné mon principe de remplir une promesse à la lettre quand ma responsabilité y était engagée. Est-ce qu'on m'a vu encore chercher midi à quatorze heures? — Alors pourquoi suppose-t-on que moi qui ai dit mon opinion, à savoir que Gordon a désobéi aux ordres reçus — « Gordon en faisant à sa sa tête », disais-je au discours de Mansion-House — moi je me montrerais dix fois plus désobéissant que lui, et mille fois plus indiscipliné? En prenant la direction du Bahr el Ghazal et de Khartoum, j'eusse mérité, certes, ces accusations de « manque de foi, de malhonnêteté, de dissimulation » dont on me gratifie. Je ne l'eusse pas fait pour un empire, à moins que cela n'eût été stipulé par un article dans le traité verbal intervenu entre le Comité et moi. L'objet de l'expédition, comme je l'ai compris, était la délivrance d'Émin, purement et simplement, et le Comité ne demandait pas

autre chose; mais le gouvernement égyptien ajouta :
« et l'escorte du Pacha et de ses hommes jusqu'à la
mer, au cas qu'Émin le demanderait ».

Et dans cette affaire du Pacha, le dernier Livre Bleu
que m'a procuré Lord Iddesleigh, contenait plusieurs
expressions empruntées aux lettres d'Émin, desquelles
il ressortait qu'il avait fidèlement gardé son poste, jusqu'à ce qu'il eût pu connaître les intentions de son
gouvernement, et qu'il avait avec lui des forces suffisantes pour prendre telle direction vers la mer que
lui indiquerait le gouvernement : le Congo, le Monbouttou, le Langgo, le Masaï, tout lui était égal. Mais le
2 novembre 1887, quarante-deux jours avant que je
n'atteignisse l'Albert Nyanza, il écrit à son ami, le
Dr Felkin : « Ne mettez pas mes intentions en doute. Je
n'ai pas besoin qu'une expédition vienne à mon secours.
N'ayez crainte pour moi. Il y a longtemps que j'ai pris la
résolution de rester. »

Tout cela est peu satisfaisant et même inexplicable.
Il dit aussi avoir envoyé des escouades de recherche
dans la direction par laquelle on supposait que je viendrais. Les 15, 16 et 17 décembre, je m'enquis auprès
des gens à l'extrémité sud du lac Albert : ils n'avaient
vu ni vapeur ni bateau étranger, depuis la visite de
Mason-Bey en 1877. Cette absence de nouvelles sur son
compte nous coûta un voyage de 500 kilomètres, pour
charger notre bateau et le porter au Nyanza. Avec ce
bateau nous le trouvâmes dans les trois jours. Finalement, Émin alla en vapeur jusqu'à notre camp, mais
loin de s'être depuis longtemps décidé, il ne savait pas
s'il s'en irait ou s'il resterait. Il voulait d'abord con-

sulter ses gens éparpillés en quinze stations sur un vaste pays. Je prévis un long retard, pour lequel éviter et pour donner au Pacha ample temps de méditer sa réponse, et de se renseigner sur les désirs de ses gens, je résolus de retourner à Yamboumba pour savoir quels avaient été les destins de l'arrière-garde de l'expédition sous les ordres du major Bartlelot. Cette méfiance d'Émin me coûta une autre pénible marche de 2000 kilomètres. Et quand je retournai au Nyanza, après huit mois d'absence, ce fut pour trouver que le Pacha et M. Jephson, un de nos officiers qui était resté auprès de lui en qualité de témoin, avaient été emprisonnés quatre mois avant notre troisième arrivée au Nyanza, et que l'invasion par les Mahdistes avait tout désorganisé.

Quand, sur mes ordres, M. Jephson se détacha d'Émin et vint me retrouver, j'appris pour la première fois que depuis cinq ans le Pacha n'avait eu ni province, ni gouvernement, ni soldats; et qu'il vivait sans être dérangé par personne, et que de temps à autre certains cédaient à ses désirs, apparemment par tolérance pure, et parce qu'on manquait d'excuse suffisante pour le chasser tout à fait. Mais quand dans un accès d'optimisme, il se risqua auprès de ses soldats, il fut aussitôt arrêté, insulté, menacé et emprisonné.

Quant aux affaires Bartlelot et Tippou-Tib, on y a entassé plus d'absurdités que partout ailleurs.

Vous vous rappelez la promesse par moi faite « de faire le plus de bien et le moins de mal possible ». Voyons comment j'ai rempli cet engagement à l'endroit de Tippou-Tib. Cet homme s'est enrichi par ses expéditions de pillage, qui ont été les plus hardies et les plus productives de butin qu'on ait jamais faites. Or, l'erreur de jugement, qui avait amené le capitaine Deane à provoquer tous les Arabes, et cela pour une menteuse fuyant son maître afin de ne pas être châtiée, cette erreur avait irrité les gens des Chutes Stanley, et en particulier Tippou-Tib et tous ses parents, amis, sujets et esclaves armés. Il avait résolu d'en prendre vengeance sur le libre État du Congo; il était à Zanzibar ramassant ses instruments pour la plus grande de toutes les razzias, celle du Haut Congo. Qui eût pu l'empêcher de descendre jusqu'aux Chutes Stanley? Qui connaissait mieux que moi les moyens de défense qu'avait l'État? Il fallait choisir entre une guerre de dévastation ou la paix avec un compromis de bonne foi. Si les deux parties se comportaient honnêtement, la paix pouvait durer indéfiniment. Pour assurer l'honnêteté de Tippou-Tib on lui servit un salaire de 750 francs par mois. Et moyennant cette bagatelle, on sauve des milliers d'hommes et leurs propriétés. On permet à l'État du Congo de se consolider, jusqu'à ce qu'il soit mieux muni en moyens d'attaque qu'il ne l'était alors.

Dieu merci, il y a longtemps que j'ai dépassé l'âge naïf dans lequel on se laisse aller à être la victime du premier rusé coquin qu'on rencontre. Je ne suis plus un jeune inconsidéré, ni Tippou-Tib non plus. L'un et l'autre nous entendîmes faire un marché avantageux. Je fus satisfait de ce que j'avais obtenu, et Tippou-Tib obtint l'argent qu'il demandait. Quand il accepta les stipulations, il était sincère dans ses intentions. Vous gardez votre Bible en mémoire, j'aime à penser, et vous vous rappelez ces paroles : « Il y a plus de joie au ciel pour un pécheur qui se repent, que pour quatre-vingt-dix neuf justes qui n'ont pas besoin de repentance. » Qui fut un plus grand pécheur que Tippou-Tib, au moins suivant notre jugement? Mais il ne pécha pas sur le Congo, pour des raisons pécuniaires, et même pour des raisons plus puissantes encore, que je ne mentionne point, afin que d'autres roublards n'en prennent avantage.

Après avoir dit le cas de Tippou-Tib, « le pirate, le flibustier, le boucanier, l'homme aux razzias », il me faut dire un mot sur ce pauvre Barttelot. C'était un major de l'armée anglaise. Ses dehors montraient un caractère franc, vaillant et hardi, peut-être jusqu'à la témérité. Les amis qui me le présentèrent à Londres parlèrent de lui à peu près dans ces termes, ils dirent les campagnes qu'il avait faites, les services qu'il avait rendus en personne. Comme je regardais le major, je lus sur sa figure la bravoure, la franchise et une combativité à large dose, et je dis à ses introducteurs : « Le courage et la hardiesse ne sont point rares parmi les officiers anglais ; mais la plus importante qualité dans une expédition comme celle-ci, vous ne l'avez pas encore mentionnée. J'espère que vous pourrez me parler aussi de sa « patience ».

La patience était peut-être la seule qualité dont il n'eût pas forte mesure ; mais je me promettais qu'il n'aurait pas grand'chance d'exercer sa combativité. Mais vous ne devriez pas croire qu'il eût la combativité à l'état de défaut ; elle résultait de sa jeunesse, de sa constitution et d'un vigoureux tempérament. Il avait la nostalgie de l'effort, et je lui promis qu'on lui en donnerait assez, jusqu'à ce qu'il réclamât quelque repos. Par malheur, le manque de bateaux pour transporter l'expédition jusqu'au Haut-Congo me contraignit à laisser la moitié des approvisionnements sous la garde de M. Troup à Stanley-Pool, et 126 hommes sous MM. Ward et Bonny à Bolobo. Le major étant le plus ancien officier et M. Jameson un voyageur africain doué d'expérience, il fut conclu, après due réflexion, qu'il n'y avait pas deux hommes mieux qualifiés pour la garde du camp à Yamboumba. Pour la colonne d'avant-garde, il y avait moi, Stairs, lieutenant du génie, homme intelligent et capable, Nelson, capitaine aux troupes coloniales, Mounteney Jephson, un civil, auquel le travail n'était pas moins nécessaire que le pain, et le chirurgien F. H. Parke, docteur de l'Académie de médecine, brillant opérateur. Tous ignoraient le kisouhaéli, qui est langage des Zanzibaris ; le major Barttelot et M. Jameson n'en savaient pas davantage. Les seuls à connaître cet idiome étaient MM. Ward et Troup, qui ne devaient arriver à Yamboumba que vers la mi-août. Eût-il été plus sage de donner le commandement de Yamboumba à Stairs, Nelson ou Jephson, plutôt qu'à M. Jameson ou au major Barttelot, le plus ancien officier ? Je suis certain que tous reconnaîtront que je fis le meilleur choix.

Quand de jeunes officiers anglais, allemands ou belges, arrivent en Afrique, la soif d'action, la promptitude au travail, le besoin de mouvement, se conservent dans leur intégrité pendant plusieurs mois. L'anémie n'a pas encore diminué les énergies et désagrégé le sang, ils ont alors de la combativité plus que jamais ensuite, et s'il y a rixes et querelles, c'est alors.

Nous n'étions pas encore arrivés à Yamboumba que deux fois déjà j'avais eu à m'interposer entre de jeunes Arabes mangeurs de feu, et de jeunes Anglais, vigoureux et robustes, incapables encore de faire la distinction entre « le nègre » et l'Arabe au teint foncé. Il advint donc que le major, oubliant mes instructions relatives à la patience, eut maille à partir avec ces croque-fer arabes, et dut s'adresser au Syrien Assad-Ferran pour lui servir d'interprète. Cet homme traduisit-il fidèlement ou non? je l'ignore, mais un froid s'ensuivit entre le fougueux neveu de Tippou-Tib et le non moins fougueux jeune major; ce froid persista, et à la longue, causa la mort de ce pauvre Barttelot, que nous regretterons toujours.

Dans les instructions écrites qui avaient été remises au major Barttelot, le 24 juin, au camp retranché de Yamboumba, le troisième paragraphe lit comme suit :

« C'est la non-arrivée des colis de Stanley-Pool et des hommes de Bolobo qui m'oblige à vous nommer commandant du poste, mais j'attends la prochaine arrivée d'un renforcement (les hommes de Tippou-Tib) de beaucoup plus nombreux que la colonne d'avant-garde, laquelle doit, coûte que coûte, aller de l'avant pour secourir Émin-Pacha. J'espère que vous ne serez pas retenu plus longtemps que quelques jours après le dernier retour du *Stanley*; il l'aura effectué en août, — disons le 13 août 1887 » (et en effet le steamer arriva le 14 août.)

« Paragraphe 5. Les intérêts qui vous sont confiés ont une importance vitale pour l'expédition. Tous les Zanzibaris sous vos ordres composent plus du tiers de l'effectif. Les marchandises serviront au troc dans les régions au delà des Lacs. La perte de vos hommes et de leurs colis serait pour nous une ruine certaine, et l'avant-garde aurait alors besoin d'être secourue à son tour. »

« Paragraphe 6. Notre marche se dirigera exactement vers l'est, soit au S-E de la boussole. Les chemins pourront ne pas toujours pointer dans cette direction, mais nous visons l'extrémité sud occidentale du lac Albert, à Kavalli ou près Kavalli... Ce que nous ferons après dépendra de ce qu'on apprendra relativement aux intentions d'Émin. »

« Paragraphe 7. En faisant sauter des arbres et en coupant des rejetons, nous tâcherons de vous laisser des marques indiquant suffisamment la route que nous aurons suivie. »

« Paragraphe 8. Si Tippou-Tib envoie l'entier détachement qu'il a promis (600 hommes), vous vous sentirez assez fort, sans doute, avec les 126 hommes arrivant par le *Stanley*, pour marcher avec votre colonne sur la route que j'aurai prise. Dans ce cas, que je désire vivement, nous nous rejoindrions dans quelques jours. Vous trouverez avantage à vous guider par nos bomas et nos zéribas. »

« Paragraphe 9. Si Tippou-Tib envoie des hommes, mais en nombre insuffisant, vous jugerez quelles marchandises vous pouvez vous dispenser d'emporter. »

(Suivait une liste d'objets, marqués suivant leur importance, numéros 1, 2, 3, 4, 5, 6, les plus hauts chiffres devant être sacrifiés les premiers.)

« Si vous avez des difficultés pour la marche, il

vaudra mieux doubler les marches que jeter trop de marchandises. Cela dit pour le cas que vous préféreriez aller de l'avant que d'attendre notre retour. »

Ces instructions furent accompagnées d'explications verbales, par lesquelles je donnai la permission de se mettre en marche dès le lendemain après l'arrivée du contingent de Bolobo; à condition toutefois que les marchandises fussent préparées en temps utile. Je faisais les plus vives recommandations de ne pas se fier aux promesses de Tippou-Tib, si l'homme manquait à se présenter dans un laps de temps raisonnable après la date stipulée. Les porteurs de Tippou n'étaient pas absolument nécessaires, mais permettraient d'employer nos gens à d'autres services. Si Tippou-Tib arrivait, c'était bel et bien; s'il ne venait pas, on en prenait son parti : — « Accommodez les ballots selon les porteurs, et marchez sur nos traces. Si Tippou-Tib rompt l'engagement écrit qu'il a conclu avec moi devant le Consul, les promesses qu'il vous ferait vaudraient encore moins. Quand vous le vîtes pour la dernière fois, il promit d'arriver dans les neuf jours, le délai expire après-demain. S'il se présente avant la jonction du *Stanley*, à merveille! mais s'il ne vient pas alors, cela prouve que l'homme n'a jamais eu l'intention de venir. Ne vous tracassez pas l'esprit sur son compte, mais emportez ce que vous pourrez : munitions, rassade, draps, effets personnels, provisions d'Europe. Et si vous faites quelques doubles marches de 6 à 10 kilomètres par jour, tout ira bien. »

Le major se redressa par un mouvement franc et impétueux : « Par ma foi, cela me va! Je ne moisirai pas longtemps après l'arrivée des gens de Bolobo. Je ne voudrais pas m'éterniser ici pour quoi que ce soit ! »

Malheureusement d'énervants retards, accompagnés par les belles promesses des Arabes, empêchèrent son mouvement à l'avant; avec quelles désastreuses conséquences pour l'expédition et pour l'arrière-garde, la chose est déjà trop bien connue pour la raconter encore.

Quant aux atrocités du Congo, je ne sais qui a imaginé l'horrible racontar auquel on a mêlé les noms de Jameson et du major Barttelot. C'est une absurdité, un *canard* à sensation. Le Révérend Wilmot Brooke a écrit une lettre au *Times* relatives, aux « atrocités sur l'Arahouimi, dans laquelle on lit : Des témoins oculaires, tant Anglais qu'Arabes, m'ont assuré que ce sont là des incidents ordinaires, et qu'eux-mêmes en traversant le camp du Manyouéma, ont vu des pieds et des mains d'homme émergeant des marmites. »

Je voudrais bien faire la question : Quels Anglais ont vu cette curieuse chose : « des pieds et des mains émergeant d'une marmite? » M. Wilmot Brooke est un missionnaire indépendant qui cherche à se caser. Il faut qu'il ait bien l'air de n'être pas sorti de son village pour qu'on l'ait préféré à tout autre comme confident de ces nouvelles policières. Volontiers j'affirmerais que « ces Anglais » seraient difficiles à découvrir autant que la couronne légendaire du Prêtre Jean. J'ai eu avec moi, pendant une année, 150 de ces Manyouéma ainsi nommés, ou plutôt des Oua-Mongora et des Oua-kousou, esclaves de chefs Manyouéma, gens de Tippou-Tib, et pas un de nos Anglais n'a vu chose pareille.

Est-ce M. Wilmot Brooke ou Assad-Ferran qui a trouvé l'histoire d'une femme dont l'exécution aurait été différée pour qu'un photographe disposât son appareil? Cela vous surprendrait-il d'apprendre qu'il n'y avait pas le plus petit appareil photographique dans le camp de Yamboumba, ni dans un rayon de 800 kilomètres autour des Chutes Stanley, soit au nord, au sud, à l'est ou à l'ouest; il n'y en avait ni en ce moment-là, ni aux environs de cette époque.

On varie l'histoire en disant qu'il ne s'agissait pas d'une photographie, mais d'un dessin que quelqu'un voulait prendre. Était-ce Jameson, était-ce Ward? Car l'un et l'autre manient fort bien le crayon. Mais pourquoi un dessinateur aurait-il besoin de faire différer une exécution? Ne peut-il pas prendre une esquisse instantanée? Ne peut-il pas à un moment quelconque esquisser une arme prête à frapper, indiquer la position de la victime et du bourreau? Melton Prior est un des artistes les plus expéditifs que j'aie connus, cependant il croirait impossible de représenter le mouvement d'un sabre, rapide comme l'éclair.

Mais je pourrais de la sorte raisonner sans fin sur les absurdités tant finies qu'infinies que je trouve imprimées dans ces fragments de journaux. Deux fois le major Barttelot a infligé des punitions sévères; mais — singulière coïncidence — l'homme blanc qui était présent, assista les deux fois à la flagellation; il assista sans protester, et la seconde fois, après un jugement régulier, il vota pour la mort, et signa l'arrêt qui ordonnait l'exécution immédiate.

Moi aussi, j'ai eu à exécuter quatre individus pendant

notre expédition; deux pour vol de carabines, cartouches et charges de poudre, — un homme des gens du Pacha, pour vol, conspiration et complot séditieux, et avoir mis à mal trente femmes appartenant à des Égyptiens; il passa en cour martiale, tous officiers présents, et fut condamné à être pendu. — Le dernier se trouva être un Soudanais qui, de propos délibéré, alla dans une tribu amie, chez laquelle il se mit en devoir de tirer des coups de fusil; il tua un natif, en blessa un autre grièvement. Les chefs vinrent et demandèrent justice. Nous fîmes l'appel de nos gens, le meurtrier et ses compagnons furent reconnus par les camarades et le coupable fut délivré aux ayants droit de l'homme mort, selon la prescription de l'antique loi qui exige « sang pour sang ».

A vous fidèlement,
HENRY M. STANLEY.

XVI

Derniers télégrammes.

Expédié de Zanzibar le 2, reçu le 4 novembre par sir William Mackinnon :

« 2 novembre 1889.

« Arrivé en 140 jours, pour la troisième fois, à l'Albert Nyanza de Banalya, d'où envoyai ma dernière lettre. Émin et Jephson prisonniers depuis 18 août année dernière, après la découverte du malheureux sort de la caravane Barttelot. Troupes province équatoriale révoltées, peu après, grandes forces mahdistes envahissent province. Dès première bataille, plusieurs stations se soumettent, frappées de panique; indigènes joignent envahisseurs, aident destruction provinces : fugitifs mis à mort; grande perte de munitions. Mahdistes repoussés devant Douflé, ont dépêché vapeur à Khartoum pour demander renforts. Lettre m'attendant près Albert Nyahza, survivants m'exposant nécessité arriver avant fin décembre, ou serais trop tard. Arrivai 18 janvier pour troisième fois. Du 14 février au 8 mai, attendu fugitifs, puis quitté Albert Nyanza pour la côte : Route suivie : vallée Semliki, Anemba, Ousongora,

Taro, Ouhaiyama, Ounyampaka, Ankori, Karagoué, Ouhaya, Ouzinza, Sud Victoria Nyanza. Pas de naturels hostiles de par Kabbé-Rigé; suivi basse chaîne neigeuse Rouévenzori; trois côtés Nyanza du Sud, ou Nyanza d'Ousongora, nommé maintenant Albert-Edouard Nyanza, 260 mètres plus haut qu'Albert Nyanza. Emissaire, la Semliki, qui reçoit plus de 50 ruisseaux du Rouévenzori et se jette dans Albert Nyanza, faisant Albert-Edouard source branche sud-ouest Nil Blanc, Victoria Nyanza étant source sud-est »

Télégramme reçu le 22 novembre, par Sir W. Mackinnon.

« Arrivé à Mpouopoua 10 novembre ; espère partir 12 novembre pour côte est, viâ Simbamouenni. Européens tous bien. Emmène 300 Soudanais. On peut m'attendre au premier jour à côte. Ai découvert que Victoria Nyanza s'étend sud-ouest à moins 250 kilomètres de lac Tanganyika : longueur Victoria Nyanza, 435 kilomètres; surface 69 930 kilomètres carrés. »

A la même date le télégramme ci-après arrivait au Foreign-Office :

« Zanzibar, 21 novembre, 1889.
« Nouvelles de Stanley. Arrivée à Mpouopoua 10 novembre, 55ᵉ jour depuis Victoria Nyanza, 188ᵉ depuis Albert Nyanza. Européens présents : Stairs, Nelson, Jephson, Parke, Bonny, Hoffmann, Émin-Pacha et sa fille, Casati; Marco, Pères Grault et Schinze, mission algé-

rienne. Propose partir 12, arriver côte viâ Ileouba Mouemi. Stanley annonce découvertes inattendues de riche importance pour Afrique dans extension du Victoria Nyanza vers sud-ouest. Limite extrême. lat. sud, 2° 48′. Mer Victorienne à 250 kilomètres seulement du lac Tanganyika, surface du lac 69 000 kilomètres carrés. Toutes lettres et nouvelles passent maintenant par mains allemandes. »

Voici l'ordre chronologique des documents reproduits dans ce volume :

I. Lettres Stanley des 20 et 21 mars 1887. En route. . . 1
II. Lettre Stanley, du 18 septembre 1887, au major Barttelot. Dans la forêt. 3
III. Lettre Barttelot, du 4 juin 1888. Son récit. 16
IV. Lettre Stanley, du 18 août 1888, à Tippou-Tib. 25
V. Lettre Stanley, du 28 août 1888, à Sir William Mackinnon. — De Yamboumba à l'Albert Nyanza. — Les forêts de l'Itouri. — Émin-Pacha.. 27
VI. Lettre Stanley, du 1ᵉʳ septembre 1888, au secrétaire de la Société anglaise de Géographie. — Résultat des voyages entre Yamboumba et l'Albert Nyanza. . . . 51
VII. Lettre Stanley, du 4 septembre 1888, à Bruce. — Nouveaux détails sur la marche. — La forêt africaine. . 61
VIII. Lettre Stanley, du 8 septembre 1888, à Grant. — Problèmes géographiques.. 168
IX. Lettre Stanley, du 5 août 1889, à sir William Mackinnon : Découvertes géographiques. — Emprisonnement d'Émin et de Jephson. — Le Mahdi 81
X. Documents communiqués par Émin-Pacha : Lettres écrites en 1884 par Lupton et Omar Saleh 133

XI. Lettre Stanley, du 17 août 1889 à sir William Mackinnon : Difficultés avec Émin-Pacha. — Trahison des Égyptiens. — Revue des fugitifs. — Marche vers la côte orientale. — Maladie de Stanley. — Nouvelles découvertes 107

XII. Autre lettre de Stanley du 17 août 1889, à William Mackinnon : Résultats géographiques obtenus du lac Albert jusqu'à l'Ouzinja. 149

XIII. Lettre d'Émin-Pacha au Comité de secours, datée le 23 août 1889. 181

XIV. Lettre Stanley, du 31 août 1889, à de Winton : Les accidents arrivés à l'arrière-garde. 183

XV. Lettre de Stanley, du 3 septembre 1889 à l'éditeur Marston : Incidents variés. — Découvertes sur découvertes . . 141

XVI. Les derniers télégrammes Stanley des 2 et 22 novembre, à sir William Mackinnon, et du 21 novembre au Foreign-Office, annonçant l'arrivée à Zanzibar . . 196

TABLE DES MATIÈRES

Avant-propos..	i
Introduction..	iii
I. En route..	1
II. Dans la forêt. — Lettres de M. Stanley au major Barttelot...........................	3
III. Du major Barttelot............................	16
IV. M. Stanley et Tippou-Tib. — Premières nouvelles du succès...................	25
V. Lettre reçue à Londres à la fin de mars 1889. — De Yamboumba à l'Albert Nyanza. — Les forêts de l'Itouri; Émin-Pacha..........................	27
VI. Nouveaux détails sur la marche. — La forêt africaine.	51
VII. Résultats des voyages géographiques entre Yamboumba et l'Albert Nyanza........................	61
VIII. La marche vers la côte. — Découverte en route. — Emprisonnement d'Emin et de M. Jephson. — Le Mahdi..	81
IX. Documents.......................................	107
X. Difficultés avec Émin. — Trahison des Égyptiens. — Revue des fugitifs. — Marche vers la côte orientale. — Maladie de Stanley. — Nouvelles découvertes géographiques..	109

TABLE DES MATIÈRES.

XI. Incidents variés. — Découvertes sur découvertes... 114
XII. Résultats géographiques obtenus du lac Albert Nyanza jusqu'à l'Ouzinja. — Lettre adressée au secrétaire de la Société de Géographie, à Londres. 149
XIII. Problèmes géographiques. — Détails sur Émin. . . . 168
XIV. Lettre d'Émin-Pacha au Comité de secours. 181
XV. Les accidents arrivés à l'arrière-garde. 183
XVI. Derniers télégrammes. 198

19890. — Imprimerie A. Lahure, 9, rue de Fleurus.

Juillet 1889

CATALOGUE
DES
PUBLICATIONS
GÉOGRAPHIQUES
DE
LA LIBRAIRIE
HACHETTE ET CIE

BOULEVARD SAINT-GERMAIN, 79, PARIS

LONDRES, 18, KING WILLIAM STREET, STRAND

EXPOSITION DE GÉOGRAPHIE DE 1875
LETTRE DE DISTINCTION

EXPOSITION UNIVERSELLE DE 1878
Classe XVI (Géographie), **GRANDE MÉDAILLE**

CONGRÈS GÉOGRAPHIQUE DE VENISE (1881)
Classe VII (Enseignement), **HORS CONCOURS**
Classe VIII, **MÉDAILLE DE 1re CLASSE**

DIVISIONS DU CATALOGUE

I. Publications périodiques.

    Le Tour du Monde.................................... 7

    Nouvelle géographie universelle, par Elisée Reclus....... 8

    Nouveau dictionnaire de géographie universelle, par Vivien de Saint-Martin et L. Rousselet................ 9

    Atlas de géographie moderne, par Schrader, Prudent et Anthoine.. 10

    Atlas universel de géographie, par Vivien de Saint-Martin et Fr. Schrader....................................... 11

II. Nouvelle carte de France au 1/100.000 dressée par le service vicinal par ordre du Ministre de l'Intérieur..... 12

III. Collection des Guides Joanne........................... 16

IV. Voyages... 19

V. Géographie et ouvrages divers 25

VI. Ouvrages d'enseignement. — § 1. Livres classiques....... 27
                —   § 2. Atlas................ 29
                —   § 3. Cartes murales........ 30

PUBLICATIONS GÉOGRAPHIQUES

DE LA LIBRAIRIE HACHETTE ET Cie

Au milieu des efforts qui depuis un certain nombre d'années se sont produits en France pour relever le niveau de la science et de l'enseignement géographiques, nous avons tenu à conserver la place que nous imposait la tradition de notre maison. Le fondateur de la librairie Hachette s'était avant tout efforcé d'être un initiateur. Fidèles à son exemple, nous nous sommes attachés bien avant 1870, à ramener le public français vers les préoccupations d'ordre géographique dont il s'était trop désintéressé. Dès 1860, nous fondions avec Edouard Charton un journal de voyages illustrés *le Tour du Monde*, qui compte aujourd'hui vingt-neuf volumes, et dans lequel se trouve les itinéraires des grands explorateurs modernes.

Bien avant 1860, Adolphe Joanne s'était préoccupé de rendre les voyages plus faciles, et avait contribué à en répandre le goût par la publication de ses *Guides*, dont on continuera à se servir tant qu'on voudra voyager avec la préoccupation de tirer un profit intellectuel de son voyage. Son *Dictionnaire de la France* et sa collection de *Géographies départementales* répandaient dans le grand public la connaissance de notre patrie.

En même temps, Elisée Reclus, dans ses deux volumes de géographie physique, *la Terre*, posait pour ainsi dire la base du grand édifice géographique qu'il a élevé depuis cette époque. Enfin, et pour ne citer que nos tentatives les plus importantes, nous avions confié à M. Vivien de Saint-Martin la préparation d'un Dictionnaire de géographie et d'un Atlas universel qui, après vingt-cinq années d'efforts, s'avancent vers leur achèvement.

Ces efforts se sont continués et incessamment accrus, sans autre interruption que celle de l'Année terrible, après laquelle nous nous sommes remis à l'œuvre. C'est de cette deuxième période que date dans son entier la *Géographie universelle* d'Elisée Reclus, cette œuvre immense où le géographe nous paraît avoir sans cesse uni la science la plus sûre à l'inspiration la plus haute, et donné de la terre et des hommes la description la plus précise et la plus ample que possède notre littérature.

A côté de lui, son frère Onésime a publié plusieurs volumes de géographie où, dans un style rapide et avec une inspiration passionnée, il suggère la vision singulièrement nette et intense, tantôt des diverses parties de la terre, tantôt de la France et de ses colonies.

Le *Dictionnaire de géographie universelle* commencé par M. Vivien de Saint Martin s'est continué sous la direction de M. Louis Rousselet, avec une rapidité de plus en plus grande et une abondance d'informations qui n'a cessé d'en accroître la valeur. Arrivé actuellement à la fin de la lettre P, il forme quarante-sept fascicules qui composent quatre grands volumes in-4, et il sera complètement achevé dans un avenir peu éloigné.

C'est alors seulement, comme pour tous les grands dictionnaires, qu'on pourra mesurer le chemin parcouru et oublier, devant l'œuvre achevée, les longs efforts qui auront été nécessaires pour arriver au but.

Aussi longs et non moins laborieux auront été les travaux préliminaires qui nous permettront désormais de publier des œuvres cartographiques vraiment originales.

Là il ne s'agissait pas seulement de puiser aux sources, il fallait d'abord les retrouver et renouer la tradition de la cartographie française, si l'on voulait cesser de payer à l'étranger un tribut, avoué ou caché, mais malheureusement obligatoire. Une fois convaincus de la nécessité de reprendre l'œuvre depuis ses premiers fondements, nous n'avons pas hésité; M. Schrader, en prenant en mains l'Atlas universel commencé par M. Vivien de Saint-Martin, et la direction scientifique de nos travaux cartographiques a reçu la mission de reconstituer la cartographie du globe entier, sans se servir des œuvres de compilation courante, et en recourant aux documents d'origine. Ses travaux sur les Pyrénées espagnoles et ses levés originaux qui nous ont permis de dresser la carte exacte d'une région si voisine des frontières, jusqu'alors presque inconnue, le désignaient naturellement pour cette œuvre.

Il a fallu dix ans pour noter ou reporter sur des feuilles de projection pouvant couvrir un globe de vingt mètres de circonférence les innombrables indications — si souvent contradictoires ou douteuses — dont se compose le bagage toujours grossissant de la cartographie moderne.

Nous avons dû créer une véritable école de cartographie, former des élèves, nous entourer de collaborateurs nombreux, à la fois artistes et hommes d'étude.

A l'enseignement théorique, nous avons même joint l'enseignement pratique, et nos élèves ont régulièrement employé leurs vacances à des voyages géographiques ou topographiques dans les Pyrénées, dans plusieurs régions de la France, même jusqu'aux îles Canaries. De la sorte, ils ont pu acquérir une véritable expérience personnelle et se dépouiller de leurs idées préconçues.

Aujourd'hui, l'*Atlas universel* de MM. Vivien de Saint-Martin et F. Schrader a repris sa marche en avant, et arrive à sa neuvième livraison, soit 27 cartes publiées; la préparation de l'œuvre entière est achevée, ce qui nous permettra désormais une publication de plus en plus rapide. Mais, désireux de procurer, dès aujourd'hui, au public, un ouvrage qui lui permette d'attendre l'achèvement de notre grand atlas, dont les planches gravées en taille-douce sont toujours d'une exécution si longue, nous venons de commencer la mise en vente d'un *Atlas de géographie moderne*, exécuté sous la direction de MM. Schrader, Prudent et Anthoine. Cet ouvrage, imprimé en plusieurscouleurs, est en quelque sorte une édition anticipée des cartes de l'atlas universel. Au verso de ces cartes sont imprimées des notices accompagnées de figures.

Rappelons enfin que M. Paul Joanne ne cesse d'augmenter la *Collection des Guides* en conservant à cette collection son caractère élevé, qui la différencie nettement des Guides étrangers, et en s'attachant à lui donner de plus en plus la forme pratique et aisément portative qui s'impose à notre époque de voyages rapides.

La nouvelle édition du *Dictionnaire géographique de la France*, déjà arrivée à sa treizième livraison, n'est pas une simple refonte de l'œuvre d'Adolphe Joanne; c'est un ouvrage absolument nouveau, n'ayant de l'ancien que le titre, et qui constituera une étude de la France infiniment plus complète que toutes celles qui l'ont précédée. Un grand nombre de cartes ou plans viennent en augmenter la valeur.

A ce résumé très sommaire de nos publications géographiques, nous pourrions ajouter la liste de nos ouvrages d'enseignement primaire, de nos séries de cartes murales ou scolaires, de nos éditions illustrées de voyages, etc. Ce que nous avons dit paraîtra suffisant, nous l'espérons, pour témoigner de la large part d'efforts et de bonne volonté que nous avons apportée, à côté de bien d'autres, au développement et à la diffusion des sciences géographiques en France.

I
PUBLICATIONS PÉRIODIQUES

LE
TOUR DU MONDE

NOUVEAU JOURNAL HEBDOMADAIRE DES VOYAGES

PUBLIÉ SOUS LA DIRECTION DE M. ÉDOUARD CHARTON

ET TRÈS RICHEMENT ILLUSTRÉ PAR NOS PLUS CÉLÈBRES ARTISTES

Les vingt-neuf premières années sont en vente (1860-1888).
Les années 1870 et 1871 ne formant ensemble qu'un seul volume, la collection
se compose actuellement
de vingt-huit volumes, qui contiennent plus de 19,000 gravures.

CONDITIONS DE VENTE ET D'ABONNEMENT

Un numéro comprenant 16 pages in-3, plus une couverture réservée aux nouvelles géographiques, paraît le samedi de chaque semaine. — Prix du numéro : 50 centimes. Prix de l'abonnement pour Paris et pour les départements : un an, 26 fr.; six mois, 14 fr. — Prix de l'abonnement pour les pays étrangers qui font partie de l'Union générale des postes : un an, 28 fr.; six mois, 15 fr. — Les abonnements se prennent du 1er de chaque mois.

Les 52 numéros publiés dans une année se vendent brochés ou reliés en 1 ou 2 volumes.

Prix de chaque année brochée en un ou deux volumes, 25 fr.

Le cartonnage en percaline se paye en sus : en 1 volume, 3 fr.; en 2 volumes, 4 fr. — La demi-reliure chagrin, tranches dorées : en un volume, 6 fr.; en 2 volumes, 10 fr. — La demi-reliure chagrin, tranches rouges semées d'or : en 1 volume, 7 fr.; en deux volumes, 12 fr.

Il existe en magasin quelques collections du *Tour du Monde* tirées sur papier de Chine. — Chaque collection se vend 1100 francs.

Une table analytique et alphabétique des 25 premiers volumes est en préparation.

ÉLISÉE RECLUS
NOUVELLE GÉOGRAPHIE UNIVERSELLE
LA TERRE ET LES HOMMES
EN VENTE

GÉOGRAPHIE DE L'EUROPE (complète en 5 volumes)

Tome I: L'Europe méridionale
Nouvelle édition, revue et corrigée.
Grèce, Turquie, pays des Bulgares, Roumanie, Serbie et Montagne Noire, Italie, Espagne et Portugal.
contenant 6 cartes en couleur,
178 cartes dans le texte et 85 vues et types gravés sur bois, 30 fr.

Tome II : La France
Nouvelle édition revue et corrigée, conten. une grande carte de France, 10 cartes en coul., 18 cartes dans le texte; et 87 vues et types gravés sur bois, 30 fr.

Tome III : L'Europe centrale
Suisse, Austro-Hongrie et Empire d'Allemagne
Contenant 10 cartes en couleur, 220 cartes dans le texte, et 78 vues et types gravés sur bois, 30 fr.

T. IV: L'Europe Septentrionale
(Nord-Ouest) *Belgique, Hollande, Iles Britanniques.*
Contenant 7 cartes en couleur, 210 cartes dans le texte, et 81 vues et types gravés sur bois, 30 fr.

T. V: Europe scandinave et russe
Cont. 9 c. en coul., 201 c. dans le texte, et 76 vues et types gr. sur bois, 30 fr.

GÉOGRAPHIE DE L'ASIE (complète en 4 volumes)

Tome VI : L'Asie russe
Caucasie, Turkestan, Sibérie
Contenant 8 cartes en coul., 181 cartes dans le texte et 83 vues et types gravés sur bois, 30 fr.

Tome VII : L'Asie Orientale
Empire chinois, Corée et Japon.
Contenant 7 cartes en coul., 162 cart. dans le texte et 90 vues et types gravés sur bois, 30 fr.

Tome VIII: L'Inde et l'Indo-Chine
Contenant 7 cartes en couleur, 201 cartes dans le texte, et 81 vues et types gravés sur bois, 30 fr.

Tome IX : L'Asie antérieure
Afghanistan, Béloutchistan, Perse, Turquie d'Asie, Arabie.
Contenant 5 cartes en couleur, 166 cartes dans le texte, et 85 vues et types gravés sur bois, 30 fr.

GÉOGRAPHIE DE L'AFRIQUE (complète en 4 volumes)

Tome X: L'Afrique septentrionale
1re partie : *Bassin du Nil, Soudan égyptien, Éthiopie, Nubie, Égypte.*
Conten. 3 cartes en coul., 111 cartes dans le texte et 57 vues et types gravés sur bois, 20 fr.

T. XI: L'Afrique septentrionale
2e partie : *Tripolitaine, Tunisie, Algérie, Maroc et Sahara.*
Contenant 4 cartes en coul., 160 cartes dans le texte et 83 vues et types gravés sur bois, 30 fr.

Tome XII : L'Afrique occidentale
Archipels atlantiques, Sénégambie et Soudan occidental.
Contenant 3 cartes en coul., 120 cartes dans le texte et 65 vues, et types gravés sur bois, 25 fr.

Tome XIII: L'Afrique Méridionale
Iles de l'Atlantique austral, Gabonie, Congo, Angola, Cap, Zambèze, Zanzibar, Côtes des Somal.
Cont. 5 c. en coul., 190 c. dans le texte, et 75 vues et types gr. sur bois, 30 fr.

Tome XIV : OCÉAN ET TERRES OCÉANIQUES
Iles de l'Océan indien, Insulinde, Philippines, Micronésie, Nouvelle-Guinée Mélanésie, Nouvelle-Calédonie, Australie, Polynésie.
Cont. 4 c. en coul. tir. à part, 203 c. int. dans le t. et 83 vues ou typ. gr. sur b., 30 f.

La reliure avec fers spéciaux, tranches dorées, se paye en sus, 7 fr. par volume

Conditions et mode de publication

La *Nouvelle géographie universelle* de M. Élisée Reclus se composera d'environ 1000 livraisons, soit 18 volumes grand in-8.

Chaque livraison, composée de 16 pages et d'une couverture, et contenant au moins une gravure ou une carte tirée en couleurs, et généralement plusieurs cartes insérées dans le texte, se vend 50 centimes. Il paraît régulièrement une livraison par semaine depuis le 8 mai 1875.

NOUVEAU DICTIONNAIRE
DE
GÉOGRAPHIE UNIVERSELLE

CONTENANT

1° LA GÉOGRAPHIE PHYSIQUE :

Description des grandes régions naturelles, des bassins maritimes et continentaux, des plateaux, des chaînes de montagnes, des fleuves, des lacs, de tous les accidents terrestres ;

2° LA GÉOGRAPHIE POLITIQUE :

Description circonstanciée de tous les États et de toutes les contrées du globe ; tableau de leur province et de leurs subdivisions ; description des villes et en particulier de toutes les villes de l'Europe ; vaste nomenclature de tous les bourgs, villages et localités notables du monde ; population d'après les dernières données officielles ; forces militaires ; finances, etc., etc. ;

3° LA GÉOGRAPHIE ÉCONOMIQUE :

Indication des productions naturelles de chaque pays, de l'industrie agricole et manufacturière ; du mouvement commercial, de la navigation, etc. ;

4° L'ETHNOLOGIE :

Description physique des races ; nomenclature descriptive des tribus incultes, études sur les migrations des peuples, la distribution des races et la formation des nations ;

5° LA GÉOGRAPHIE HISTORIQUE :

Histoire territoriale des États et de leurs provinces ; description archéologique des villes et de toutes les localités notables ;

6° LA BIBLIOGRAPHIE :

Indication des sources générales et particulières, historiques et descriptives ;

PAR

M. VIVIEN DE SAINT-MARTIN
Président honoraire de la Société de géographie de Paris.

ET M. LOUIS ROUSSELET

Mode et conditions de la publication :

Le *Nouveau Dictionnaire de géographie universelle* formera cinq magnifiques volumes in-4, même format que le *Dictionnaire de la Langue française* de *M. Littré*, imprimés sur trois colonnes.

La publication a lieu par fascicules de 10 feuilles (8) pages). — Chaque fascicule se vend 2 fr. 50 c. Exceptionnellement le prix du 21e fascicule est de 2 fr., et celui du 27e de 3 fr. 75 c. — Il paraît environ 4 fascicules par an depuis 1877. Quarante-huit fascicules sont en vente.

Tome Ier (A-C, 589 pages), broché : 27 fr. 50 c. ; relié : 32 fr. 50 c.
Tome II (D-J, 1045 pages) broché, 32 fr ; relié, 37 fr.
Tome III (K-M, 1078 pages), broché : 34 fr. ; relié : 39 fr.

NOUVELLE PUBLICATION

ATLAS DE GÉOGRAPHIE MODERNE

PAR

F. SCHRADER

Directeur des travaux cartographiques de la Librairie Hachette et C⁽ᵉ⁾.

F. PRUDENT	**E. ANTHOINE**
Chef de bataillon du génie, au Service géographique de l'Armée	Ingénieur-chef du Service de la Carte de France et de la Statistique graphique au Ministère de l'Intérieur.

MODE ET CONDITIONS DE LA PUBLICATION

L'Atlas se composera de 64 cartes (3) cent. sur 40) imprimées en 8 couleurs. Le verso de chacune d'elles porte une notice de deux pages, accompagnée de nombreuses figures, de diagrammes, de cartes détaillées, etc.

Il sera complet en 21 livraisons, composées chacune de 3 cartes doubles et de 6 pages de notices. La dernière livraison, composée de 4 cartes, comprendra en outre, un INDEX ALPHABÉTIQUE des noms contenus dans l'Atlas.

Il paraît une livraison par mois, à partir de juin 1889.

Prix de chaque livraison de 3 cartes avec 6 pages de notices.... 1 fr.

LISTE DES CARTES

1 ⎫
2 ⎬ 8 Hémisphères.
3 Planisphère physique.
4 — hypsométrique.
5 — politique.
6 Europe physique.
7 — hypsométrique.
8 — politique.
9 France muette.
10 — physique.
11 — hypsométrique et géologique.
12 — politique et administrative en une feuille.
13 ⎫
14 ⎬ France politique et administrative en
15 ⎬ 4 feuilles.
16 ⎭
17 Algérie et Tunisie.
18 Colonies françaises.
19 —
20 Iles Britanniques.
21 Belgique et Pays-Bas.
22 Suisse.
23 Alpes.
24 Italie.
25 Espagne et Portugal.
26 Allemagne.
27 Europe centrale.
28 Autriche-Hongrie.
29 Presqu'île des Balkans.
30 Grèce.
31 Méditerranée.
32 Suède-Norvège, Danemark.

33 Russie d'Europe.
34 Russie Occidentale.
35 Asie physique.
36 — politique.
37 Empire Russe.
38 Arménie, Caucasie.
39 Asie Mineure.
40 Perse.
41 Inde.
42 Indo-Chine.
43 Grand Archipel Asiatique.
44 Empire Chinois.
45 Japon, Chine orientale.
46 Afrique physique.
47 — politique.
48 ⎫
49 ⎬ — en 3 feuilles.
50 ⎭
51 Océanie.
52 Australie.
53 Australasie.
54 Amérique du Nord physique.
55 — politique.
56 Puissance du Canada.
57 États-Unis.
58 — parties E. et O. amplifiées.
59 Mexique.
60 Antilles et Amérique Centrale.
61 Amérique du Sud physique.
62 — politique.
63 ⎫
64 ⎬ Amérique du Sud en 2 feuilles.

ATLAS UNIVERSEL
DE GÉOGRAPHIE
MODERNE, ANCIENNE ET DU MOYEN AGE

CONSTRUIT D'APRÈS LES SOURCES ORIGINALES ET LES DOCUMENTS LES PLUS RÉCENTS, CARTES, VOYAGES, MÉMOIRES, TRAVAUX GÉODÉSIQUES

AVEC UN TEXTE ANALYTIQUE

PAR

MM. VIVIEN DE SAINT-MARTIN et Fr. SCHRADER

ENVIRON 110 CARTES IN-FOLIO GRAVÉES SUR CUIVRE

SOUS LA DIRECTION DE MM. Et. COLLIN ET DELAUNE

Conditions et mode de la publication :

L'Atlas universel de géographie moderne, ancienne et du moyen âge est publié par livraisons. Chaque livraison contient trois cartes accompagnées de notices sur les documents qui auront servi à leur construction et se vend 6 francs.

Le prix de chaque carte prise séparément variera selon l'importance des frais de fabrication. — Ce prix, en aucun cas, ne sera inférieur à 2 fr.

Les huit premières livraisons sont en vente :

1re LIVRAISON
- Carte du ciel 2 50
- Turquie d'Europe 2 50
- Région polaire arctique 2 50

2e LIVRAISON
- Géographie astronomique 2 50
- Suisse .... 4 »
- Grèce .... 3 »

3e LIVRAISON
- Iles Britanniques (1re feuille, Angleterre) .... 3 »
- Iles Britanniques (2e feuille, Ecosse, Irlande) .... 3 »
- Monde connu des Grecs avant Alexandre .... 2 »

4e LIVRAISON
- Région polaire antarctique ..... 2 »
- Russie occidentale et Roumanie . 3 »
- Mexique .... 3 »

5e LIVRAISON
- Pays-Bas, Suède et Norvège (feuille méridionale). Archipels de la Polynésie. — Chaque carte séparément 2 50

6e LIVRAISON
- Suède, Norvège (feuille septentrionale). Danemark 2 50
- Belgique .... 3 »
- Amérique centrale 2 50

7e LIVRAISON
- Italie méridionale 2 50
- Empire Russe (Asie septentrionale) 2 50
- Océanie (carte générale) 2 50

8e LIVRAISON
- France en 6 feuilles, feuille I. 3 fr. »
- — — feuille II. 2 fr. 50
- Antilles .... 2 fr. 50

9e LIVRAISON
- France, en 6 feuilles, feuille III. 3 fr.
- Puissance du Canada .... 2 fr. 50
- Australie .... 2 fr. 50

D'autres livraisons sont sous presse.

II
NOUVELLE CARTE DE FRANCE
AU 1/100,000
DRESSÉE PAR LE SERVICE VICINAL
Par ordre du Ministre de l'Intérieur

Cette carte formera environ 600 feuilles de 28 cent. sur 38.

L'échelle adoptée se prête à une évaluation prompte des distances.

L'emploi de cinq couleurs, le rouge pour les voies de communication et la population, le bleu pour les cours d'eau, le vert pour les bois et les forêts, le bistre pour le relief des terrains, le noir pour les autres indications, permet de faire ressortir avec une grande netteté les nombreux renseignements que l'on est en droit de demander à une carte à grande échelle.

Les feuilles, de petit format, correspondant à une partie de la surface terrestre de 38 kilomètres de long sur 28 de large en moyenne, sont d'un maniement facile; elles sont orientées, étant déterminées par le croisement des parallèles et des méridiens.

La réunion de 14 ou de 16 de ces feuilles constitue de belles cartes de région comprenant un département et des abords considérables.

Il est essentiel, pour qu'un pareil document ne perde pas de sa valeur au bout d'un certain temps, qu'il représente toujours fidèlement et complètement l'état actuel des voies de communication, en lacunes ou construites. L'organisation du personnel du service vicinal, composé de 5,000 agents répartis sur tout le territoire de la France, permet d'assurer la *mise à jour constante* de la carte au 1/100,000. — Un tableau d'assemblage, tenu à la disposition des personnes qui en feront la demande, indique l'état actuel d'avancement de la carte.

Chaque feuille se vend séparément 75 centimes.

LISTE DES FEUILLES PARUES AU 1er JUIN 1889

LES DÉPARTEMENTS PRÉCÉDÉS D'UN ASTÉRIQUE (*) SONT COMPLETS.

Ain. — *Belley,* — *Bourg,* — *Nantua,* — *Oyonnax.*
*****Aisne.** — *Chauny,* — *Château-Thierry,* — *Fismes,* — *Guise,* — *Laon,* — *Saint-Quentin,* — *Soissons,* — *Vervins.*
Allier. — **Alpes (Basses-).** — **Alpes (Hautes-).**
Alpes-Maritimes. — *Cap Roux,* — *Monaco,* — *Nice.*
Ardèche.
*****Ardennes.** — *Château-Porcien,* — *Givet,* — *Hautes-Rivières,* — *Mézières-Charleville,* — *Rethel,* — *Sedan,* — *Vouziers.*
Ariège.
*****Aube.** — *Aix-en-Othe,* — *Arcis-sur-Aube,* — *Bar-sur-Aube,* — *Brienne,* — *Ervy,* — *Nogent-sur-Seine,* — *Romilly,* — *Troyes.*
Aude. — **Aveyron.**
Belfort (territoire de). — *Belfort,* — *Guebviller.*
Bouches-du-Rhône. — *Aix,* — *Ciotat (La),* — *Marseille,* — *Martigues (Les),* — *Salon.*
Calvados. — *Bayeux,* — *Douvres-La Délivrande,* — *Falaise,* — *Vire.*
Cantal.
*****Charente.** — *Angoulême,* — *Barbézieux,* — *Confolens,* — *Mansle,* — *Ruffec.*
*****Charente-Inférieure.** — *Aulnay,* — *Cognac,* — *Côte d'Arvert,* — *Jonzac,* — *Oléron (Ile d'),* — *Ré (Ile de),* — *Rochefort,* — *Rochelle (La),* — *Royan,* — *Saint-Jean-d'Angély.*
*****Cher.** — *Aubigny,* — *Bourges,* — *Dun-sur-Auron,* — *Saint-Amand,* — *Vierzon.*
Corrèze. — **Corse.**
*****Côte-d'Or.** — *Beaune Est,* — *Beaune Ouest,* — *Châtillon-sur-Seine,* — *Dijon,* — *Is-sur-Tille,* — *Montbard Est,* — *Montbard Ouest,* — *Villeaur.*
Côtes-du-Nord. — *Lannion,* — *Paimpol,* — *Plancoet,* — *Quintin,* — *Saint-Brieuc,* — *Tréguier.*
Creuse. — *Aubusson,* — *Bourganeuf,* — *Souterraine (La).*
Dordogne. — *Brantôme,* — *Nontron.*
Doubs. — *Audincourt,* — *Baume-les-Dames,* — *Besançon,* — *Damprichard,* — *Montbéliard,* — *Morteau,* — *Pontarlier.*
Drôme. — *Crest,* — *Nyons,* — *Valence.*
*****Eure.** — *Andelys (Les),* — *Bernay,* — *Conches,* — *Evreux,* — *Gisors,* — *Pont-Audemer,* — *Verneuil.*
*****Eure-et-Loir.** — *Bonneval,* — *Chartres,* — *Châteaudun,* — *Dreux,* — *Illiers,* — *Nogent-le-Rotrou.*
Finistère. — *Brest,* — *Châteaulin,* — *Douarnenez,* — *Landivez,* — *Lesneven,* — *Morlaix,* — *Plogoff,* — *Pont-l'Abbé,* — *Quimper,* — *Ouessant.*

Gard. — Garonne (Haute-). — Gers.
Gironde. — *Blaye,* — *Coutras,* — *Lesparre.*
Hérault.
Ille-et-Vilaine. — *Fougères,* — *Guerche (La),* — *Redon.* — *Saint-Malo,* — *Saint-Méen,* — *Vitré.*
*Indre. — *Aigurande,* — *Argenton,* — *Blanc (Le),* — *Châteauroux,* — *Châtillon-sur-Indre,* — *Châtre (La),* — *Issoudun,* — *Valençay.*
*Indre-et-Loire. — *Amboise,* — *Chinon,* — *Loches,* — *Sainte-Maure,* — *Tours.*
Isère. — *Allevard,* — *Bourg-d'Oisans (Le),* — *Côte Saint-André (La),* — *Grenoble,* — *Saint-Marcellin,* — *Tour-du-Pin (La),* — *Voiron.*
Jura. — *Dôle,* — *Lons-le-Saunier,* — *Morez,* — *Poligny,* — *Saint-Claude,* — *Salins.*
Landes.
*Loir-et-Cher. — *Blois Est,* — *Blois Ouest,* — *Romorantin,* — *Salbris,* — *Vendôme.*
Loire. — Loire (Haute-).
*Loire-Inférieure. — *Ancenis,* — *Châteaubriant,* — *Nantes,* — *Paimbœuf,* — *Pornic,* — *Saint-Nazaire.*
*Loiret. — *Beaugency,* — *Château-Renard,* — *Ferté-Saint-Aubin (La),* — *Gien,* — *Montargis,* — *Orléans,* — *Pithiviers.*
Lot. — Lot-et-Garonne.
Lozère. — *Florac.*
*Maine-et-Loire. — *Angers,* — *Chalonnes,* — *Cholet,* — *Doué-la-Fontaine,* — *Durtal,* — *Saumur,* — *Segré.*
*Manche. — *Avranches,* — *Barneville,* — *Carentan,* — *Cherbourg,* — *Coutances,* — *Granville,* — *Pieux (Les),* — *Saint-Lô.*
*Marne. — *Châlons-sur-Marne,* — *Montmirail,* — *Reims Nord,* — *Reims Sud,* — *Sainte-Menehould,* — *Suippes,* — *Vertus,* — *Vitry-le-François.*
*Marne (Haute-). — *Chaumont,* — *Langres Est,* — *Langres Ouest,* — *Nogent,* — *Saint-Dizier,* — *Wassy.*
Mayenne. — *Château-Gontier,* — *Evron,* — *Laval,* — *Mayenne.*
*Meurthe-et-Moselle. — *Baccarat,* — *Château-Salins,* — *Longuyon,* — *Lunéville,* — *Metz,* — *Nancy,* — *Sarrebourg,* — *Pont-à-Mousson,* — *Thionville.*
*Meuse. — *Bar-le-Duc,* — *Commercy,* — *Montmédy,* — *Stenay,* — *Vaucouleurs,* — *Verdun.*
*Morbihan. — *Belle-Ile Est,* — *Belle-Ile Ouest,* — *Gourin,* — *Lorient,* — *Ploërmel,* — *Pluvigner,* — *Pontivy,* — *Questembert,* — *Vannes.*
Nièvre. — *Charité (La),* — *Château-Chinon,* — *Clamecy,* — *Cosne,* — *Nevers,* — *Saint-Saulye.*
Nord. — *Avesnes,* — *Cambrai,* — *Cateau (Le),* — *Petite-Scynthe.*
*Oise. — *Beauvais,* — *Breteuil,* — *Compiègne,* — *Crépy-en-Valois,* — *Senlis.*
Orne. — *Alençon,* — *Argentan,* — *Domfront,* — *Laigle,* — *Mortagne.*

*Pas-de-Calais. — *Arras,* — *Béthune,* — *Boulogne,* — *Calais,* — *Marquise,* — *Montreuil,* — *Saint-Omer,* — *Saint-Pol.*
Puy de-Dôme. — Pyrénées (Basses-). — Pyrénées (Hautes-). — Pyrénées-Orientales.
Rhône. — *Lyon Nord-Est,* — *Lyon Sud-Est.*
*Saône (Haute-). *Champlitte,* — *Gray,* — *Jussey,* — *Luxeuil,* — *Rioz,* — *Vesoul.*
Saône-et-Loire. — *Autun,* — *Chalon-sur-Saône,* — *Creusot (Le),* — *Gueugnon,* — *Louhans,* — *Mâcon Est.* — *Saint-Gengoux.*
*Sarthe. — *Bonnétable,* — *Château-du-Loir,* — *Flèche (La),* — *Mans (Le) Nord,* — *Mans (Le) Sud,* — *Sablé,* — *Saint-Calais.*
Savoie. — *Albertville,* — *Chambéry,* — *Lans-le-bourg,* — *Saint-Jean-de-Maurienne,* — *Sainte-Foy.*
Savoie (Haute-). — *Annecy,* — *Bonneville,* — *Saint-Jullien,* — *Sallanches,* — *Thonon.*
*Seine. — *Paris Est,* — *Paris Ouest.*
*Seine-Inférieure. — *Aumale,* — *Dieppe,* — *Fécamp,* — *Havre (Le) Nord,* — *Havre (Le) Sud,* — *Neufchâtel,* — *Pavilly,* — *Rouen,* — *Yvetot.*
*Seine-et-Marne. — *Château-Landon,* — *Fontainebleau,* — *Meaux,* — *Melun,* — *Montereau,* — *Provins.*
*Seine-et-Oise. — *Dourdan,* — *Etampes,* — *Mantes,* — *Pontoise.*
*Sèvres (Deux-). — *Bressuire,* — *Mothe-Saint-Héraye (La),* — *Niort,* — *Parthenay.*
*Somme. — *Abbeville Est,* — *Abbeville Ouest,* — *Amiens,* — *Corbie,* — *Doullens,* — *Montdidier.*
Tarn. — Tarn-et-Garonne.
Var. — *Bormes,* — *Brignoles,* — *Lorgues,* — *Toulon.*
Vaucluse. — *Apt,* — *Carpentras,* — *Cavaillon,* — *Sault.*
*Vendée. — *Challans,* — *Chantonnay,* — *Fontenay-le-Comte,* — *Herbiers (Les),* — *Luçon,* — *Montaigu,* — *Noirmoutier (Ile de) Nord,* — *Noirmoutier (Ile de) Sud,* — *Roche-sur-Yon (La),* — *Sables-d'Olonne (Les),* — *Saint-Gilles-sur-Vie,* — *Yeu (Ile d').*
*Vienne. — *Châtellerault,* — *Lussac-les-Châteaux,* — *Mirebeau,* — *Montmorillon,* — *Poitiers Est,* — *Poitiers Ouest.*
Vienne (Haute). — *Bellac,* — *Limoges,* — *Rochechouart,* — *Saint-Yrieix.*
*Vosges. — *Darney,* — *Épinal,* — *Gérardmer,* — *Mirecourt.* — *Neufchâteau,* — *Saint-Dié.*
*Yonne. — *Auxerre,* — *Avallon,* — *Saint-Fargeau,* — *Sens,* — *Tonnerre,* — *Vermenton*

III
COLLECTION DES GUIDES JOANNE

LES VOLUMES SONT CARTONNÉS EN PERCALINE GAUFRÉE
ET CONTIENNENT UN GRAND NOMBRE DE CARTES ET DE PLANS

(Ceux dont le titre n'est pas suivi du nom de l'auteur sont de M. Joanne.)

I. GUIDES DIAMANT

POUR LA FRANCE ET L'ÉTRANGER

FORMAT IN-32

FRANCE

Aix-les-Bains, Marlioz et leurs environs, par le Dr *Maximin Legrand* et *P. Joanne*. 1 vol.   2 fr.

Biarritz et autour de Biarritz, par *Germond de Lavigne*. 1 vol.   2 fr.

Bordeaux, Arcachon, Royan, Soulac-les-Bains. 1 vol.   2 fr.

Boulogne-sur-Mer, Berck, Calais, Dunkerque, par *Michelant*. 1 vol.   2 fr.

Bretagne, avec un appendice sur les îles anglaises de Jersey et de Guernesey. 1 vol.   3 fr.

Dauphiné et Savoie. 1 vol.   6 fr.

Environs de Paris. 1 vol.   2 fr. 50

France. 1 vol.   4 fr.

Mont-Dore (Le) et les eaux minérales d'Auvergne (La Bourboule — Châtelguyon — Royat — Saint-Nectaire—Saint-Alyre). 1 vol.   2 fr.

Normandie. 1 vol.   3 fr.

Paris en 1859. 1 vol.   2 fr.

Paris, en anglais. 1 vol.   5 fr.

Pyrénées. 1 vol.   5 fr.

Stations d'hiver (les) de la Méditerranée. 1 vol.   3 fr. 50

Vosges, Alsace et Lorraine. 1 vol.   5 fr.

ÉTRANGER

Autriche-Hongrie, Tyrol, Bavière méridionale. 1 vol.   6 fr.

Belgique. 1 vol.   5 fr.

Espagne et Portugal, par *Germond de Lavigne*. 1 vol.   5 fr.

Hollande et bords du Rhin. 1 vol.   5 fr.

Italie et Sicile. 1 vol.   6 fr.

Londres, ses environs, et les principales villes d'Angleterre, d'Écosse et d'Irlande, par *Louis Rousselet*. 1 vol.   6 fr.

Rome et ses environs. 1 vol.   6 fr.

Suisse. 1 vol.   4 fr.

II. GRANDS GUIDES

POUR LA FRANCE ET L'ÉTRANGER

FORMAT IN-16

FRANCE ET ALGÉRIE

Itinéraire général de la France, par *Ad. et P. Joanne*. 16 vol. qui se vendent séparément :

Paris. 1 vol.   7 fr. 50
Environs de Paris. 1 vol. 7 fr. 50

On vend séparément :

Réseau de l'Ouest. 1 vol.   3 fr.
Réseau du Nord. 1 vol.   3 fr.
Réseau de Paris-Lyon-Méditerranée. 1 vol.   3 fr.
Réseau de l'Est. 1 vol.   1 fr. 50
Réseau d'Orléans. 1 vol.   1 fr. 50

Franche-Comté et Jura. 1 volume.   7 fr. 50
Provence. 1 vol.   7 fr. 50
Corse. 1 vol.   5 fr.
Auvergne et Centre. 1 vol.   7 fr. 50
La Loire. 1 vol.   7 fr. 50
De la Loire à la Gironde. 1 vol.   7 fr. 50
Pyrénées. 1 vol.   12 fr.
Gascogne et Languedoc. 1 vol.   7 fr. 50
Cévennes. 1 vol.   7 fr. 50
Bretagne. 1 vol.   7 fr. 50
Normandie. 1 vol.   7 fr. 50

On vend séparément :

I. Du Havre au Tréport. Rive droite de la Seine.   5 fr.
II. De Honfleur au Mont Saint-Michel. Rive gauche de la Seine.   5 fr.

Nord. 1 vol.   9 fr.
Champagne et Ardennes. 1 vol.   7 fr. 50
Vosges.   7 fr. 50

Guide du voyageur en France, par *Richard*. 1 vol.   15 fr.

On vend séparément :

I. Réseau de Paris-Lyon-Méditerranée. 1 vol.   5 fr.
II. Réseaux d'Orléans-Midi-État. 1 v. 5 fr.
III. Réseau de l'Ouest. 1 vol.   3 fr.
IV. Réseau du Nord. 1 vol.   3 fr. 50
V. Réseau de l'Est. 1 vol.   3 fr. 50

Fontainebleau, son palais, ses jardins. 1 vol.   3 fr.
De Paris à Bordeaux. 1 vol. 4 fr. 50
De Paris à Lyon. 1 vol.   5 fr.
Algérie, Tunisie et Tanger, par *L. Piesse*. 1 vol.   12 fr.

ÉTRANGER

Espagne et Portugal, par *Germond de Lavigne*. 1 vol.   18 fr.
Europe (Guide aux bains d'), par *Ad. Joanne* et le docteur *A. Le Pileur*. 1 vol.   12 fr.
Italie et Sicile, par *A. J. Du Pays* et *P. Joanne*. 3 vol. qui se vendent séparément :

Italie du Nord. 1 vol.   7 fr. 50
Italie du Centre. 1 vol.   7 fr. 50
Italie méridionale et Sicile. 1 vol. 7 fr. 50

De Paris à Constantinople, par *M. Rousset*. 1 vol.   15 fr.
États du Danube et des Balkans, par *M. L. Rousset*, 1re partie : Hongrie méridionale. — Adriatique. — Dalmatie. — Monténégro. — Bosnie et Herzégovine. 1 vol.   15 fr.
— 2e partie. En préparation.
Grèce. 1re partie : Athènes et ses environs, par *M. Haussoullier*. 1 vol.   12 fr.
Malte, Égypte, Nubie, Abyssinie, Sinaï, par le Dr *Isambert* et *Ad. Chauvet*. 1 vol.   25 fr.
Syrie et Palestine, par *les mêmes*, 1 vol. et un atlas.   25 fr.
Suisse, Mont Blanc, Chamonix et vallées italiennes. 1 vol.   9 fr.

On vend séparément :

I. Genève, le Mont-Blanc, le Mont-Rose. Prix.   5 fr.
II. L'Oberland, le lac des Quatre-Cantons, le Saint-Gothard, les lacs italiens.   5 fr.
III. Bâle, le nord de la Suisse, les Grisons.   3 fr.

III. MONOGRAPHIES

FORMAT IN-16, AVEC GRAVURES ET PLANS

1re SÉRIE A 50 CENT. LE VOLUME

Angers. — Arles. — Avignon. — Blois. — Caen. — Cannes. — Chartres. — Gérardmer. — Iles anglaises. — Le Havre. — Le Mans. — Menton. — Nancy. — Nantes. — Nice. — Nîmes. — Plombières. — Reims. — Rouen. — Saint-Malo. — Dinard. — Tours.

2e SÉRIE A 1 FR. LE VOLUME

Arcachon. — Bordeaux — Dieppe. — Lyon. — Marseille — Trouville. La Haye, Scheveningue. — Vichy.

IV. GUIDES ET CARTES

POUR LES VOYAGEURS PAR DIVERS AUTEURS :

I. GUIDES

Besson : *Évian-les-Bains*, guide du baigneur et du touriste. 1 vol. in-16, br.   2 fr.

Debriges : *les Alpes du Dauphiné*, in-8 avec 20 gravures.   75 c.
- Le même, en anglais.   75 c.

Thuillier (H.) : *Vingt (Les) arrondissements de Paris*, 1889. 1 vol. in-16. br.   1 fr.

II. CARTES

Carte de France, dressée sous la direction de M. *Vivien de Saint-Martin*, à l'échelle de 1/1 250 000, indiquant le relief du sol, les voies de communication, les chemins de fer, les routes et canaux, les divisions administratives, etc. 1 feuille coloriée.   7 fr.
La même carte, pliée et cartonnée.   8 fr.
La même carte, avec gorge et rouleau.   9 fr.

Cartes des départements de la France, par *Joanne*, 86 cartes imprimées en couleur ; prix de chaque carte pliée et cartonnée.   50 c.

Plan de Paris en couleurs. 1889. Avec liste alphabétique des rues. Plié et cartonné.   2 fr. 50
Le même, collé sur toile, plié et cart. 5 fr. 50

Carte des environs de Paris, collée sur toile pliée et cart.   3 fr.

Carte des environs de Paris (est) pliée et cartonnée.   1 fr.

Carte des environs de Paris (ouest), pliée et cartonnée.   1 fr.

Carte des environs de Rouen, pliée et cartonnée,   2 fr.

Carte de la forêt de Fontainebleau et de ses environs, collée sur toile pliée et cartonnée.   3 fr.

Carte des plages de Normandie, de Cabourg à Yport, collée sur toile pliée et cartonnée.   3 fr.
Ces 6 cartes sont extraites de la carte de France au 1/100000e dressée par le service vicinal, sous la direction de M. Anthoine, ingénieur.

Carte de l'Algérie, dressée à l'échelle de 1/1 000 000, par le commandant *Niox*, d'après les documents publiés par le ministre de la guerre, et des travaux inédits. 1 feuille.   2 fr.

Carte des Pyrénées centrales, avec les grands massifs du versant espagnol, par *Fr. Schrader*.   3 fr.
Les quatre premières feuilles sont en vente :
1o *Bagnères-de-Luchon, Posets, Mont-Maudit*.
2o *Vallée d'Aran*.
3o *Cotiella, Turbon*.
4o *Gavarnie, Mont Perdu*.
Chaque feuille, collée sur toile et cartonnée.   3 fr.

Carte de la Suisse, dressée par M. *Vivien de Saint-Martin*, donnant l'altitude des principaux passages et sommets. 1 feuille gravée sur cuivre, collée sur toile, pliée et cartonnée   6 fr.

Carte de la Syrie, dressée par M. *Thuillier*, dessinateur-géographe sous la direction de MM. Rey et Chauvet, 2 feuilles collées sur toile, qui se vendent séparément, chacune.   10 fr.
I. *Carte du Nord de la Syrie*. 1 feuille de 92 centimètres de hauteur sur 65 centimètres de largeur.
II. *Carte de la Palestine et du Liban*, comprenant en outre les régions situées à l'est de l'Anti-Liban, du Jourdain et de la mer Morte. 1 feuille de 1m,05 de hauteur sur 75 centimètres de largeur.

IV
VOYAGES
§ I. NOUVELLE COLLECTION FORMAT IN-16
AVEC GRAVURES ET CARTES

Chaque vol. : broché, **4 fr.** — Relié en percaline, tr. rouges, **5 fr. 50**

About (Ed.) : *La Grèce contemporaine*; 8ᵉ édition. 1 vol. avec 24 gravures.

Albertis (d') : *La Nouvelle-Guinée*, traduit de l'anglais par Mᵐᵉ Trigant. 1 vol. avec 61 gravures et 2 cartes.

Amicis (de) : *Constantinople*, traduit de l'italien par Mᵐᵉ J. Colomb; 3ᵉ édition. 1 vol. avec 24 gravures.
— *L'Espagne*, traduit par la même; 3ᵉ édition. 1 vol. avec 24 gravures.
— *La Hollande*, traduit par F. Bernard; 3ᵉ édit. 1 vol. avec 24 gravures.

Belle (H.) : *Trois années en Grèce*. 1 vol. avec 32 gravures et 1 carte.

Boulangier (E.) : *Voyage à Merv. Les Russes dans l'Asie centrale et le chemin de fer transcapien*. 1 vol. avec 81 gravures et 11 cartes.

Cameron (V.-L.) : *Notre future route de l'Inde*. 1 vol. avec 29 gravures.

Cotteau (E.) : *De Paris au Japon à travers la Sibérie*. Voyage exécuté du 6 mai au 7 août 1881. 2ᵉ édit. 1 vol. avec 28 gravures et 3 cartes.
— *Un touriste dans l'extrême Orient. Japon, Chine, Indo-Chine*. 2ᵉ édit. 1 vol. avec 38 grav. et 3 cartes.
— *En Océanie. Voyage autour du monde en 365 jours (1884-1885)*. 1 vol. avec 43 gravures et 4 cartes.

Daireaux (E.) : *Buenos-Ayres, la Pampa et la Patagonie*; 2ᵉ édition. 1 vol. avec 24 gravures et 1 carte.

David (l'abbé) : *Journal de mon troisième voyage d'exploration dans l'Empire chinois*. 2 vol. avec 32 gravures et 3 cartes.

Farini (G.-A) : *Huit mois au Kalahari*. 1 vol. avec 31 gravures et 2 cartes.

Fonvielle (W. de) : *Les affamés du pôle Nord*, récit de l'expédition du major Greely, d'après les journaux américains. 1 vol. avec 19 grav. et 1 carte.

Garnier (F.) : *De Paris au Tibet*. 1 vol. avec 30 gravures et 1 carte.

Hübner (baron de) : *Promenade autour du monde*; 17ᵉ édition. 2 vol. avec 18 gravures.

Labonne (Dʳ H.) : *L'Islande et l'archipel des Fœrœr*. 1 volume avec 57 gravures et 2 cartes.

Lamothe (de) : *Cinq mois chez les Français d'Amérique. Voyage au Canada et à la Rivière Rouge du Nord*; 2ᵉ édition. 1 vol. avec 24 gravures et 1 carte.

Largeau (V.) : *Le Pays de Rirha, Ouargla; Voyage à Rademès*. 1 vol. avec 12 gravures et une carte.
— *Le Sahara algérien; les Déserts de l'Erg*; 2ᵉ édition. 1 vol. avec 17 gravures et 3 cartes.

Leclercq (J.) : *Voyage au Mexique; de New-York à Vera-Cruz par terre*. 1 vol. avec 36 grav. et 1 cart.
— *La terre des merveilles, promenade au parc national de l'Amérique du Nord*. 1 vol. avec 40 gr. et 2 cartes.

Marche (A.) : *Trois voyages dans l'Afrique occidentale. Sénégal, Gambie, Casamance, Gabon, Ogooué*; 2ᵉ édition. 1 vol. avec 24 gravures et une carte.
— *Luçon et Palaouan. Six années aux Philippines*. 1 vol. avec 63 gravures et 2 cartes.

Markham : *La Mer glacée du pôle; souvenirs d'un voyage sur l'Alerte (1875-1876)*, traduit de l'anglais par Frédéric Bernard. 1 vol. avec 32 gravures et 2 cartes.

Montano (Dʳ) : *Voyage aux Philippines*. 1 vol. avec gravures et carte.

Montégut (E.) : *En Bourbonnais et en Forez*; 2ᵉ édit. 1 vol. avec 24 grav.
— *Souvenirs de Bourgogne*; 2ᵉ édition. 1 vol. avec 24 gravures.

Montégut (E.). (Suite) : *Les Pays-Bas. Impressions de voyage et d'art* ; 2ᵉ éd. 1 vol. avec 24 gravures.

Pfeiffer (Mᵐᵉ) : *Voyage d'une femme autour du monde* ; 5ᵉ édition. 1 vol. avec 42 gravures et une carte.

— *Mon second voyage autour du monde* ; 4ᵉ édition. 1 vol. avec 32 gravures et une carte.

— *Voyage à Madagascar*. 1 vol. avec 24 gravures et une carte.

Piétri (le capit.) : *Les Français au Niger*. 1 vol. avec 28 gravures.

Reclus (A.) : *Panama et Darien. Voyages d'exploration (1876-1878)*. 1 vol. avec 60 gravures et 4 cartes.

Reclus (E.) : *Voyage à la Sierra-Nevada de Sainte-Marthe. Paysages de la nature tropicale* ; 2ᵉ édition. 1 vol. avec 21 gravures et 1 carte.

Rousset (L.). *A travers la Chine*. 1 vol. avec 24 grav.

Simonin (L.) : *Le Monde américain* ; 3ᵉ édition. 1 vol. avec 24 gravures.

Taine (H.), de l'Académie française : *Voyage en Italie* ; 4ᵉ édition. 2 vol. avec 48 gravures.

— *Voyage aux Pyrénées* ; 10ᵉ édition. 1 vol. avec 24 gravures.

— *Notes sur l'Angleterre* ; 7ᵉ édition. 1 vol. avec 24 gravures.

Tanneguy de Vogan : *Voyage du canot en papier « le Qui-Vive »*. 1 vol. avec 24 gravures.

Thomson (J.) : *Au pays des Massaï*. 1 vol. avec gravures.

Ujfalvy-Bourdon (Mᵐᵉ de) : *Voyage d'une Parisienne dans l'Himalaya occidental*. 1 vol. avec 64 gravures.

Weber (de) : *Quatre ans au pays des Boërs*. 1 vol. avec 25 gravures et une carte.

Wey (Fr.) : *Dick Moon en France*. 2ᵉ édition. 1 vol. avec 24 gravures.

§ II

FORMATS DIVERS

Abbadie (Arnaud d') : *Douze ans de séjour dans la Haute-Éthiopie (Abyssinie)*. Tome 1ᵉʳ. 1 vol. in-8. 7 fr. 50

Agassiz (M. et Mᵐᵉ) : *Voyage au Brésil*, traduit de l'anglais, par F. Vogeli et abrégé par J. Belin de Launay. 1 vol. in-16, avec 16 gravures et 1 carte. 2 fr. 25
Le même ouvrage, avec 4 gravures. 1 vol. 1 fr. 25

Amicis (de) : *Constantinople*. 1 vol. gr. in-8, avec 183 gravures. 15 fr.
— *Le Maroc*. 1 vol. in-4, avec 200 gravures. 30 fr.
— *Souvenirs de Paris et de Londres*, 1 vol. in-16. 3 fr. 50

Augé : *Voyage aux sept merveilles du monde*. 1 vol. in-16, avec 21 gravures. 2 fr. 25

Aunet (Mᵐᵉ L. d') : *Voyage d'une femme au Spitzberg*. 1 vol. in-16, avec 31 gravures. 2 fr. 25
Le même, avec 4 grav. 1 vol. 1 fr. 25

Baines (Th.) : *Voyages dans le sud-ouest de l'Afrique*, traduits et abrégés par J. Belin de Launay. 1 vol. in-16, avec 22 grav. et 1 carte. Prix. 2 fr. 25
Le même, avec 4 gravures. 1 fr. 25

Baker (W.) : *Le Lac Albert*. 1 volume in-16, avec 16 gravures et 2 cartes. 2 fr. 25
Le même, avec 4 gravures. 1 fr. 25

— *Ismaïlia. Récit d'une expédition dans l'Afrique centrale pour l'abolition de la traite des noirs*, traduit par H. Vattemare. 1 vol. in-8, avec 56 grav. et 2 cartes. 10 fr.

Baldwin : *Du Natal Zambèse. (1861-1906.)* Récits de chasse. Traduction de Mᵐᵉ Henriette Loreau, abrégée par J. Belin de Launay. 1 vol. in-16, avec 14 grav. et 1 carte. 2 fr. 25
Le même avec 4 gravures. 1 fr. 25

Blunt (Lady) : *Voyage en Arabie. Pèlerinage au Nedjed, berceau de la race arabe*. Tome 1ᵉʳ. 1 vol. in-8, avec 60 gravures. 10 fr.

Bousquet : *Le Japon de nos jours et les échelles de l'Extrême Orient*. 2 v. in-8, avec 3 cartes. 15 fr.

Burton (le C.) : *Voyages à la Mecque, aux grands lacs d'Afrique et chez les Mormons*, abrégés par J. Belin de Launay. 1 vol. in-16, avec 12 gravures et 3 cartes. 2 fr. 25
Le même, avec 4 gravures. 1 fr. 25

Cameron (le commandant) : *A travers l'Afrique*. Voyage de Zanzibar à Benguela, trad. de l'anglais par Mme Loreau. 1 vol. in-8, avec 139 grav., 1 carte et 4 fac-simile. Prix. 10 fr.

Charnay (D.) : *Les anciennes villes du Nouveau-Monde*. Voyages d'explorations au Mexique et dans l'Amérique centrale (1857-1882). Un volume in-4 avec 214 gravures sur bois et 19 cartes ou plans. 50 fr.
Il a été tiré quelques exemplaires seulement sur papier du Japon. Prix de chacun, 120 fr.

Crevaux (Dr) : *Voyages dans l'Amérique du Sud*. 1 volume in-4, avec 253 gravures, 4 cartes et 6 fac-similés. 50 fr.

Daireaux (E.) : *La vie et les mœurs de la Plata*. 2 vol. avec 2 cartes hors texte. 15 fr.

Dieulafoy (Mme Jane) : *La Perse, la Chaldée et la Susiane*. 1 vol. in-4, avec 336 grav. et 2 cartes. 50 fr.
— *A Suse, journal des fouilles*. Un magnifique vol. in-4 avec 135 gravures sur bois. 30 fr.

Dixon : *La Russie libre*, traduit de l'anglais par Em. Jonveaux. 1 vol. in-8, avec 75 grav. et 1 carte. 10 fr.
— *La Conquête blanche*, traduit par H. Vattemare. 1 vol. in-8, avec 118 gravures. 10 fr.

Drouet (A.). *Alger et le Sahel*. 1 vol. in-16. 3 fr. 50

Du Camp : *Le Nil; Egypte et Nubie*. 1 vol. in-16. 3 fr. 50

Duveyrier (H.) : *La Tunisie*. 1 vol. in-8. 2 fr.

Estournelles de Constant (d') : *La Vie de province en Grèce*. 1 volume in-16. 3 fr. 50

Fonvielle (W. de) : *Le pôle sud*. 1 v. in-16 avec 35 gravures. 2 fr. 25

Gallieni (le colonel) : *Voyage au Soudan français* (Haut Niger et pays de Ségou; 1879-1881). 1 vol. avec 140 gravures, 2 cartes et 15 plans 15 fr.

Garnier (F.) : *Voyage d'exploration en Indo-Chine*. 2 vol. in-4, contenant 158 gravures sur bois, avec 1 atlas in-folio cartonné, renfermant 12 cartes, 10 plans, 2 eaux-fortes, 10 chromo-lithographies, 4 lithographies à 3 teintes et 31 lithographies à 2 teintes. 200 fr.

Garnier (F.), (*Suite*) : *Voyage d'exploration en Indo-Chine* effectué par une commission française présidée par le capitaine de frégate Doudart de Lagrée. Relation empruntée au journal *Le Tour du Monde*, revue et annotée par Léon Garnier. 1 vol. avec 211 grav. et 2 cartes. 15 fr.

Gourdault (J.) : *Voyage au pôle nord des navires la Hansa et la Germania*, rédigé d'après les relations officielles. 1 vol. in-8, avec 80 gravures et 3 cartes. 10 fr.
— *L'Italie*, description de toute la péninsule depuis les passages alpestres exclusivement, jusqu'aux régions extrêmes de la grande Grèce. 1 beau vol. in-4, avec 400 gravures. 50 fr.
— *La Suisse*. Etudes et voyages à travers les 22 cantons. 1re partie : cantons de Genève, Vaud, Valais, Berne, Unterwalden, Lucerne, Zug, Schwyz et Uri. 1 vol. in-4 avec 459 gravures. 50 fr.
— 2e partie : Cantons d'Appenzell, Argovie, Bâle, Fribourg, Glaris, Grisons, Neuchâtel, Saint-Gall, Schaffouse, Soleure, Tessin, Thurgovie et Zurich. 1 vol. in-4 avec 375 gravures. 50 fr.
Ouvrage couronné par l'Académie française.
— *La Suisse pittoresque*. 1 vol. in-8, avec gravures. 2 fr. 60
— *L'Italie pittoresque*. 1 vol. in-8, avec gravures. 2 fr. 60
— *Rome et la campagne romaine*. 1 vol. in-8 avec gravures. 2 fr. 60
— *Venise et la Vénétie*. 1 vol. in-8, avec gravures 2 fr. 60
— *Naples et la Sicile*. 1 volume in-8 avec gravures. 2 fr. 60

Grandidier : *Histoire physique, naturelle et politique de Madagascar*. Environ 28 vol. grand in-4, avec 500 planches en coul. et 700 planches en noir. En cours de publication, par livraisons.
Demander le prospectus.

Grad (Charles) : *L'Alsace, le pays et ses habitants*. Un magnifique vol. in-4 avec 385 gr. sur bois et 7 cartes, broché. 30 fr.

Greely (A.) : *Dans les glaces arctiques* : relation de l'expédition américaine dans la baie de lady Franklin (1881-84). Traduit de l'anglais. 1 vol. avec 130 grav. et 4 cartes. 15 fr

Hayes (le Dr) : *La mer libre du pôle*, voyage de découvertes dans les mers arctiques (1860-1861), traduit de l'anglais par M. F. de Lanoye. 1 vol. avec 70 gravures et 3 cartes. Epuisé, sera réimprimé.

Le même ouvrage, abrégé par J. Belin de Launay. 1 vol. in-18, avec 14 grav. et 1 carte. 2 fr. 25

Le même, avec 4 gravures. 1 fr. 25

— *La terre de désolation*, excursion d'été au Groënland, trad. par J.-M.-L. Reclus. 1 vol. in-8, avec 40 gravures et 1 carte. 10 fr.

Le même ouvrage, sur papier de Chine 25 fr.

Hervé et de Lanoye : *Voyage dans les glaces du pôle arctique*. 1 vol. in-16, avec 40 gravures 2 fr. 25

Hübner (le baron de) : *Promenade autour du monde* (1871). Nouvelle édition. 1 vol. in-4, avec 316 gr. 50 fr.

— *A travers l'empire britannique*. 2 vol. 15 fr.

— *L'incendie du paquebot « La France »*, brochure. 50 c.

Kanitz : *La Bulgarie danubienne et le Balkan*, études de voyage (1860-1880). Edition française. 1 vol. in-8, avec 100 grav. et 1 carte. 25 fr.

Koechlin-Schwartz : *Un touriste en Laponie*. 1 vol. in-16. 3 fr. 50

Kraft (H.) *Souvenirs de notre tour du monde*. 1 vol. in-8 avec 24 phototypies et 5 cartes. 7 fr.

Lamartine : *Voyage en Orient*. 2 vol. in-8, avec gravures sur acier. 15 fr.

Le même ouvrage, sans gravures. 2 vol. in-16. 7 fr.

Lanoye (F. de) : *Le Nil et ses sources*. 1 vol. in-16, avec 32 gravures et cartes. 2 fr. 25

Le même, avec 4 gravures. 1 fr. 25

— *La Sibérie*. 1 vol. in-16, avec 48 gravures. 2 fr. 25

— *La mer polaire*, voyage de l'*Erèbe* et de la *Terreur*, et expédition à la recherche de Franklin. 1 vol. in-16, avec 29 gravures et des cartes. 2 fr. 25

Legrelle : *Le Volga*. Notes sur la Russie. 1 vol. in-16. 3 fr. 50

Lejean (G.) : *Voyage en Abyssinie*. 1 vol. in-4 et atlas. 20 fr.

Le Tour du monde. (Voyez p. 3.) *Table décennale du Tour du monde* (1860-1869). Brochure in-4. 1 fr.

Lemonnier (Camille). *La Belgique*. 1 vol. in-4, illustré de 384 gravures sur bois avec une carte. 50 fr.

Lenthéric. *La région du Bas-Rhône*. 1 vol. in-16. 3 fr. 50

Lenz (Dr O.) : *Tombouctou*. Voyage au Maroc, au Sahara et au Soudan. Ouvrage traduit de l'allemand, par Pierre Lehautcour. 2 vol. avec 27 gravures et une carte. 15 fr.

Liégeard (Stéphen) : *Vingt journées d'un touriste au pays de Luchon*. 1 vol. in-16. 3 fr. 50

— *A travers l'Engadine, la Valteline, le Tyrol du Sud et les lacs de l'Italie supérieure*. 1 vol. in-16. 3 fr. 50

— *Une visite aux Monts-Maudits* (ascension du Néthou). 1 vol. in-16. 1 fr.

Livingstone (David) : *Explorations dans l'intérieur de l'Afrique australe*, traduit de l'anglais par Mme H. Loreau. 1 vol. in-8, avec 45 gravures et 2 cartes. 10 fr.

— *Dernier journal*, voyage au centre de l'Afrique (1866-1873), suivi du récit des derniers moments de l'illustre voyageur et du transport de ses restes. Traduit par Mme H. Loreau. 2 volumes in-8, avec 45 gravures et 2 cartes. 20 fr.

Le même ouvrage, abrégé par J. Belin de Launay. 1 vol. in-16, avec 14 gravures et 1 carte. 2 fr. 25

Le même, avec 4 gravures. 1 fr. 25

Livingstone (David et Charles) : *Explorations du Zambèse et de ses affluents, et découverte des lacs Chiroua et Nyassa* (1858-1864). traduit de l'anglais par Mme H. Loreau. 1 vol. in-8 avec 47 gravures et 4 cartes. 10 fr.

Le même ouvrage, abrégé par J. Belin de Launay. 1 vol. in-16, avec 20 gr. et 1 carte. 2 fr. 25

Le même, avec 4 gravures. 1 fr. 25

Long (le commandant de) : *Voyage de la Jeannette*, journal de l'expédition, édité par les soins de la veuve de l'auteur, et traduit de l'anglais par M. Frédéric Bernard. 1 vol. in-8 avec 62 gravures et 10 cartes. 10 fr.

Lortet (Dʳ) : *La Syrie d'aujourd'hui.* 1 vol. in-4 avec 350 gravures et 5 cartes. 50 fr.

Mage (le L.) : *Voyage dans le Soudan occidental* (Sénégambie et Niger, 1863-1866). Édition abrégée par J. Belin de Launay. 1 vol. in-16, avec 16 gravures et 1 carte. 2 fr. 25
Le même, avec 4 gravures. 1 fr. 25

Marbeau : *Slaves et Teutons*, notes et impressions de voyage. 1 vol. in-16. 3 fr. 50

Marcoy (Paul) : *Voyage à travers l'Amérique du Sud*, de l'océan Atlantique à l'océan Pacifique. 2 vol. in-4, avec 626 gravures et 20 cartes. 50 fr.

Marmier (X.), de l'Académie française : *Lettres sur le Nord*. 1 vol. in-16. 3 fr. 50
— *Un été au bord de la Baltique et de la mer du Nord*, 1 vol. in-16. 3 fr. 50
— *De l'Est à l'Ouest*. 1 volume in-16. 3 fr. 50
— *Nouveaux récits de voyages*. 1 vol. in-16 3 fr. 50
— *Voyages et littérature*. 1 volume in-16. 3 fr. 50

Meissas (G.) : *Les grands voyageurs de notre siècle*. Un magnifique vol. in-4, avec 207 gravures, 43 portraits et 43 cartes itinéraires, cartonné avec fers spéciaux. 25 fr.

Ménant : *Ninive et Babylone*. 1 vol. in-16 avec grav. 2 fr. 25

Milton et Cheadle : *Voyage de l'Atlantique au Pacifique*, à travers le Canada, les montagnes Rocheuses et la Colombie anglaise, traduit de l'anglais par J. Belin de Launay. 1 vol. in-8, avec 22 gravures et 2 cartes. 10 fr.
Le même ouvrage, édition abrégée. 1 vol. in-16 avec 16 gravures et 2 cartes. 2 fr. 25
Le même, avec 4 gravures. 1 fr. 25

Molinari (G. de) : *Lettres sur les États-Unis et le Canada*. 1 volume in-16. 3 fr. 50

Montégut (Émile) : *L'Angleterre et ses colonies australes* (Australie, — Nouvelle-Zélande. — Afrique australe). 1 vol. in-16. 3 fr. 50

Mouhot (Charles) : *Voyage dans les royaumes de Siam, de Cambodge et de Laos*. 1 vol. in-16, avec 28 gravures et une carte. 2 fr. 25
Le même, avec 4 gravures. 1 fr. 25

Nachtigal (Dʳ) : *Sahara et Soudan*, traduit de l'anglais. Tome Iᵉʳ : Tripolitaine, Fezzan, Tibesti, Kanen, Borkou et Bornou. 1 vol. in-8, avec 60 gravures et 1 carte. 10 fr.

Nares : *Un voyage à la mer polaire*, traduit de l'anglais. 1 vol. in-8, avec 62 gravures. 10 fr.

Nordenskiöld : *Voyage de la Vega autour de l'Asie et de l'Europe*, traduit du suédois. 2 vol. in-8 avec 293 gravures sur bois, 3 gravures sur acier et 18 cartes. 30 fr.
— *La seconde expédition suédoise au Grönland*, traduit du suédois. 1 vol. in-8 avec 2 cartes tirées à part, 159 gravures ou cartes dans le texte. 15 fr.

Palgrave (W. G.) : *Une année de voyage dans l'Arabie centrale* (1861-1863), traduit de l'anglais par E. Jonveaux. 2 vol. in-8, avec 1 carte et 4 plans. 10 fr.
Le même ouvrage, abrégé par J. Belin de Launay. 1 vol. in-16, avec 12 gravures et 1 carte. 2 fr. 25
Le même, avec 4 gravures. 1 fr. 25

Payer (le lieutenant) : *L'expédition du Tegetthoff voyage de découvertes aux 80-83ᵉ degrés de latitude nord*, traduit de l'allemand par J. Gourdault. 1 vol. in-8, avec 68 gravures et 2 cartes. 10 fr.

Perron d'Arc : *Aventures d'un voyageur en Australie*. 1 vol. in-16, avec 25 gravures. 2 fr. 25

Pey : *L'Allemagne d'aujourd'hui*. 1861-1881. 1 vol. in-16. 3 fr. 50

Pfeiffer (Mᵐᵉ) : *Voyages autour du monde*, abrégés par J. Belin de Launay. 1 vol. in-16, avec 16 grav. et 1 carte. 2 fr. 25
Le même, avec 4 gravures. 1 fr. 25

Piassetsky : *Voyage à travers la Mongolie et la Chine*, traduit du russe. 1 vol., in-8 avec 80 gravures et 1 carte. 15 fr.

Prjêwalski : *Mongolie et pays des Tangoutes*. Voyage de trois années dans l'Asie centrale, traduit du russe par G. Du Laurens. 1 vol. in-8, avec 42 grav. et 4 cartes. 10 fr.

Raynal (F.-E.) : *Les naufragés, ou vingt mois sur un récif des îles Auckland*, récit authentique. 1 vol. in-8, avec 40 grav. et une carte. 10 fr.
Ouvrage couronné par l'Académie française.

Rousselet (L.): *L'Inde des Rajahs.* Voyages dans l'Inde centrale et dans les présidences de Bombay et du Bengale; 2ᵉ édit. 1 vol. in-8, avec 317 grav. et 5 cartes. 50 fr.

Schweinfurth (G.): *Au cœur de l'Afrique.* Voyages et découvertes dans les régions inexplorées de l'Afrique centrale de 1868 à 1871, traduit de l'anglais, par Mᵐᵉ H. Loreau. 1 vol. in-8, 139 grav. et 2 cartes. 20 fr.
Le même ouvrage, édition abrégée, par J. Belin de Launay. 1 vol. in-16, avec 16 grav. et 1 carte. 2 fr. 25
Le même, avec 4 gravures. 1 fr. 25

Serpa Pinto (le major): *Comment j'ai traversé l'Afrique*, traduit sur l'édition anglaise et collationné avec le texte portugais. 2 vol. in-8, avec 160 gravures. 20 fr.

Simonin: *Les ports de la Grande-Bretagne.* 1 vol. in-16. 3 fr. 50

Speke: *Journal de la découverte des sources du Nil.* 1 vol. in-8, avec 3 cartes et 73 gravures d'après les dessins du capitaine Grant. 10 fr.
Le même ouvrage, édition abrégée par J. Belin de Launay. 1 vol. in-16, avec 24 gravures et 3 cartes. 2 fr. 25
Le même, avec 4 gravures. 1 fr. 25

Stanley (H.): *Comment j'ai retrouvé Livingstone*, traduit de l'anglais par Mᵐᵉ H. Loreau. 1 vol. in-8, avec 60 gravures et 6 cartes. 10 fr.
Le même ouvrage, édition abrégée, par J. Belin de Launay. 1 vol. in-16, avec 16 grav. et 1 carte. 1 fr. 25
Le même, avec 4 gravures. 1 fr. 25
— *A travers le continent mystérieux, ou les sources du Nil, les grands lacs de l'Afrique équatoriale, le fleuve Livingstone et l'océan Atlantique*, Voyage traduit sous la direction de Mᵐᵉ H. Loreau. 2 vol. in-8, avec 150 gravures et 9 cartes. 30 fr.

Taine (H.): *Voyage aux Pyrénées;* 2ᵉ édit. 1 vol. in-8, tiré sur papier teinté; avec 350 gravures d'après les dessins de Gustave Doré. 10 fr.

Thomson (J.): *Dix ans de voyages dans la Chine et l'Indo-Chine*, traduit de l'anglais, par A. Talandier et Vattemare. 1 vol. in-8, avec 123 gravures. 10 fr.

Thomson (W.): *Les abîmes de la mer.* Récits des croisières du *Porc-Épic* et de *l'Éclair* et des résultats obtenus par les dragages faits à bord de ces navires en 1868, 1869, 1870, traduit de l'anglais par le Dʳ Lortet. 1 vol. in-8, avec 91 gravures. 15 fr.

Trémaux (P.): *Voyage en Égypte et en Éthiopie.* 1 vol. in-8. 4 fr.
— *Voyage au Soudan.* 1 vol. in-8. 4 fr.

Ujfalvy-Bourdon (Mᵐᵉ de): *De Paris à Samarkand, le Ferghanah, le Kouldja et la Sibérie occidentale.* 1 vol. in-4, avec 273 gravures et 5 cartes. 50 fr.

Vambéry: *Voyages d'un faux derviche dans l'Asie centrale, de Téhéran à Khiva, à Bokhara et à Samarcand, par le grand désert Turkoman*, traduit de l'anglais par M. E.-D. Forgues. 1 vol. in-8, avec 31 gravures et une carte. 20 fr.
Le même ouvrage, abrégé par J. Belin de Launay. 1 vol. in-16, avec 18 gravures et une carte. 2 fr. 25
Le même, avec 4 gravures. 1 fr. 25

Varigny (C. de): *L'Océan Pacifique; San-Francisco.* 1 v. in-16 br. 3 fr. 50

Viardot (L.): *Espagne et beaux-arts.* 1 vol. in-16. 3 fr. 50

Wey (Fr.): *Rome, description et souvenirs*, 5ᵉ édit. 1 vol. in-4, avec 370 grav. et un plan de Rome. 50 fr.
— *Rome italienne.* Chapitre complémentaire. 1 vol. in-4. 5 fr.

Whymper (E.): *Escalades dans les Alpes*, traduit de l'anglais par Ad. Joanne. 1 v. in-8, avec 75 grav. 10 fr.

Whymper (Fr.): *Voyages et aventures dans l'Alaska*, traduit de l'anglais par M. Émile Jonveaux. 1 vol. in-8, avec 37 grav. et 1 carte. 10 fr.

Wiener: *Pérou et Bolivie.* Récit de voyage, suivi d'études archéologiques et ethnographiques. 1 vol. in-8, avec plus de 1100 gravures, 27 cartes et 18 plans. 25 fr.

Wyse (L. N. B.): *Le canal de Panama.* 1 v. avec 50 grav. et 1 carte. 20 fr.

Yriarte (Ch.): *Les bords de l'Adriatique* (Venise, l'Istrie, le Quarnero, la Dalmatie, le Monténégro et la rive italienne). 1 vol. in-4, avec 257 gravures. 50 fr.

Zurcher et Margollé: *Les ascensions célèbres aux plus hautes montagnes du globe.* 1 vol. in-16, avec 39 gravures. 2 fr. 25

V

GÉOGRAPHIE

ET

OUVRAGES DIVERS

Boissière : *L'Algérie romaine.* 2 vol. in-16. 7 fr.

Carapanos : *Dodone et ses ruines.* 1 vol. in-4, avec un album. 75 fr.

Club alpin-français : *Annuaire de 1888.* 1 vol. in-8, avec gravures et cartes. 18 fr.

Cortambert (Richard) : *Voyage pittoresque à travers le monde.* 1 vol. in-8, avec 81 gravures. 4 fr.

— *Mœurs et caractères des peuples.* (Europe, Afrique.) Morceaux extraits de divers auteurs. 1 vol. in-8, avec 60 gravures. 2 fr. 60

— *Mœurs et caractères des peuples.* (Asie, Amérique et Océanie.) 1 vol. in-8, avec 60 gravures. 2 fr. 60

Delon : *Cent tableaux de géographie pittoresque.* 1 vol. in-4, avec 231 gravures, cart. 4 fr.

Desjardins (Ernest), de l'Institut, *Atlas géographique de l'Italie ancienne,* composé de 7 cartes et d'un dictionnaire de tous les noms qui y sont contenus, avec l'indication de leurs positions et les renvois aux cartes de l'atlas. In-folio, demi-reliure. 4 fr.

Géographie historique et administrative de la Gaule romaine. 4 v. grand in-8 jésus avec de nombreuses cartes et planches.

Tome I. — *Introduction et géographie physique comparée :* Époque romaine ; époque actuelle. 1 vol. Prix. 20 fr.

Tome II. — *La conquête,* 1 vol. Prix. 20 fr.

Tome III. — *Organisation de la conquête : la province, la cité.* 1 vol. 20 fr.

Tome IV en préparation.

— *Table de Peutinger,* d'après l'original conservé à Vienne. L'ouvrage complet formera 18 livraisons in-folio, du prix de 10 fr. chacune. 14 livraisons sont en vente.

La *Table de Peutinger,* dont l'original unique est conservé à la bibliothèque impériale de Vienne, est la copie faite au treizième siècle d'un document beaucoup plus ancien, remontant même, très certainement, à l'époque de l'empire romain et à la période comprise entre Auguste et les fils de Constantin. Cette carte représente l'*Orbis Romanus.* La copie du treizième siècle est exécutée sur onze feuilles de parchemin. Elle représente les régions provinciales, les provinces, les peuples et le réseau des routes de l'empire au quatrième siècle, avec les distances qui les séparent, distances exprimées en lieues gauloises.

Duval (Jules) : *Notre planète.* 1 vol. in-16. 3 fr. 50

— *Notre pays.* 1 vol. in-16. 1 fr. 25

Faidherbe (le général) *Le Sénégal. La France dans l'Afrique Occidentale.* 1 vol. grand in-8. 10 fr.

Guyot (A.). *Géographie physique comparée.* 1 vol. in-16, br. 2 fr. 50

Lacombe: *L'Angleterre*, géographie, climat, industrie. 1 vol. petit in-16, avec 9 gravures et 1 carte. 50 c.

La Noë (S. de). *Service géographique de l'armée, les formes du terrain*, 2 vol. in-4, avec planches. Prix. 7 fr. 50

Longnon: *Géographie de la Gaule au sixième siècle*. 1 vol. grand in-8, avec carte. 15 fr.

— *Atlas historique de la France, depuis César jusqu'à nos jours*, 35 planches grand in-folio, avec texte explicatif grand in-8.

La publication aura lieu en sept livraisons de cinq planches chacune, accompagnées d'un fascicule de texte. Il paraîtra au moins une livraison chaque année. Les trois premières livraisons sont en vente.

Chaque livraison avec texte. 11 fr. 50

Maunoir et Duveyrier: *L'année géographique*, revue mensuelle des voyages de terre et de mer; 2ᵉ série (1876-1878), 3 vol. in-16.

Chaque volume séparément. 3 fr. 50

Voir à *Vivien de Saint-Martin* pour les années 1863 à 1875.

Maury (Alfred), membre de l'Institut: *La terre et l'homme*, ou aperçu de géologie, de géographie et d'ethnologie générales. 1 volume in-16. 6 fr.

Pagézy (Jules), sénateur: *Mémoires sur le port d'Aigues-Mortes*. 1 vol. in-8 avec 3 cartes. 6 fr.

Reclus (Élisée): *La terre*, description des phénomènes de la vie du globe:

Première partie: *Les continents*. 1 vol. grand in-8, avec 253 fig. et 25 cartes tirées en coul. 15 fr.

Deuxième partie: *L'océan, l'atmosphère, la vie*. 1 volume grand in-8, avec 230 cartes ou figures et 2 grandes cartes tirées à part en couleur. 15 fr.

— *Les phénomènes terrestres*. 2 vol. in-16:

I. *Les continents*. 1 vol.

II. *Les mers et les météores*. 1 vol.

Chaque volume séparément. 2 fr. 25

Reclus (E.) (*Suite*): *Nouvelle géographie universelle: La terre et les hommes*.

(Voir page 1.)

Reclus (Onésime): *La Terre à vol d'oiseau*. 1 vol. grand in-8 illustré avec de nombreuses gravures et des cartes. 20 fr.

— *La France et ses Colonies*. 2 volumes:

Tome Iᵉʳ: *En France*. 1 vol. avec 250 gravures et 21 cartes. 15 fr.

Tome II.: *Nos Colonies*. 1 vol. en cours de publication.

— *Géographie. La terre à vol d'oiseau*. 2 vol. in-16, avec 370 gravures. 10 fr.

— *France, Algérie et colonies*. 1 vol. in-16, avec 120 gravures. 5 fr. 50

Saint-Paul (A.): *Histoire monumentale de la France*. 1 vol. in-8, avec gravures. 2 fr. 00

Schliemann (H.): *Mycènes*, recherches, fouilles et découvertes faites en 1876 à Mycènes et à Tyrinthe. Ouvrage traduit de l'anglais par J. Girardin. 1 vol. in-8, avec 519 grav. et 8 cartes ou plans. 25 fr.

Strabon: *Géographie*, traduction nouvelle par M. Amédée Tardieu, sous-bibliothécaire de l'Institut. 3 vol. in-16. 10 fr. 50

Vivien de Saint-Martin: *Histoire de la géographie, et des découvertes géographiques, depuis les temps les plus reculés jusqu'à nos jours*. 1 vol. in-8 et atlas in-folio de 12 cartes en couleur. 20 fr.

— *L'année géographique*, revue annuelle des voyages de terre et de mer (1862-1875). 13 vol. in-16.

Chaque volume séparément. 3 fr. 50

Les années 1870-1871 ne forment qu'un volume.

Voir à *Maunoir et Duveyrier* pour les années 1876 et suivantes.

VI
OUVRAGES D'ENSEIGNEMENT

§ 1. LIVRES CLASSIQUES.

Ansart (F.) : *Petite géographie moderne*. 1 vol. in-18, avec 30 gravures, cart.   80 c.

Brouard, inspecteur général de l'instruction publique : *Leçons de géographie*. 4 vol. in-16, cartonnés :

Cours élémentaire. — Livre de l'élève. 1 v. avec 49 grav., cart. 75 c.
Livre du maître,   1 fr. 50
Cours moyen, 1 vol. in-16, cart. 1 fr. 20

Cours supérieur préparatoire au certificat d'études. 1 vol. cart. 1 fr. 20

Cortambert : *Petite géographie générale*. 1 vol. in-18, br.   15 c.
— *Petite géographie illustrée du premier âge* ; 7e édition. 1 vol. in-18, avec 88 gravures ou cartes, cartonné en percaline gaufrée.   80 c.
— *Petite géographie illustrée de la France*, 6e édit. 1 vol. in-18, avec 75 gravures et une carte, cartonné en percaline gaufrée.   80 c.
— *Petit cours de géographie moderne*, avec un appendice pour la géographie de l'histoire sainte ; 25e édit. 1 v. in-16, avec 63 grav., cart. 1 fr. 50
— *Cours de géographie*, comprenant la description physique et politique, et la géographie historique des diverses contrées du globe ; 18e édit., avec grav. In-16, cart.   4 fr. 25
— *Le globe illustré*, géographie générale, à l'usage des écoles et des familles ; 6e éd., 1 vol. in-4, avec 130 grav., 16 cartes, cart.   4 fr.
— NOUVEAU COURS COMPLET DE GÉOGRAPHIE A L'USAGE DES LYCÉES ET DES COLLÉGES, contenant les matières indiquées par les programmes du 22 janvier 1885. 10 vol. in-16, avec gravures, cartonnés.

Notions élémentaires de géographie générale et notions sur la géographie physique de la France (classe préparatoire). 1 vol.   80 c.

Géographie élémentaire des cinq parties du monde, suivi d'un aperçu des grands voyages et des découvertes principales (classe de Huitième). 1 vol.   80 c.
Géographie élémentaire de la France (classe de Septième). 1 v. 1 fr. 20
Géographie générale de l'Europe et du bassin de la Méditerranée (classe de Sixième). 1 vol. 1 fr. 50
Géographie générale de l'Asie, de l'Afrique, de l'Amérique et de l'Océanie (classe de Cinquième). 1 volume.   1 fr. 50
Géographie physique et politique de la France (classe de Quatrième). 1 vol.   1 fr. 50
Géographie physique, politique et économique de l'Europe (classe de Troisième). 1 vol.   2 fr.
Géographie physique, politique et économique de l'Asie, de l'Afrique, de l'Amérique et de l'Océanie, précédée d'un résumé de la Géographie générale (classe de Seconde). 1 vol.   3 fr.
Géographie physique, politique et économique de la France et de ses possessions coloniales, précédée de la révision sommaire des notions générales de géographie (classe de Rhétorique). 1 vol.   3 fr.
Éléments de géographie générale (classe de Mathématiques préparatoires). 1 vol.   1 fr. 50

Voir pour les atlas, page 29

— COURS DE GÉOGRAPHIE, RÉDIGÉ CONFORMÉMENT AUX PROGRAMMES DE L'ENSEIGNEMENT SPÉCIAL. 3 vol. in-16, avec gravures et accompagnés d'atlas in-8 cart. :

Géographie de l'Afrique, de l'Asie, de l'Océanie et de l'Amérique (1re année). 1 vol.   1 fr. 50
Géographie générale de l'Europe (2e année). 1 vol.   2 fr.
Géographie générale et économique de la France et de ses possessions coloniales (3e et 4e années). 1 vol. 3 fr.

Cortambert: COURS DE GÉOGRAPHIE, RÉDIGÉ CONFORMÉMENT AUX PROGRAMMES DE L'ENSEIGNEMENT SECONDAIRE DES JEUNES FILLES. 3 v. in-16, avec grav., cart. en percal. gaufrée:
Notions élémentaires de géographie générale (1re année). 1 vol. 1 fr. 50
Géographie de l'Europe (2e année). 1 vol. 2 fr.
Géographie de la France et de ses possessions coloniales (3e année). 1 vol. 3 fr.

Filllas : *Géographie de l'Algérie*. 1 vol. in-16, avec grav. cart. 1 fr. 50

Joanne (Adolphe) : *Géographie des départements de la France*, avec un dictionnaire des communes. 86 vol. in-16, cartonnés.
Chaque département, accompagné d'une carte et de gravures, se vend séparément 2 fr.
La Géographie de la Seine. 1 vol. 1 fr. 50

Lemonnier, professeur au lycée Louis-le-Grand, et **Schrader :** *Éléments de géographie*, rédigés conformément aux programmes de 1882. 3 vol. in-4, cartonnés :
Ouvrage inscrit sur la liste des livres fournis gratuitement par la Ville de Paris à ses écoles communales.
Cours élémentaire. Premières notions de géographie. 1 vol. avec 33 cartes et 61 gravures. 1 fr.
Cours moyen. Géographie de la France, de l'Algérie et des colonies françaises. 1 vol. avec 31 cartes et 9 gravures. 1 fr. 60
Cours supérieur. Géographie des cinq parties du monde. Revision et développement de la géographie de la France. 1 vol. avec 41 cartes et 48 gravures. 2 fr. 40

Lemonnier et Schrader : *Cours général de géographie*, contenant en un seul volume les matières indiquées par les programmes de 1882 et répondant au programme du certificat d'études. 1 vol. in-4, avec 42 cartes et 18 gravures, cartonné. 2 fr.

Meissas et Michelot : *Petite géographie méthodique.* 1 vol. in-18, cartonné. 60 c.
— *Géographie sacrée*, avec un plan de Jérusalem. 1 v. in-18, cart. 1 fr. 25
— *Tableaux de géographie*, 28 tableaux de 49 cent. sur 34 cent.. 3 fr.
— *Manuel de géographie*, reproduisant les tableaux. In-18, cartonné. 75 c.
— *Géographie ancienne*, comparée avec la géographie moderne. 1 v., in-16, cart. 2 fr. 50
— *Petite géographie ancienne*, 1 vol. in-18, cartonné. 1 fr.
— *Nouvelle géographie méthodique*, suivie d'un petit traité sur la construction des cartes. 1 vol. in-16 cartonné. 2 fr. 50

Pape-Carpantier (Mme) : *Premières notions de géographie et d'histoire naturelle* (Cours d'éducation et d'instruction primaire; 1re année préparatoire). 1 vol. in-18, cartonné. 75 c.
— *Géographie ; premières notions sur quelques phénomènes naturels* (2e année prép.). 1 vol. in-18, cart. 75 c.
— *Premiers éléments de cosmographie; géographie* (période élémentaire). 1 vol. in-18, cartonné. 1 fr. 50
— *Eléments de cosmographie ; géographie de l'Europe* (période moyenne). 1 vol. in-18. cart. 2 fr. 50

Petit. *Géographie économique de la France.* 1 vol. in-16 cart. 2 fr. 50

§ 2. ATLAS.

Atlas départemental de la France, de l'Algérie et des Colonies (Petit). 1 vol. petit in-8, cart. contenant 103 cartes coloriés. 1 fr.

Atlas manuel de géographie moderne, contenant 51 cartes imprimées en couleur. 1 vol. in-folio. relié. 32 fr.

Cortambert: *Petit atlas élémentaire de géographie moderne*, composé de 22 cartes tirées en couleur. in-4, broché. 90 c.

Inscrit sur la liste des livres fournis gratuitement par la ville de Paris à ses écoles communales.

Le même ouvrage, accompagné d'un texte explicatif en regard de chaque carte. 1 vol. in-4, cart. 1 fr. 10

L'Atlas, sans texte, suivi d'une carte du département demandé. 1 fr. 15

L'Atlas, avec texte, suivi d'une carte du département demandé. 1 fr. 35

— *Petit atlas géographique du premier âge*, contenant 9 cartes color. 1 vol. gr. in-18, cart. 80 c.

— ATLAS A L'USAGE DE L'ENSEIGNEMENT GÉNÉRAL :

Petit atlas de géographie moderne. 20 cartes in-4, cart. 2 fr. 50

Atlas (petit de géographie ancienne, 16 cartes in-4, cart. 2 fr. 50

Atlas (petit) de géographie du moyen âge, 15 cartes in-4, cart. 2 fr. 50

Atlas (petit) de géographie ancienne et moderne, 40 cartes in-4, cart. 7 fr. 50

Atlas (petit) de géographie ancienne, du moyen âge et moderne, contenant 56 cartes in-4, cart. 9 fr.

Atlas de géographie moderne, contenant 66 cartes in-8, relié en percaline. 12 fr.

Nouvel atlas de géographie ancienne, du moyen âge et moderne, contenant 100 cartes in-4, relié en percaline. 16 fr.

Chaque carte séparément. 15 c.

— ATLAS DRESSÉS CONFORMÉMENT AUX PROGRAMMES DE L'ENSEIGNEMENT SECONDAIRE CLASSIQUE, format in-8, cartonné :

Cl. de Huitième (23 cartes). 3 fr. 50
Cl. de Septième (14 cartes). 2 fr. 50
Cl. de Sixième (33 cartes). 5 fr.
Cl. de Cinquième 41 cartes). 6 fr.
Cl. de Quatrième (26 cartes). 4 fr.
Cl. de Troisième (33 cartes). 5 fr.
Cl. de Seconde (37 cartes). 5 fr. 50
Cl. de Rhétorique (18 cartes). 3 fr.

ATLAS DRESSÉS CONFORMÉMENT AUX PROGRAMMES DE L'ENSEIGNEMENT SECONDAIRE SPÉCIAL, format in-8, cart. :

Première année (29 cartes). 5 fr.
Deuxième année (20 cartes). 3 fr. 50
Troisième année (15 cartes). 2 fr. 50

— ATLAS A L'USAGE DE L'ENSEIGNEMENT SECONDAIRE DES JEUNES FILLES, contenant 66 cartes de géographie moderne, in-4 coloriées, relié en percaline 12 fr.

Henry (Gervais), instituteur primaire à Paris : *Cartographie de l'enseignement*, méthode pour apprendre la géographie de la France à l'aide de nouv. cartes muettes à écrire :

Méthode inscrite sur la liste des livres fournis gratuitement par la ville de Paris à ses écoles communales.

1º Cartes des bassins physiques, format quart de Jésus : 1. Bassin du Rhin ; 2. Bassin de la Seine ; 3. Bassin de la Loire ; 4. Bassin de la Garonne ; 5. Bassin du Rhône.

Prix de chaque carte : en noir, 5 centimes ; coloriée, 10 centimes.

2º Carte d'ensemble des bassins physiques, format grand raisin : en noir, 30 cent. ; coloriée, 35 centimes.

3º Cartes des bassins politiques, format quart jésus ; comprenant les bassins du Rhin, de la Seine, de la Loire, de la Garonne et du Rhône, 5 cartes. Chaque carte en bistre, 5 centimes ; coloriée, 10 centimes.

4º Carte d'ensemble des bassins politiques, format grand raisin : en noir, 30 centimes ; coloriée, 35 centimes.

5º France physique écrite ; France politique écrite ; chaque carte, format grand raisin, coloriée, 60 centimes.

Meissas et Michelot : *Atlas.*

Petits atlas format in-octavo.

A. *Atlas élémentaire de géographie moderne*, composé de 8 cartes écrites. 2 fr. 50

B. *Le même*, avec 8 cartes muettes (16 cartes). 3 fr. 50

C. Atlas universel de géographie moderne, composé de 17 cartes écrites. 5 fr.
D. Le même, avec 8 cartes muettes (25 cartes). 6 fr.
E. Atlas de géographie ancienne et moderne, composé de 36 cartes écrites, sur 30 planches. 9 fr.
F. Le même, avec 8 cartes muettes (44 cartes). 10 fr.
G. Atlas universel de géographie ancienne, du moyen âge et moderne, et de géographie sacrée, composé de 54 cartes écrites. 14 fr.
H. Le même, avec 8 cartes muettes (62 cartes). 15 fr.
Atlas de géographie ancienne, composé de 19 cartes écrites, sur 14 planches. 5 fr.
Atlas de géographie du moyen âge. 10 cartes écrites. 4 fr. 50
Atlas de géographie sacrée. 8 cartes écrites sur 6 planches. 2 fr.
Chacune des cartes écrites séparément. 35 c.

Grands atlas format in-folio.

A. Atlas élémentaire pour la nouvelle géographie méthodique, composé de 8 cartes écrites. 6 fr.
B. Le même, avec 8 cartes muettes (16 cartes). 11 fr. 50
C. Atlas universel pour la nouvelle géographie méthodique, composé de 12 cartes écrites. 10 fr. 50
D. Le même, avec 8 cartes muettes (20 cartes). 15 fr.
E. Atlas universel pour la nouvelle géographie méthodique, composé de 19 cartes écrites. 15 fr.
F. Le même, avec 8 cartes muettes (27 cartes). 21 fr.
Chaque carte séparément. 1 fr.

Cartes muettes format in-folio.

Cartes muettes complètes, non coloriées, pour exercices géographiques sur la Mappemonde, l'Europe, l'Europe centrale, l'Asie, l'Afrique, l'Amérique, l'Océanie et la France.
Chaque carte séparément. 20 c.

§ 3. CARTES MURALES.

1. GRANDES CARTES MURALES
Par MM. Meissas et Michelot.

Chaque carte est coloriée et accompagnée d'un questionnaire qui est donné gratuitement aux acquéreurs de la carte à laquelle il se réfère. Chaque questionnaire se vend en outre séparément, 30 c.
Les cartes en 16 feuilles ont 1 mètre 80 centimètres de hauteur sur 2 mètres 30 centimètres de largeur. Celles en 20 feuilles ont 1 mètre 80 centimètres de hauteur sur 2 mètres 80 centimètres de largeur.
Le collage sur toile avec gorge et rouleau se paye en sus : 1° pour les cartes en 16 feuilles, 12 fr.; 2° pour les cartes en 20 feuilles, 14 fr.

Géographie ancienne.
Empire romain écrit. 16 feuilles.
Prix. 10 fr.

Géographie moderne.
Afrique écrite (Nouvelle édition). 16 feuilles. 10 fr.
Amérique septentrionale et méridionale écrites. 20 feuilles. 12 fr.
L'Amérique septentrionale, séparément, 12 feuilles, 8 fr.
L'Amérique méridionale, séparément, 8 feuilles, 6 fr.
Asie écrite. 16 feuilles. 10 fr.
Europe écrite. 16 feuilles. 9 fr.
France écrite par départements, *Belgique et Suisse.* 16 feuilles. 9 fr.
Mappemonde écrite. 20 feuill. 12 fr.
Mappemonde muette. 20 feuill. 10 fr.

2. NOUVELLES GRANDES CARTES MURALES
Par MM. Achille et Gaston Meissas.

Ces nouvelles cartes imprimées en couleur sur 12 feuilles jésus indiquent le relief du terrain. Elles mesurent 2 mètres de hauteur sur 2 mètres 10 de largeur.
Le collage sur toile avec gorge et rouleau se paye en sus, 12 fr.

Europe muette ou écrite. 15 fr.
France muette ou écrite. 15 fr.

3. PETITES CARTES MURALES ÉCRITES
Par MM. Achille et Gaston Meissas.

La *France*, l'*Europe*, l'*Asie*, l'*Afrique* et la *Palestine* ont 1 mètre de hauteur sur 1 mètre 30 centimètres de largeur; la *Mappemonde* a 1 mètre 10 centimètres de hauteur sur 1 mètre 70 centimètres de largeur; l'*Amérique* a 1 mètre de hauteur sur 1 mètre 95 centimètres de largeur. Ces cartes sont coloriées.

— 31 —

Le collage sur toile avec gorge et rouleau se paye en sus: 1° pour la *France*, l'*Europe*, l'*Asie*, l'*Afrique* et la *Palestine*, 5 fr.; 2° pour la *Mappemonde* et l'*Amérique*, 7 fr.

Afrique. 4 feuilles jésus. 5 fr.
Amérique septentrionale et méridionale. 6 feuilles jésus. 6 fr.
Asie. 4 feuilles jésus. 5 fr.
France par départements, *Belgique* et *Suisse*. 4 feuilles jés. 4 fr. 50
Europe. 4 feuilles jésus. 4 fr. 50
Mappemonde. 8 feuilles grand raisin. 6 fr.
Palestine. 4 feuilles jésus. 6 fr.

4. GRANDES CARTES MURALES ÉCRITES

Par MM. *Schrader et Prudent*.

Ces cartes sont imprimées en couleur et mesurent 1 m. 60 sur 1 m. 90.
Le collage sur toile avec œillets se paye en sus, 6 fr.; le collage sur toile avec gorge et rouleau, 7 fr.

Amérique du sud. 9 fr.
France politique. 9 fr.
D'autres cartes sont en préparation.

5. PETITES CARTES MURALES ÉCRITES

Par M. *E. Cortambert*.

Ces cartes sont imprimées en couleur; elles mesurent 90 centimètres de hauteur sur 1 mètre 20 centimètres de largeur, et ne se vendent que montées sur gorge et rouleau.

En vente : *Europe, France, Palestine*.
Chaque carte. 8 fr.

6. CARTES MURALES MUETTES SUR TOILE NOIRE ARDOISÉE, POUR EXERCICES GÉOGRAPHIQUES.

Par MM. *A. Meissas* et *Suzanne*.

Ces cartes sont montées sur gorge et rouleau.

France, par A. Meissas. 1 mètre 10 de hauteur sur 1 mètre 70 cent. de largeur. 15 fr.
Europe, par A. Meissas. 1 mètre 10 de hauteur sur 1 mètre 70 cent. de largeur. 15 fr.
France, par Suzanne. 1 mètre 75 de hauteur sur 1 mètre 80 cent. de largeur. 35 fr.

7. GRANDES CARTES MURALES

Par M. *Ehrard*.

Ces cartes sont imprimées en couleur sur 5 feuilles mesurant 1 mètre 60 centimètres de hauteur 1 sur 1 mètre 78 de largeur. Elles indiquent par des teintes graduées le relief du sol et rendent facile l'étude de la géographie physique.
Le collage sur toile avec gorge et rouleau se paye en sus, 12 fr.

France muette ou *écrite*, d'après la carte oro-hydrographique, publiée sous les auspices du ministère de l'instruction publique, par la Commission de la topographie des Gaules. 20 fr.
Europe écrite. 20 fr.

8. PETITES CARTES MURALES

Par M. *Ehrard*.

Ces cartes sont imprimées en couleur sur une feuille mesurant 90 centimètres de haut sur 1 mètre de large.
Le collage sur toile avec gorge et rouleau se paye en sus, 7 fr.

France muette ou *écrite*, réduction de la grande carte murale, du même auteur. 6 fr.
Europe écrite. 6 fr.

9. CARTE MURALE DE LA FRANCE AGRICOLE

Par M. *G. Heuzé*.

Imprimée en couleur sur quatre feuilles, ayant ensemble 1 mètre 10 centimètres de hauteur sur 1 mètre 45 de largeur. 6 fr.
Le collage sur toile avec gorge et rouleau se paye en sus, 4 fr.

10. CARTES MURALES DE FRANCE

Carte de France dressée à l'échelle de 1/1 250 000, indiquant le relief du sol, les voies de communication, les chemins de fer, les routes et canaux, les divisions administratives, etc., par Vivien de Saint-Martin. 1 feuille de 90 c. de haut sur 1 m. 20 de largeur, imprimée sur papier japon indéchirable, et coloriée. 7 fr.

Pliée et cartonnée. 8 fr.
Montée avec gorge et rouleau. 9 fr.

France hypsométrique à 1/1 250 000, d'après la carte dressée au dépôt des fortifications sous la direction de M. le commandant Prudent, 1 feuille de 90 centimètres de hauteur, sur 1 mètre 20 centimètres de largeur, avec gorge et rouleau.
Prix. 11 fr.

IMPRIMERIE D. DUMOULIN ET C¹ᵉ

Rue des Grands-Augustins, 5, à Paris.

www.ingramcontent.com/pod-product-compliance
Lightning Source LLC
Chambersburg PA
CBHW070621170426
43200CB00010B/1871